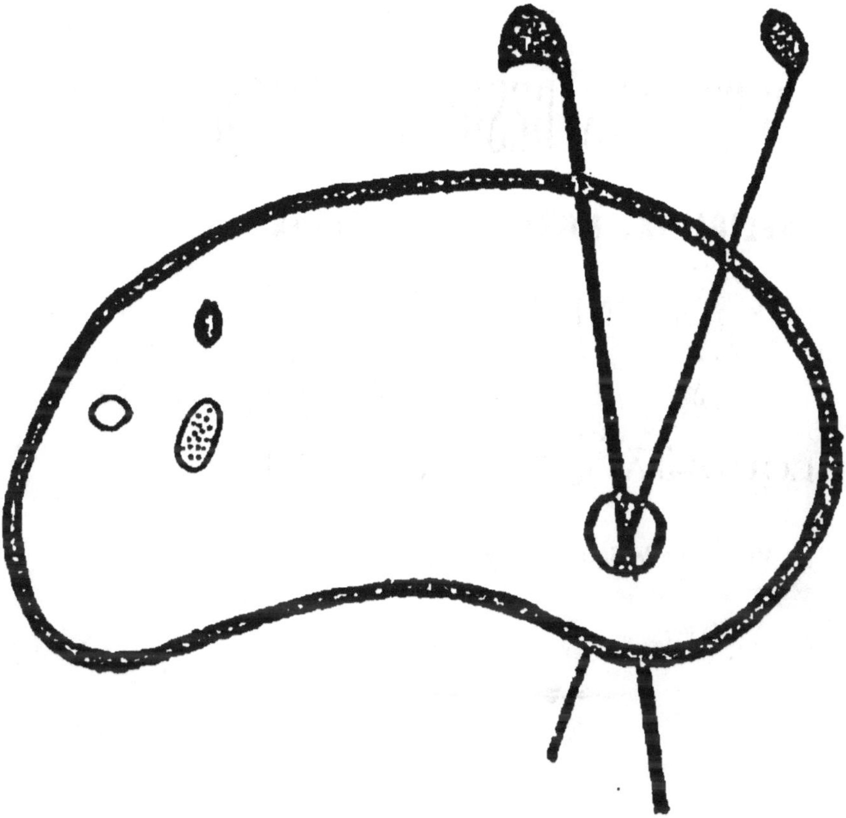

COUVERTURE SUPERIEURE ET INFERIEURE
EN COULEUR

ESPRIT

DES

PLUS PRESSANTS BESOINS POLITIQUES

RELIGIEUX, MORAUX & SOCIAUX

D'UNE NATION

PAR

LOUIS-JACQUES ALLARD

Membre de la Société de Législation comparée

PARIS

LIBRAIRIE GUILLAUMIN ET Cie

Éditeurs du *Journal des Économistes*, de la *Collection des principaux Économistes*,
du *Dictionnaire de l'Économie politique*, du *Dictionnaire du Commerce
et de la Navigation*, etc.

RUE RICHELIEU, 14.

1885

DERNIÈRES PUBLICATIONS

Annuaire de l'économie politique et de la statistique, par MM. GUILLAUMIN, Joseph GARNIER et Maurice BLOCK ; 1881. M. Maurice BLOCK, membre de l'Institut, 1 vol. in-18. Prix.......... 9 fr.

Les Associations coopératives en France et à l'étranger, par M. HUBERT-VALLEROUX, docteur en droit. 1 vol. in-8. Prix... 8 fr.

Les devoirs respectifs des classes de la Société, par GRAHAM SUMNER, traduit par M. COURCELLE-SENEUIL, 1 vol. in-32. Prix 2 fr. 50

Le Collectivisme, examen critique du nouveau socialisme, par M. Paul LEROY-BEAULIEU, membre de l'Institut, 1 vol. in-8. Prix...... 8 fr.

De l'organisation des marchés financiers en France et à l'étranger, par Alfred NEYMARCK. Brochure in-8. Prix............. 2 fr.

Les classes ouvrières en Europe. Étude sur leur situation matérielle et morale, par René LAVOLLÉE. Deuxième édition revue et complétée d'après les documents les plus récents. 2ᵉ éd., 2 vol. grand in-8. Prix...................... 20 fr.

L'Impôt sur le revenu. — Législation comparée et économie politique, par M. Joseph CHAILLEY, docteur en droit, avocat à la Cour d'appel de Paris, 1 vol. in-8. Prix................ 8 fr.

L'Évolution politique et la Révolution, par M. G. DE MOLINARI, membre correspondant de l'Institut. 1 vol. in-8. Prix..... 7 fr. 50

Premières notions d'économie politique, sociale ou industrielle, par Joseph GARNIER, membre de l'Institut, suivies de *Ce qu'on voit et ce qu'on ne voit pas*, par Frédéric BASTIAT. — *La Science du Bonhomme Richard*, par Benjamin FRANKLIN, 6ᵉ éd., 1 vol. in-18. Prix.......................... 2 fr. 50

Dix jours dans la Haute Italie, par M. Léon SAY, membre de l'Institut. Brochure in-8. Prix................... 2 fr. 50

Manuel de droit maritime international, par F. PERELS, conseiller intime d'amirauté, etc., traduit de l'allemand et augmenté de quelques documents, par M. ARENDT, directeur au ministère des affaires étrangères de Belgique. 1 vol. in-8. Prix............ 8 fr.

Lectures choisies d'Economies politiques, précédées d'une préface et accompagnées de notes, par M. H. BAUDRILLART, membre de l'Institut. — 1 vol. Prix................... 3 fr. 50

Traité de la science des Finances, par M. Paul LEROY-BEAULIEU, membre de l'Institut. Troisième édition. 2 vol. in-8. Prix... 25 fr.

L'administration de la ville de Paris et du département de la Seine, par MM. Maurice BLOCK, membre de l'Institut, et de PONTICH, 1 vol. in-8. Prix...................... 15 fr.

Parthenay. — Typ. Emile SEGUY.

ESPRIT

DES

PLUS PRESSANTS BESOINS

POLITIQUES, RELIGIEUX,

MORAUX ET SOCIAUX D'UNE NATION

DU MÊME AUTEUR :

1º *Réformes hypothécaires et autres*, servant de préface à l'ouvrage ci-dessous. 1846. Niort. Robin, 102 p. in-8º.

2º *De la forme des Actes (Théorie du fond et) au point de vue de l'intérêt des tiers ou de la Société.* 1846. Niort. Robin. 1 vol. in-8º de 582 p.

3º *Exposé des mesures administratives à prendre pour assurer l'efficacité de la loi du 23 mars 1855 sur la transcription.* 1857. Favre, à Niort. Br. in-8º de 62 p.

4º *La question du Paupérisme résoluble par un ensemble de moyens pratiques.* 1882. Avril. Oudin, à Poitiers. 1 vol. in-12 de 208 p.

5º *Idées pratiques sur l'organisation de l'armée et moyens à employer pour avoir toujours et en assez grand nombre des Sous-Officiers instruits et des vieux Soldats.* 1882. Seguy, à Parthenay. B. G. in-8º de 16 p.

6º *Facilité de sauvegarder les intérêts des mineurs ;* mémoire lu au congrès de la Sorbone. 1883. Seguy, à Parthenay. Br. in-12 de 15 p.

7º *Nécessité de substituer, à la recherche de la paternité, la répression de l'immoralité.* 1883. Seguy, à Parthenay. Br. in-12 de 18 p.

8º *Le Droit pour le mari d'administrer les biens de sa femme est devenu un besoin social;* mémoire lu au Congrès de la Sorbone. 1884. Seguy, à Parthenay. Br. in-12 de 18 p.

9º *Importance historique des minutes de notaires et Moyens à prendre pour assurer leur conservation et faciliter leur examen ;* mémoire lu en 1881 au Congrès du cinquantenaire de la Société des Antiquaires de l'Ouest, et inséré dans le tome VII de ses annales, p. 406.

ESPRIT

DES

PLUS PRESSANTS BESOINS POLITIQUES

RELIGIEUX, MORAUX & SOCIAUX

D'UNE NATION

PAR

LOUIS-JACQUES ALLARD

Membre de la Société de Législation comparée

PARIS

LIBRAIRIE GUILLAUMIN ET Cie

Éditeurs du *Journal des Économistes*, de la *Collection des principaux Économistes*,
du *Dictionnaire de l'Économie politique*, du *Dictionnaire du Commerce
et de la Navigation*, etc.

14, RUE RICHELIEU, 14.

1885

PRÉFACE

Dans ma pensée, les idées qui sont exprimées dans l'ouvrage : « *Esprit des plus pressants besoins politiques, religieux, moraux et sociaux d'une nation,* » s'appliqueraient utilement à une nation quelconque, mais principalement à celles ayant en majorité des aspirations démocratiques, libérales, et qui, par le fait du haut degré de leurs civilisations, seraient plus intimement obligées de pratiquer toutes les vertus, si elles voulaient éviter leur rapide décadence. C'est, en effet, quand les appétits les plus variés, voire même les plus coupables, et les plaisirs les moins salutaires se sont développés à la faveur de la vanité, de l'orgueil, de la paresse et du bien-être physique, que les passions ont le plus grand besoin d'être réfrénées, et pourtant c'est dans les conjonctures où les raffinés de politique, de luxe ou de sensualité deviennent avides et insatiables et rapportent absolument tout à la durée de leurs personnes, que les Pouvoirs publics se relâchent et caressent eux-mêmes fatalement les dépenses excessives et désordonnées, l'instabilité et la licence.

Les exemples historiques des décadences et ruines antérieures devraient cependant être mis à profit par les hommes qui se croient assez capables, assez forts et assez honnêtes pour accepter les lourdes responsabilités des impulsions à donner aux grandes administrations d'Etat. Il ne suffirait pas de se laisser entraîner, par une sorte de faiblesse plus dangereuse que le vice, à la remorque des multiples propulseurs qui seraient de nature à saper, à la longue, l'autorité toujours nécessaire et les meilleurs fondements des gouvernements constitutionnels et parlementaires.

L'art si difficile de gouverner les masses ne pourrait sensément consister nulle part à les dépraver, pour avoir le triste mérite de comprimer plus facilement leurs opinions politiques et de les soumettre à un régime absolu qui deviendrait alors tyrannique et déprimerait leurs plus belles facultés ; il ne saurait pas non plus autoriser les pourvus de la puissance exécutive à laisser agir, à leur guise et sans direction morale, des populations inconscientes du mal anarchique qui, par l'obscurité de leur intelligence, seraient amenées à croire naïvement à la réalisation de théories utopiques et funestes, et à se roidir contre les seules règles capables de sauvegarder leurs propres intérêts.

Pour délivrer les hommes des idées saugrenues par l'expansion desquelles les intrigants flattent, artificieusement et pour le mal, les envies populaires, il importerait aux Pouvoirs publics d'assurer, à tout âge et par toutes sortes de bonnes mesures, la meilleure éducation morale et religieuse et de constamment tourner, au progrès dans le bien, l'instruction des enfants. Le seul principe reconnu en pareil cas par les hommes éclairés ou de génie des temps anciens et modernes, comme étant bon et d'une application entièrement efficace, est celui de la croyance en un seul Dieu, créateur de l'univers, rémunérateur des vertus et vengeur des mauvaises paroles et actions. Les attaques dont il a été l'objet dans des œuvres uniquement explicables par l'existence d'un fond d'idées bizarres ou incohérentes, ou dans le but infernal et nihiliste de la destruction de la morale éternelle, devraient suffire pour en proclamer l'excellence et inviter les hommes d'Etat à le faire perpétuellement enseigner pour avoir toujours des administrés travailleurs, dociles et vertueux ; pour préparer et obtenir leur bonheur et la prospérité des nations.

L.-J. ALLARD.

ESPRIT DES PLUS PRESSANTS BESOINS

POLITIQUES, RELIGIEUX,
MORAUX ET SOCIAUX D'UNE NATION

> « C'est voler que de vivre dans ce monde sans rien essayer pour le rendre meilleur. »
> (Citation de M. Th. Bentzon).

I.

APERÇU DE CIVILISATION

La civilisation, selon le dictionnaire de Littré, est « l'ensemble des opinions et des mœurs qui résulte de l'action réciproque des arts industriels, de la religion, des beaux-arts et des sciences »; son essence étant de perfectionner l'état social, elle est considérée comme le développement progressif des facultés de l'homme en société entraînant l'amélioration de sa condition physique et morale. Il y a lieu de reconnaître qu'antérieurement à toute civilisation appréciable il s'était créé un grand nombre de sociétés; la première a été naturellement celle de l'homme et de la femme, d'où est procédée la famille; l'agglomération des familles a fait la horde, la cité, la tribu; l'ensemble de plusieurs hordes, cités ou tribus, a fondé, dans une suite de siècles, une société plus grande dite la nation.

La multiplication du genre humain, en augmentant les besoins à satisfaire et en diminuant les ressources à y appliquer, força peu à peu les premiers de ses membres à se répandre de proche en proche pour cueillir, s'approprier et conserver les fruits spontanés de la terre qui servaient annuellement à leur nourriture. Quand il fallut aller au loin pour en trouver en suffisante abondance, les paresseux et les lâches trouvèrent plus commode et moins fatigant de s'en prendre à l'amas de leurs voisins et de profiter de leurs absences pour en dérober des parties ; de là vint la nécessité, pour les actifs et les prévoyants, de se constituer en hordes pour amasser en commun, pour garder les tas mis en réserve et pour les défendre contre les larcins et les agressions des pillards.

Ces sociétés, qui s'étaient fondées pour protéger le droit à la conservation des produits de la peine et du travail, en firent créer d'autres entre ceux qui ne voulaient reconnaître que la force, l'agilité, l'adresse et la ruse, dont ils se plaisaient à faire l'application pour prendre et tuer les animaux et pêcher les poissons ; mais comme la chasse et la pêche habituelles, faites dans l'intérêt de tous les associés et semées d'émotions, seules capables de fouetter et surexciter les natures les plus fainéantes, n'étaient pas toujours fructueuses et ne paraient pas journellement aux nécessités de la vie, ils se retournaient contre les travailleurs économes et pourvus de réserves et exigeaient d'eux par la violence ce qu'ils n'obtenaient pas par l'emprunt à ne jamais rendre ou à compenser en choses animales. L'antagonisme des intérêts et des buts, entre les peuplades laborieuses et les paresseuses, qui se produisit alors, détermina un état de guerres continuelles qui s'est perpétué jusqu'à nos jours et qui, par des motifs de sinistre analogie et de point d'honneur déguisé, est devenu le partage des grandes nations.

Heureusement qu'à cette première époque, comme dans la suite des temps, l'immense majorité des humains cultivait l'intérêt individuel constitutif de l'intérêt collectif; goûtait le bien réel plaisir du travail en s'y livrant dès lors par nécessité ; avait le bon sens de la prévoyance et redoutait l'oisiveté reconnue comme amenant un ennui réel et étant la cause de tous les vices, autrement la fin du monde pouvait advenir d'une famine, à moins que l'existence des forts ne fût prolongée, comme il est arrivé en certains pays, par l'anthropophagie ou l'abondance relative des animaux ou des fruits spontanés.

L'accroissement successif de ce groupement des familles est aussi provenu des besoins de sociabilité, puis de protection mutuelle contre les attaques fréquentes de la férocité des bêtes cherchant leur nourriture en se servant elles-mêmes de la force et de la ruse. L'instinct social de l'homme s'est également développé par l'ambition d'assurer et d'améliorer son alimentation; de cacher et de posséder de plus en plus inviolablement des provisions recueillies ; de se vêtir et s'abriter contre le froid, la chaleur et les autres incommodités des saisons ; de créer des instruments pour le travail, des armes pour la défense ou pour l'attaque.

Il est donc permis de croire que le premier pas hors de la sauvagerie, devenue par décadence le fruit d'une dégénération accidentelle, a été la vie nomade et le second le passage de la vie des pasteurs à l'état sédentaire.

A l'époque où l'activité humaine se montrait dans de pareilles conditions, il y avait un commencement de civilisation bien rudimentaire, mais un progrès quelconque s'en est évidemment suivi ; puis l'idée de dominer s'est emparée des peuples et a fait combattre, subjuguer et annexer les faibles par ceux qui étaient d'une intelligence supérieure ; c'est par le fait des rivalités et des guerres entre nations voisines que les inventions se sont multipliées ; que les chocs humains, après avoir eu pour mobile le vol, l'anthropophagie, l'immolation ou l'extermination, sont devenus moins exécrables par des suites qui, avec l'esclavage, amenaient des travaux immenses et des œuvres utiles ; ou, avec les annexions, les colonisations, les protections, faisaient naître à la vie policée et rendaient accessibles aux connaissances acquises, des nations barbares.

Les relations amicales ont bien répandu de bons atomes de civilisation par le commerce, la fréquentation, l'importation et l'exportation des choses nouvelles et commodes, mais on est forcé de reconnaître que l'occupation après la victoire a donné des résultats plus rapides et fécondé plus généralement l'imitation dans les arts et dans les sciences, et même que la conquête par un peuple jeune et sain, respectable innocent de la corruption des mœurs, apportant avec lui l'autorité des bons exemples, a quelquefois comme transfusé un sang pur et rénovateur dans le cœur des vaincus dépravés et rebutants.

Malgré tous ces secours de l'extérieur et même pour arriver à un état assez grossier de civilisation, il avait fallu une suite de siècles pendant lesquels les populations des tribus s'étaient accrues en soumettant à des lois plus ou moins sages et raisonnables et aux devoirs réciproques de bienveillance commune, imposés par des autorités énergiques et reconnues, des peuples sauvages qui n'observaient aucune règle et qui étaient gouvernés par l'arbitraire ou des lois absurdes ou cruelles. Ces améliorations étaient le fruit des bonnes idées de chefs intelligents, imbus à un degré plus grand que leurs subordonnés, de la tradition de l'existence d'un Dieu créateur de toutes choses et absorbés par les sentiments innés que le Tout-Puissant a mis dès le commencement du monde et sans interruption ni changement dans les âmes de toutes les créatures humaines, et qui les obligent toujours, après les méfaits accomplis et les passions assouvies, à faire des retours de conscience sur la manière dont cet esprit unique et incomparable peut les envisager et les punir.

De tous les avertissements divins, préventifs et prophétiques qui avaient été donnés aux peuples, à différentes époques et par divers moyens qui ont laissé des souvenirs impérissables transmis d'âge en âge, il n'en est pas un qui ait produit des effets plus civilisateurs que celui par lequel, sur le mont Sinaï, après le passage de la mer Rouge à pieds secs et d'autres miracles, au milieu du tonnerre, des éclairs et des sons pénétrants de la trompette, en présence de Moïse (1), choisi pour être le libérateur et le législateur des Israélites, l'Eternel promulgua en les termes suivants et en 1591 avant Jésus-Christ, les préceptes fondamentaux de la religion et de la morale, c'est-à-dire le Décalogue : « 1° . auras

---

(1) A sa naissance, Moïse, fils d'Amram et de Jochabed, fut exposé sur le Nil, en vertu des ordres de Pharaon, qui voulait faire périr tous les enfants mâles des Hébreux ; mais il fut sauvé par la fille même du roi, d'où lui vint son nom qui signifie *sauvé des eaux* ; il fut élevé dans le palais par cette princesse et instruit dans toutes les sciences alors connues des Egyptiens ; lorsqu'il connut sa naissance, il quitta la cour de Pharaon pour vivre avec les Hébreux. Ayant tué un Egyptien qui maltraitait l'un d'eux, il se réfugia dans le désert de Madian, où il épousa Séphora, fille de Jéthro. Se trouvant sur le mont Horeb, Dieu lui apparut au milieu d'un buisson ardent et lui ordonna de délivrer les Israélites de l'oppression des Egyptiens. Moïse, après avoir en vain sommé Pharaon de laisser partir ses concitoyens, accabla les Egyptiens des dix fléaux connus sous le nom de *plaies d'Egypte* et obtint ainsi la permission qu'il demandait. Moïse, guidé par une colonne de feu, sortit d'Egypte à la tête de 600,000 Israélites, en 1625, traversa la mer Rouge à pieds secs, et vit engloutir dans ses eaux Pharaon et son armée, qui les poursuivaient.

pas d'autre Dieu que moi ; 2° Tu ne prendras pas en vain le nom du seigneur ton Dieu ; 3° Souviens-toi de sanctifier le jour du Sabbat ; 4° Honore ton père et ta mère afin que tu vives longuement ; 5° Tu ne tueras point ; 6° Tu ne commettras point d'adultère ; 7° Tu ne déroberas point ; 8° Tu ne porteras point de faux témoignage contre ton prochain ; 9° Tu ne désireras point la femme de ton prochain ; 10° Tu ne désireras point sa maison, ni son serviteur, ni sa servante, ni son bœuf, ni son âne, ni aucune des choses lui appartenant » ; ces commandements furent gravés sur deux tables de pierre.

Moïse, en devenant le ministre et l'interprète des commandements absolus d'une loi qui, par sa substance et sa forme, emporte la preuve de sa divine origine et en rendant cette loi religieuse, politique et sociale, s'en servit pour protéger les femmes, les enfants, les esclaves et les étrangers ; pour appliquer et répandre une législation qui a toujours été la meilleure ; ce fut par lui-même ou sous son nom que furent écrits le Pentateuque ou les cinq livres de la Bible, dit: la *Genèse*, l'*Exode*, le *Lévitique*, les *Nombres* et le *Deutéronome*, dont il est l'auteur, ce qui l'a fait proclamer le meilleur des législateurs, le plus grand des prophètes et le plus ancien des historiens.

Cet immense et prodigieux éclat de la toute-puissance divine eut un grand retentissement dans tout l'ancien continent ; aussi ce fut à partir de ce temps que se développèrent avec accroissement spontané les civilisations primitives qui progressaient matériellement et qui ont fait époque dans l'histoire. Avant de les résumer, il paraît naturel de mettre en dehors de toute parité contemporaine la civilisation des descendants d'Abraham, né 2366 ans avant Jésus-Christ, en Chaldée, pays sud-ouest de la Babylonie, entre la rive droite de l'Euphrate et le désert d'Arabie, pays déjà avancé dans les sciences mathématiques et où Callisthène, philosophe grec, disciple et petit neveu d'Aristote, a trouvé une suite d'observations astrologiques et astronomiques remontant à près de 2000 ans avant Jésus-Christ.

Dieu ayant promis la Terre de Chanaan, comprenant la Phénicie, la Judée et une partie de la Syrie Méridionale, à Abraham et à ses descendants, ces derniers l'habitèrent d'abord sous le nom d'Hébreux, puis d'Israélites du surnom de Jacob. Les Hébreux se rendirent à Gessen, sur la rive droite du Nil sous la conduite de Jacob, leur chef, appelé par Joseph, son fils, qui gouvernait l'Egypte ; ils en sortirent avec Moïse, né à Memphis vers l'an 1705, avant Jésus-Christ, pour échapper à la persécution des Pharaons et pour revenir en Terre promise, mais Moïse après avoir traversé avec le peuple de Dieu, la mer rouge, erré 40 ans dans le désert en vivant de manne tombée du ciel et d'eau jaillissant par miracle d'un rocher, vu Dieu pendant 40 jours sur le Sinaï, reçu la loi sacrée, ne put atteindre la Terre promise, parcequ'il avait une fois manqué de confiance dans le Seigneur.

Après la mort de Moïse, Josué entra dans la Terre

de Chanaan à la tête des Hébreux ; il la partagea en 12 tribus ; le pays fût successivement gouverné par des anciens et par des juges durant 354 ans. Le pouvoir passa ensuite aux rois Saül, David (1), Salomon (2) et à leurs successeurs, et la royauté dura 474 ans, jusqu'à la captivité de Babylone en 606, époque à partir de laquelle les Israélites furent appelés Juifs. Ce fut en 587 avant Jésus-Christ que Nabuchodonosor II prit Jérusalem, capitale du royaume de Juda, et détruisit le temple de Salomon. Le joug des étrangers ne disparut de la Judée, qu'après le soulèvement des autochtones et leurs succès sous la conduite des Machabées qui devinrent souverains successifs et héréditaires, sous le titre de pontifes, puis de rois. Les divisions de cette famille royale amenèrent l'intervention des Romains à la suite de laquelle Hérode, gouvernant pour eux la

---

(1) Il a laissé 150 psaumes sur les attributs de Dieu, les vices, les vertus, la fragilité du bonheur des méchants, psaumes qui sont regardés comme chef-d'œuvre de poésie lyrique. Aux écrits laudatifs de ces psaumes dus à Bossuet, Malherbe, Fénélon, Chateaubriand, Pascal et autres, il faut ajouter ceux de l'Anglais Gladstone disant : « Si l'un des premiers problèmes de la vie est de trouver la paix de l'âme, si la condition la plus élevée pour la créature est d'entrer en rapport avec Dieu, alors toutes les merveilles de la lyre grecque pâlissent devant cette autre merveille le *livre des psaumes*. »

(2) Il fit bâtir en 7 ans le temple de Jérusalem, dont les splendeurs sont décrites dans le *livre des rois*, fonda plusieurs villes, construisit des palais, protégea le commerce, équipa des flottes, fit régner l'ordre, commanda l'admiration par sa magnificence, sa sagesse, sa science, son esprit de justice. Les *proverbes*, le *cantique des cantiques* et *l'ecclésiaste* sont ses œuvres écrites.

Galilée, profita de leur protection, 40 ans avant Jésus-Christ, pour monter sur le trône des Machabées : ce fut sous son règne que naquit le Sauveur. Ayant appris la naissance d'un enfant auquel était promis, disait-on, le royaume de Judée, il fit exterminer tous les enfants mâles de Bethléem qui étaient au-dessous de deux ans, sans pouvoir atteindre celui-là même qu'il voulait massacrer ; il mourut un an après. La terre de Chanaan, diminuée de la Phénicie, devint la proie des Romains qui nommèrent, aux 4 tétrarchies la composant sous le nom de Palestine, des procurateurs gouvernant en leur nom et notamment Ponce-Pilate qui, n'acceptant pas la culpabilité de Jésus que le peuple juif proclamait, mais n'ayant pas le courage de lui résister, se lava les mains devant lui pour décliner toute responsabilité et rejeter, sur ce peuple affolé, la mort d'un homme absolument pur et innocent. A la suite d'une injustice si criante et dans un temps prolongé, les juifs furent en grande partie chassés de la Judée ou exterminés par les Romains ; en sorte que depuis l'an 135 de l'ère chrétienne, ce peuple dispersé dans les différents pays du monde et assez mal accueilli partout, n'a plus constitué une nation.

§ 1er. — CIVILISATION ÉGYPTIENNE

Ménès, premier roi, premier législateur et fondateur d'un royaume égyptien, vers l'an 2450 avant Jésus-Christ, divisa cet Etat en quatre castes exclusives : Les *prêtres* absorbés par un pouvoir sans bornes, par la sainteté du culte et les attachements de la science ; les *guerriers*, par les armes ; les *artisans* pratiquant les métiers paternels, et les *paysans* s'occupant du labourage et de pâturage et payant des rentes annuelles pour la jouissance des champs et cheptels. La terre appartenait d'abord pour moitié aux deux castes supérieures ; puis ces dernières finirent par partager en tiers avec le roi. Ménès, fit bâtir Memphis et détourna le cours du Nil près de cette ville, par une chaussée de 100 stades de largeur pour le faire passer entre les montagnes.

Il est définitivement établi par les érudits qu'aux temps de l'édification des pyramides et des obélisques dont les inscriptions ont été déchiffrées par la science contemporaine, on adorait en Egypte un seul Dieu, immatériel, créateur du ciel et de la terre appelé *Knef*.

La morale égyptienne prescrivait la filiale obéissance, la fidélité aux traditions des ancêtres ; elle s'appuyait sur l'immortalité de l'âme, sur les récompenses et les châtiments d'une autre vie ; aussi, durant un très long temps aucun peuple ne fut plus constant dans son amour du travail, dans ses maximes et dans la régularité de ses mœurs. Parmi les lois par lui observées, on cite toujours celle qui exigeait le jugement des rois après leur mort, celles qui punissaient le parjure et la calomnie.

La puissance sacerdotale, en dominant les dynasties et les souverains de la famille égyptienne, au point de les porter au suicide par l'ordre de quitter le trône, continua bien de reconnaître le principe éternel, en faisant rendre hommage à cet Être suprême et incompréhensible, de qui tout émane, mais elle finit par prescrire l'adoration de ses seules émanations, êtres, choses, objets, phénomènes, ce qui a décidé Bossuet à dire que : « Tout en Egypte était Dieu, excepté Dieu lui-même. »

La réputation de sagesse et de grandes connaissances des prêtres égyptiens, chargés de veiller à l'observation des lois et d'instruire la jeunesse, attira Pythagore et Platon à leur école.

Les faits principaux de la civilisation égyptienne furent une connaissance approfondie de l'astronomie ; une certaine notion de peinture au-dessus de l'ébauche ; une remarquable habileté de main dans la sculpture monumentale ; la grande dimension des matériaux, la régularité de leur pose, l'achèvement de la taille, l'élévation des masses et la variété des ornements, en matière d'architecture ; le progrès de l'agriculture, la fabrication des tissus et des objets de luxe ; la culture de la médecine, de la géométrie de l'histoire et même de la poésie ; l'invention du papier fait avec les pellicules d'un roseau abondant dans les marécages du Nil appelé : *Papyrus;* le creusement du lac Mœris. L'ancien industriel égyptien connaissait des procédés actuellement perdus, notamment celui de faire avec des alliages et du cuivre des outils assez résistants pour tailler et sculpter le granit, le basalte et le porphyre.

Les Egyptiens, en employant dans ce qui regardait la religion, les sciences et les arts, les hiéroglyphes, mélange de symboles et de figures, de syllabes et de lettres, aboutissant à une langue visuelle, finirent promptement par avoir une écriture phonétique ; les hiéroglyphes eux-mêmes devinrent, pour les prêtres, un véritable alphabet.

§ 2°. — CIVILISATION ASSYRIENNE

Les commencements de la civilisation assyrienne par les tribus sémitiques de la grande famille arabe peuvent être considérés comme à peu près contemporains de ceux de l'Egypte ; c'est à cette nation assyrienne qu'on doit l'invention de l'art de peindre la parole par des lettres ; le degré de perfection auquel elle est arrivée dans l'architecture et la sculpture a été révélé par les fouilles récentes de Ninive, Babylone et Artémita ; par la découverte d'une sorte d'encyclopédie assyrienne écrite en caractères cunéiformes sur des feuillets de terre cuite où l'on trouve l'époque de deux éclipses de lune et d'une éclipse de soleil.

L'importance des travaux exécutés est attestée par les gigantesques proportions des murs de Ninive, par la hauteur de ses 1,500 tours ; par l'étendue et l'épaisseur des murs de Babylone, le pont jeté sur l'Euphrate, le tunnel ou galerie souterraine creusée sous le lit de ce fleuve, le temple de Bélus, la magnificence des palais et les jardins suspendus mis au rang des sept merveilles du monde.

En Assyrie, on fabriquait de beaux tapis, des tissus de coton et de lin, et des bijoux avec un art remarquable ; on cultivait les sciences, l'agriculture, l'industrie et les beaux-arts. Cette civilisation s'étendit, par la conquête, sur les peuples d'Arménie, de Médie et de Perse ; puis elle fut propagée par la Perse qui prit le dessus et porta sa domination vers l'Occident en y répandant les meilleurs germes de progrès recueillis à Babylone.

La civilisation assyrienne, dans ses développements successifs, adopta la religion de Zoroastre qui, après la loi de Moïse, fut la plus morale et la plus pure de l'antiquité ; elle reconnaissait un Dieu suprême, unique et infini, nommé Zervane-Akérène (1) (*c'est-à-dire le temps sans limites*) au-dessous duquel elle symbolisait le bon et le mauvais principe.

La loi de Zoroastre, exposée dans le Zand-Avesta au VIe siècle avant Jésus-Christ, institua la monogamie et prit l'initiative de qualifier de crime abominable la cohabitation de l'homme avec une femme autre que son épouse ; c'est ainsi que la position sociale de la femme s'éleva au niveau de celle du mari et que, de ce changement, procéda une amélioration générale des mœurs qui, à son tour, créa des

(1) Duquel seraient nés Ormuzd ou Ormazd, dieu suprême des Perses et des Bactriens, principe du bien, de la sagesse, de l'intelligence, de la lumière céleste, et Ahriman ou Arimane, chef des démons, principe du mal, des ténèbres, de l'ignorance et des mensonges.

dispositions à la bienfaisance et des scrupules dans la fidélité à la parole donnée.

De toutes les civilisations antiques, l'assyrienne est celle qui se reconnait le plus dans la civilisation actuelle par la mobilité de son caractère qui a été la cause du raccourci de sa durée et qui a transmis aux peuples d'Europe son penchant au progrès et à l'instabilité.

§ 3°. — CIVILISATION INDIENNE

Il y avait certaines ressemblances entre la civilisation indienne et l'égyptienne à l'époque du législateur Manou, contemporain du premier législateur égyptien Ménès, dans la division des populations indiennes en 4 castes, dans le culte rendu à la divinité, la polygamie avec dépendance de la femme, l'horreur de l'étranger et le genre d'architecture. Les dissemblances consistaient en ce que la loi de Manou défendait de frapper une femme ; que les constructions avaient des distributions, ornementations et aspects différents ; que l'Inde, en reconnaissant un Dieu suprême, l'adorait dans la personnification de ses attributs, ou la trimourti de Brahma qui crée, Vichnou qui conserve et Siva qui détruit.

Les savants signalent également des contraires à ces deux peuples ; ils s'accordent à dire que les racines de la langue Copte, étant sémitique, ont porté à peindre les idées par les hiéroglyphes, et celles de la sanscrite, étant syllabiques, ont fait peindre la parole par le dévanâgari ; d'autre part, il est constant que les statues égyptiennes étaient sculptées avec l'aspect de la roideur cadavérique, tandis que les indiennes l'étaient dans les formes proportionnées et gracieuses des postures naturelles les plus variées. Ceci prouve que les civilisations simultanées de ces deux types différents de race caucasienne n'ont point procédé l'un de l'autre par des alliances ou par des imitations, et que chacune d'elles a dû agir librement et isolément.

En avançant dans la durée, la religion des Védas (1) (*Védantisme ou Brahmanisme*) enseigna que l'abstinence absolue et prolongée de nourriture, et les souffrances causées par des tortures faites volontairement par des instruments de supplice exposés dans les temples élevaient l'homme à la perfection en lui donnant une vertu surnaturelle. C'est de là que sont découlés l'habitude des suicides accomplis comme actes méritoires ; le droit de livrer ses enfants à la mort par la noyade ou la chûte d'une cime excessivement élevée ; l'obligation pour la veuve de se laisser consumer par le feu allumé sur le cadavre de son mari, et d'autres pratiques d'un fanatisme cruel.

Ces supplices volontaires furent combattus par Buddha, prince réformateur, imbu à un certain degré

(1) D'après la traduction latine, par Anquetil, d'une version persane des *Védas*, livres sacrés des Aryas (Hindous), écrits en langue sanscrite au xive siècle avant Jésus-Christ, l'âme humaine se réunit à l'âme suprême (Brahma) par le fait de la transmigration.

du décalogue et des préceptes de la loi mosaïque, qui, en établissant la loi religieuse du Bouddhisme, abolit les castes, proclama l'égalité entre nationaux, prescrivit aux hommes les devoirs de s'aimer, s'entr'aider et secourir ; vit, dans la bonne conduite personnelle, le seul mérite ; fonda le bonheur éternel sur l'accomplissement des devoirs et les bonnes œuvres, et sur la pureté de la vie. Il appela dans l'Inde les peuples voisins par l'abaissement des barrières qui en avaient éloigné les étrangers ; excita ses peuples à pénétrer chez ces derniers où il y eut de nombreux prosélytes de sa religion, à ce point même qu'elle s'est propagée dans le Thibet, la Tartarie, la Chine et le Japon, pays dans lesquels elle compte des centaines de millions de sectateurs. Cette propagande fut d'autant plus ardente au dehors que le Bouddhisme eût à soutenir des guerres sanglantes contre le Brahmanisme et que ce dernier finit par l'expulser de l'Inde.

Il y a sur le culte du Bouddhisme une contradiction voulant qu'il soit entaché d'athéisme ; mais, outre que la négation de Dieu ne fera jamais, par une foi réelle, des centaines de millions de prosélytes, puisqu'elle emporterait absence de culte et mettrait de suite l'homme au niveau de la brute, et que, dans cette manière d'envisager l'existence et la fin de l'homme, il y a plus de frivolité ou de calcul passionné que de croyance sincère plaçant la conscience à l'aise, il ne faut pas perdre de vue que « la fusion de l'âme dans le principe éternel, l'absorption de cette essence par l'essence divine, n'est pas, dans l'esprit du bouddhisme, l'anéantissement de la personnalité, car il enseigne en même temps que les plus parfaites d'entre les âmes devenues Bouddhas, les bouddhas accomplies, peuvent descendre sur la terre et s'incarner de nouveau pour venir en aide aux hommes emprisonnés dans la gangue de la matière. »

Les preuves de l'antique civilisation de l'Inde ressortent de la conservation intacte de poèmes dramatiques, épopées, recueils d'hymnes ; traités sur tous les systèmes philosophiques, tous les arts, toutes les sciences ; puis de la perfection de son orfèvrerie, ses châles, son tissage, son agriculture.

Cette nation de mœurs douces et pacifiques, sans histoire et n'ayant que des traditions sur les guerres religieuses qu'elle a faites pour conquérir, par l'anéantissement des tribus autochtones, les vastes régions bornant l'océan indien, a pourtant laissé sur les escarpements des hautes montagnes quelques restes de la race primitive des péninsules du Gange et de Siam.

Cet esprit d'envahissement ayant cessé, l'Inde est devenue à son tour la proie de conquérants successifs, qui n'ont point fait prospérer sa civilisation, pour passer en grande majorité sous la domination anglaise en conservant son brahmanisme féroce et par suite sans développer son intelligence naturelle.

§ 4°. — CIVILISATION CHINOISE

On place à près de 30 siècles avant Jésus-Christ l'existence de *Fo-hi*, premier législateur des Chinois, et celle de leur premier agriculteur, *Chin-nong ;* leur ère historique date de 2657 ans avant Jésus-Christ et commence par *Houang-ti*, troisième souverain et nouveau législateur de la Chine. C'est de ce dernier qu'on fait descendre le célèbre philosophe Confucius (dont le vrai nom chinois est *Kong-fou-tseu*) né vers l'an 550 avant Jésus-Christ du gouverneur de la principauté de *Lou*. Ce philosophe, ayant pris la résolution de réformer les mœurs de son pays, parcourut dans ce but plusieurs provinces et fit un grand nombre de disciples. Appelé à la cour du roi de Lou, en qualité de premier ministre, il s'appliqua à faire revivre les règles de conduite et les usages des sages de l'antiquité ; il réforma la justice et fit prospérer l'agriculture et le commerce, mais le roi, s'étant fatigué de ses sages avis, il dut s'éloigner ; il continua de prêcher la morale en diverses provinces ; puis il écrivit les ouvrages qui l'ont immortalisé, et notamment *son Traité de morale et de politique en exemples ;* il révisa les *King*, livres sacrés ; réorganisa le culte des ancêtres, de l'Empereur et du Ciel, et devint le restaurateur de la religion ; il mourut l'an 479 avant l'ère chrétienne.

A l'origine de la civilisation chinoise, le peuple de cet immense empire de Chine a été convié par la fertilité de ses plaines à s'adonner à l'agriculture, dont il a perfectionné l'art jusqu'au raffinement ; il lui a fait produire toutes les plantes tropicales ; il a généralisé un bon système d'irrigation en l'appliquant à toutes les terres ; il a fait d'une matière assez ingrate, le bambou, des meubles, des ustensiles, des habitations, des palais, des barques et des vaisseaux de guerre ; il a usé sa patience à tirer, des cocons du bombyx, des tissus admirables, de superbes étoffes ; il avait découvert avant les Européens la poudre de guerre, la boussole, l'imprimerie ; son architecture revêt une constante particularité qui l'a fait tenir de l'habitation nomade par l'isolement de ses constructions, la distribution de leur intérieur et la disposition des toitures.

Dans la famille chinoise la puissance paternelle, l'autorité maritale, la piété filiale, le respect de la vieillesse, l'égalité parmi les enfants, sont des règles qui reçoivent leur application ; les fonctions sont attribuées aux plus capables de les remplir à l'avantage de la famille ; le rang est attaché au mérite personnel qui remplace la noblesse. La polygamie existant en Chine, la femme est une propriété qui se vend et s'achète par le mari ; c'est probablement pour en mieux assurer la possession qu'est venu l'usage de la priver de la faculté de locomotion, en lui déformant artificiellement les pieds. L'esclavage n'a pas existé comme institution politique, mais à titre de châtiment.

Les Chinois ont trouvé que les chiffres *un* et *zéro*

sont suffisants pour faire toutes leurs opérations arithmétiques.

Après la découverte de l'alphabet, le peuple chinois n'a point abandonné les signes hiéroglyphiques, antérieurement employés pour exprimer non les sons, mais les idées ; il a, au contraire, continué de se servir des signes graphiques de la langue visuelle et de les rendre plus abondants et plus riches que la langue parlée ; son langage est syllabique et ne soude pas un radical à un autre. La littérature des Chinois est très variée.

La religion primitive du Chinois a consisté à adorer un seul Dieu, sous le nom de *Tao* (raison suprême) ; il avait pour dogme la piété filiale et le respect de la vieillesse et pour rite le culte des morts. Chaque père de famille étant prêtre né de la religion, avait dans sa maison un autel paré de fleurs, où l'on brûlait des bougies parfumées ; il y avait aussi des temples ou des pagodes où s'exerçait un culte individuel, mais où il n'y avait pas de cérémonie. L'empereur, en qualité de chef de la grande famille et de pontife suprême, sacrifiait au nom de tous.

Le bouddhisme, qui de l'Inde passa en Chine, s'empara des masses et devint la religion dominante par le nombre des adeptes, mais l'aristocratie resta fidèle à l'ancienne religion de l'Etat.

La Chine a été conquise plusieurs fois, par des peuples de même race, mais les conquêtes successivement faites par les Mongols et les Mantchoux ont confondu les vainqueurs et les vaincus, si bien qu'il n'y aurait plus à lui annexer que le Japon pour qu'elle réunit tous les rameaux de la race jaune ; elle est de toutes parts attaquée par des nations chrétiennes ; si malgré son amour du travail, sa persévérance, son courage, sa patience, son mépris de la mort, sa finesse, sa sagacité, son adresse de main, elle n'abandonne pas ses hiéroglyphes, ne sort pas de son immobilité, ne se laisse pas christianiser, elle sera infailliblement absorbée par une civilisation supérieure.

§ 5ᵉ. — CIVILISATION PHÉNICIENNE

Pour s'appliquer à une contrée fort exiguë, la civilisation phénicienne n'a pas moins compté dans la chaîne des améliorations sociales. Avant la Grèce, la Phénicie était la seule contrée qui fît un commerce maritime, alimenté par les produits de sa grande industrie et eût des relations importantes et fécondes avec d'autres pays bordés par la mer ; ses habitants surent profiter des nombreux ports de son littoral, pour devenir les premiers et les plus célèbres navigateurs de l'antiquité ; ils jugèrent promptement qu'il y aurait avantage à créer des colonies et des comptoirs, et ils en fondèrent en grand nombre sur les points importants des rivages de l'Afrique et de l'Europe ; c'est en multipliant les émigrations des peuplades de commerçants qu'ils purent écouler leurs marchandises et importer non seulement les matières premières, qui servaient à leurs fabrications, mais encore, le cotonnier producteur et originaire de l'Inde ; ils achetaient et allaient chercher l'étain dans les Iles-Britanniques ; l'ambre jaune sur les bords de la Baltique, la canne à sucre au Sénégal, d'où elle est indigène ; les tissus de coton, l'ébène, l'ivoire, l'encens, les épices, l'or et les pierres précieuses dans l'Inde, l'Arabie et l'Ethiopie ; le fer au Caucase ; les chevaux en Arménie ; les vins, le cidre, l'huile, les fruits, la laine et les métaux en Espagne ; ils teignaient en pourpre le coton, la laine et la soie, savaient fondre et tailler le verre et transformer les métaux en objets utiles ou artistiques.

Les Phéniciens adoraient les idoles de *Baal* (Bélus), *Adonis*, *Moloch* et *Astarté* (ou *Astaroth* suivant la Bible), personnifiant le soleil, la lumière, le feu et la terre et leur sacrifiaient des humains ; toutefois Baal (seigneur) prenait, en Phénicie, les qualificatifs *Baal-Bérith* (ou seigneur de l'alliance), *Baal-Gad* (ou Dieu du bonheur) pour désigner des idoles d'un rang secondaire.

Les villes de la Phénicie s'étaient constituées en fédération ; Tyr finit par s'adjuger la prépondérance politique et religieuse.

§ 6°. — RÉFLEXIONS GÉNÉRALES SUR LES CIVILISATIONS RÉSUMÉES

Les peuples orientaux qui viennent d'être le sujet de cette rapide esquisse des traits principaux de leur physionomie, se rapprochent par la stabilité de leurs institutions politiques, le système des castes, le pouvoir absolu des rois, les privilèges et la puissance des prêtres et des guerriers, et une ardeur fanatique de croyances religieuses dégénérées, les portant à des sacrifices humains. La liberté individuelle et la vie sauve ne pouvaient pas exister où il n'y avait pas de citoyens. Les rois tenaient les populations dans la servitude et employaient leurs bras à des travaux et constructions des plus gigantesques.

Le fond des croyances religieuses de ces peuples était devenu panthéiste, mais chez tous il y avait eu des commotions civilisatrices de durées plus ou moins longues ayant pour cause des notions religieuses monothéistes, prenant leur source et leur développement dans la tradition, dans le décalogue et les commentaires de la loi mosaïque ; seulement ces empires, après être parvenus à une certaine hauteur de progrès sous l'influence de l'idée d'un Dieu, inspirateur de toutes les vertus, ont vu se ralentir, puis s'arrêter, ce mouvement intensif d'amélioration pour faire place aux atrocités des sectes religieuses et de leur haine pour l'étranger ; aussi et depuis ces nations se sont démesurément abaissées au lieu de prospérer.

§ 7e. — CIVILISATION GRECQUE

La Grèce ayant été envahie 2,000 ans avant Jésus-Christ par les Pélasges, peuples venus d'Asie et appartenant à la race Indo-Germanique, c'est à partir de cette époque que date le commencement de sa civilisation. Ces peuples émigrés avaient des connaissances en agriculture et métallurgie ; leur architecture se distinguait par des constructions cyclopéennes et la disposition de blocs énormes et bruts, dont il y a encore des restes ; leur gouvernement était monarchique ; ils fondèrent Sparte, 1880 ans avant Jésus-Christ. La tradition a conservé le souvenir de Cécrops, venu d'Egypte à Athènes en 1643 ; de Deucalion et des autres rois venant après eux, et sous le règne desquels la Grèce mettait à profit des notions agricoles et artistiques, des croyances religieuses de l'Egypte et de la Phénicie, des lois et des institutions régulières.

A cette période primitive succéda celle des temps héroïques, durant de 1500 à 1190 avant l'ère chrétienne ; puis vint le moyen-âge de la Grèce, période pendant laquelle sa civilisation recula pour progresser ensuite par la fondation de nombreuses colonies et par l'envahissement de l'Italie méridionale qui devint la Grande-Grèce. A partir de l'époque de 907 avant Jésus-Christ, où florissait, selon les marbres de Paros, Homère, le plus grand des poètes grecs, les mœurs s'adoucirent. Lycurgue, législateur des Lacédémoniens, donna, en 898, une législation qui était relativement empreinte d'une certaine amélioration et portait au progrès, quoique défendant de s'appliquer aux arts et aux métiers qui étaient réservés aux ilotes. Le gouvernement se composait de deux rois qui présidaient le Sénat, accomplissaient les cérémonies religieuses, avaient l'initiative des lois et commandaient les armées. Le Sénat élu par le peuple décidait la guerre, les alliances et la paix ; l'Assemblée du peuple choisissait les magistrats, répartissait les contributions, rejetait ou admettait les lois. On reproche à cette législation (Mably et autres), l'étroitesse de son esprit, l'égoïsme de sa politique, l'oppression de la famille et la proscription des jouissances de l'esprit.

Solon, bon poète et grand orateur, né 640 ans avant Jésus-Christ, abolit les lois de Dracon, qu'on disait écrite avec du sang et en donna à Athènes, qui l'ont fait classer parmi les sept sages de la Grèce ; il fonda, dans le même temps, une constitution qui était un mélange très habile d'aristocratie et de démocratie, et amena ainsi dans l'Etat le calme qui en avait disparu depuis 30 ans. Il distribua les citoyens en 4 classes d'après leurs revenus et en forma une Assemblée du peuple avec souveraineté équilibrée par un Sénat et l'ancien Aréopage reconstitué.

Les guerres médiques vinrent mettre en évidence les talents militaires d'un grand nombre de grecs dans celles qui eurent pour résultats de sauver leur indépendance et la civilisation européenne, mais la Grèce victorieuse au dehors avait dans son sein une cause d'affaiblissement, c'est-à-dire la rivalité de Sparte et d'Athènes qui enfanta la guerre intestine ou du Péloponèse durant de 431 à 404 ans avant J.-C. Au moment où l'on croyait la prédominance de Sparte incontestable, il se forma contre elle une ligue dont elle ne put triompher, Epaminondas ayant laissé pour héritières ses deux victoires : Leuctres et Mantinée. Puis, en 355 avant J.-C., le roi de la Macédoine s'immisça dans les affaires de la Grèce à l'occasion du pillage des richesses du temple sacré d'Apollon à Delphes, où existait une puissante amphictyonie.

Thèbes, capitale de la Béotie, fondée en 1580 avant J.-C. par Cadmus, était également jalouse d'Athènes; elle s'allia avec les Perses lors de leur invasion et prit parti pour Sparte dans la guerre du Péloponèse; elle joua le premier rôle sous le commandement d'Epaminondas et finit par être dominée par la Macédoine. C'est à tort qu'on a fait aux habitants de la Béotie une réputation de stupidité qui est loin d'être justifiée, puisqu'elle a donné le jour à beaucoup de grands hommes et notamment aux poètes Hésiode, vivant au IXe siècle avant J.-C. ; Pindare, né en 520 ; Corinne, née en 470 ; aux chefs militaires Epaminondas, né en 411 ; Pélopidas, son contemporain ; au moraliste Plutarque, né 48 ans avant J.-C.

Elatée, capitale de la Phocide, dans laquelle se trouvait Delphes, formait une république à part, était habitée par un peuple belliqueux qui tint tête à Thèbes et à une ligue formée contre lui, mais il fut subjugué par le roi de Macédoine qui l'exclut du conseil des Amphictyons, fondé au XVIe siècle avant J.-C., ou assemblée générale des députés représentant les peuples confédérés et se tenant tous les ans au printemps à Delphes, et en automne au bourg d'Anthéla, près les Thermopyles, pour examiner les affaires de la Grèce, juger toutes sortes de causes, principalement les attentats contre le droit des gens et la sainteté du temple de Delphes ; pour prévenir les guerres par la crainte d'une ligue amphictyonique contre le peuple qui n'obéirait pas à ses injonctions.

Olympie, ville d'Elide, voyait tous les quatre ans célébrer en l'honneur de Jupiter des jeux et des fêtes qui faisaient partie de la religion ; le bois sacré et le superbe temple où le Dieu était l'objet de l'adoration des peuples, étaient décorés d'un nombre extraordinaire d'œuvres d'art, parmi lesquelles se faisait remarquer sa statue en or et en ivoire, chef-d'œuvre de Phidias, le représentant assis sur un trône, couronné d'olivier, tenant dans sa main droite une victoire et dans sa gauche un sceptre surmonté de l'aigle. Le territoire sacré d'Olympie avait le privilège de rester neutre dans les guerres intestines de la Grèce.

Le royaume de la Macédoine, fondé vers l'an 1392 avant J.-C., fut aussi un état où des principes civilisateurs s'introduisirent ; il était pourtant arrivé à l'anarchie lorsque Philippe II monta sur le trône, 360 ans avant J.-C. Ce prince rétablit l'ordre, reconquit les provinces perdues, en prit de nouvelles malgré les efforts du grand orateur Démosthène, né 381 ans avant J.-C., et finit par assujettir la Grèce entière à sa domination, 338 ans avant l'ère chrétienne. N'ayant pas vécu assez longtemps pour porter la guerre en

Perse, comme il l'avait résolu, son fils Alexandre s'immortalisa dans l'heureuse exécution d'une grande partie des projets paternels. A partir de la mort de ce dernier, la Grèce entra en décadence par de nouvelles dissensions et finit par être entièrement asservie par les Romains, 146 ans avant J.-C.

Des Grecs indigènes ou naturalisés, Hérodote, né en 484, et Thucydide, né en 471, se sont immortalisés dans des travaux historiques ; Eschyle, né en 525 ; Sophocle, né en 495, et Euripide, né en 480, dans la tragédie ; Aristophane, né en 450, dans la comédie ; différentes écoles de philosophie ont été fondées par Thalès, né en 640 ; Pythagore, né en 608 ; Parménide, né en 535 ; Héraclite, né bien avant 500 ; Anaxagore, né en 500 ; Démocrite, né en 490 ; Socrate, né en 470 ; Platon, né en 429, et Aristote, né en 384.

La médecine a été créée par Hippocrate, né en 460. La statuaire a brillé du plus vif éclat avec Phidias, né en 498, et Praxitèle, né en 360 ; la peinture avec Zeuxis, né en 470 ; Parrhasius, né vers 420 ; Pamphyle, vivant au IVe siècle, et Apelles, florissant vers 332 avant J.-C. La plupart de ces grands hommes procédaient du siècle qui a produit Périclès, orateur et grand homme d'Etat, né en 494 avant J.-C., qui a gouverné Athènes pendant 30 ans.

§ 8e. — CIVILISATION ROMAINE

Le pays dont Rome, fondée en 753 avant J.-C., était la capitale, a été gouverné par des rois pendant

244 ans, puis par des consuls pendant 480 ans, expirant 29 ans avant J.-C., date de la création de l'empire, mais avec certaines intermittences. A la chûte des rois, les dissensions entre les patriciens et les plébéiens se prolongèrent durant plus d'un siècle. Aux époques de périls imminents, on établissait, suivant les idées et les circonstances, la dictature, le tribunat, le décemvirat, le tribunat militaire ou le triumvirat; le consulat fut aussi partagé. Rome eut à résister à des invasions et à lutter contre des séditions; ses succès étendirent sa domination sur les peuples voisins et firent de cet Etat, considérablement accru, une des plus grandes puissances du monde. C'était la période pendant laquelle les vertus civiques et guerrières de la nation s'étaient développées. La force dont elle se voyait pourvue exalta son ambition et lui fit porter les armes au loin; de son agression, il sortit notamment les guerres puniques et de très importantes conquêtes.

Devenue la première puissance du monde après ses grands triomphes, Rome vit disparaître les vertus qui l'avaient rendue invincible. Le luxe, les corruptions et les vices avaient amolli les populations. La lutte entre les plébéiens et les patriciens recommença vers 133 ans avant J.-C. Cette guerre sociale, où les chefs successifs, Marius, César, Brutus, pour le parti démocratique, et Sylla, Pompée, champions du parti aristocratique, firent assaut de proscriptions et de violences tyranniques, se termina par l'élévation d'Octave à la dignité d'empereur sous le nom d'Auguste. Ce souverain pacifia tout l'empire, fit des lois sages et ferma le temple de Janus un an avant J.-C. Ce fut pendant sa vie et sous son règne que les lettres fleurirent du plus bel éclat, notamment par les poésies de Virgile, né en 69 ; Horace, né en 64 ; Ovide, né en 43 ; Lucain, né en 39 ; Varius, mort en 10 ; par les œuvres de Cicéron, né en 107 ; Mécène, né en 9 ; Pollion, né en 76 ; Tite-Live, né en 59 ; Phèdre, né en 30 ; Tacite, né en 54 ; Suétone, né en 70 ; les Sénèque, nés en 58 et en 3 ; Velleius-Paterculus, né en 19 ; Denys d'Halicarnasse, né en 30 ; tous existants avant l'ère chrétienne.

L'empire romain, fondé par Auguste, fut divisé à la mort de Théodose, en 395, en empire d'occident et empire d'orient ; ce dernier a duré jusqu'en 1453 ; les provinces qui composaient le premier furent promptement assaillies par les Suèves, les Alains, les Vandales, les Burgondes, les Francs, les Saxons, les Angles, les Ostrogoths, les Visigoths, peuples barbares qui, en les conquérant, rabaissèrent les aborigènes au niveau de leurs civilisations respectives.

L'Italie, qui dépendait de l'empire d'Orient après avoir été successivement prise par Alaric, roi des Visigoths, et Genséric, roi des Vandales, fut conquise par Odoacre, roi des Hérules, qui en forma un royaume en 470. Ce souverain eut à soutenir la guerre contre Théodoric, roi des Ostrogoths, qui l'assiégea dans Ravenne, capitale depuis l'an 404 de l'empire d'Orient et le força à capituler. Ce dernier épousa la sœur de Clovis, fit épouser des princesses de son sang au roi des Visigoths et à d'autres chefs barbares, en vue de se les rattacher. Il rétablit l'ordre en Italie, favorisa les lettres, l'agriculture et le commerce, et montra qu'il possédait un certain génie de civilisation en faisant, vers l'an 500, rédiger la loi *gothique*. Après la destruction de ce royaume, Ravenne devint, en 568, la capitale d'un exarchat et de toute l'Italie grecque; puis elle passa, en 752, à Astolphe, roi des Lombards, pour être enlevée à ce dernier en 754 par Pépin le Bref, qui fit alors donation au pape Etienne II de cet exarchat et de la Pentapole. La possession du pape ne fut pas toujours paisible, mais Ravenne, après avoir été prise plusieurs fois, lui fut restituée pour être la capitale de la Romagne.

Dans les temps de guerres, qui durèrent de 404 à 568, Rome, ruinée par différends pillages, n'étant plus que la capitale d'un duché portant son nom, était soumise à l'exarque de Ravenne, quoique ce dernier y eut moins d'autorité que le pape. Sous l'empereur d'Orient Léon III l'Isaurien, favorable à la secte religieuse des iconoclastes, le pontife Grégoire II souleva, en 730, les habitants du duché de Rome contre le duc et en fit une république indépendante de l'exarque et gouvernée par le pape. Charlemagne, en 774, donna à Adrien Ier le Pérugin et le duché de Spolète. L'empereur d'Allemagne, Henri III, en 1053, céda au pape Léon IX, son parent, le duché de Bénévent. Une donation plus importante fut faite en 1077 au pape Grégoire VII par la grande duchesse de Toscane, Mathilde, de ses biens allodiaux qui depuis ont à peu près composé tout le *patrimoine de Saint-Pierre*. Grégoire X, en 1274, obtint du roi de France, Philippe III le Hardi, le comtat Venaissin ; Clément VI, en 1348, acheta de la comtesse de Provence la ville d'Avignon où ont siégé les papes, de 1309 à 1377, et à plusieurs autres époques.

L'autorité temporelle des papes, quoiqu'ayant été nulle en Italie, durant de certains intervalles, fut toujours reconstituée. L'Etat pontifical perdit Avignon et le comtat, en 1791 ; Bologne, Ferrare et la Romagne, en 1797 ; ce qui restait fut érigé en république, en 1798 ; le pape en fut remis en possession en 1799. Rome devint en 1809, le chef-lieu d'un département français. La paix rendit à la papauté, en 1814 et 1815, le gouvernement des Etats pontificaux, moins Avignon et le comtat. La République fut proclamée de nouveau à Rome le 9 février 1849. Le pape réfugié rentra l'année suivante dans ses Etats, sous la protection d'une armée française. La Romagne et les Marches s'annexèrent en 1859 et 1860 au royaume de Sardaigne qui, en devenant ensuite le royaume d'Italie, s'est emparé, en 1870, de tous les Etats de l'Eglise. De ce qui précède il résulte que le pape est aujourd'hui dépouillé de son temporel.

§ 9e. — CIVILISATION CHRÉTIENNE

C'est en l'an 33, c'est-à-dire à une époque de civilisation incontestable, que la religion révélée par Jésus-Christ a été par lui fondée dans des conditions à ne laisser aucun doute sur la vérité de sa divine origine. Bien des siècles avant sa naissance, la venue du fondateur avait été annoncée. Il devait être le Messie, l'oint du seigneur (de l'hébreu *Meschiah, oint*). Des prophètes (*ou Hébreux inspirés de Dieu*), pris parmi plus d'une douzaine qui ont laissé des écrits probatifs, avaient prédit à leurs concitoyens un roi qui les délivrerait de la domination étrangère et leur donnerait l'empire du monde entier. Ces prophètes sont : Isaïe, né vers l'an 794 avant J.-C., parlant clairement de Jésus-Christ et de son église ; Jérémie, né vers 630 avant J.-C., confirmant cette prédiction ; Daniel, né antérieurement à 606, date de sa captivité à Babylone, annonçant la venue du Messie, après 70 semaines d'années, et Ezéchiel, né antérieurement à 599, date de sa captivité à Babylone, prophétisant la fin de la captivité, le retour des Juifs à Jérusalem, le rétablissement du temple, le règne du Messie, la vocation des Gentils et la mort de Sédécias, toutes prédictions qui s'accomplirent.

Les prophéties qui étaient faites depuis de si longues années sur l'oint du Seigneur et sa venue n'étant point restées secrètes, acquirent, dans toute la Palestine, le plus haut degré de créance quand on apprit qu'un ange d'un ordre supérieur avait annoncé à Zacharie, un des prêtres du temple de Jérusalem, que sainte Elisabeth, sa femme, sœur de la Sainte-

Vierge, allait lui donner un fils (*saint Jean-Baptiste*) après une longue stérilité et qu'ayant refusé de croire l'archange Gabriel, il était devenu subitement muet pour ne recouvrer la voix qu'au moment où son fils naquit ; quand on sut que ce même archange avait annoncé à Marie, issue du sang royal de David, ayant la vocation de rester exempte de toute souillure pour se consacrer entièrement à Dieu, et cependant fiancée, vers l'âge de 15 ans, à Joseph, déjà âgé, qui, dans sa sainteté, devait être pour elle un époux spirituel, protecteur et gardien de sa virginité, qu'elle concevrait sans péché par la volonté de la Toute-puissance divine et contrairement à la loi ordinaire de la nature et enfanterait un fils qui serait le Messie, étant choisie à cause de sa pureté même pour être la mère de Jésus-Christ (en hébreu *Jehosuah, sauveur* ; *Christ* d'un mot grec, *oint* ou *sacré*). Jean-Baptiste, le précurseur, rempli de l'Esprit-Saint dès le sein de sa mère, naquit avant le Sauveur ; il se livra de bonne heure et dans le désert à d'austères rigueurs ; puis dès l'an 29 il prêcha sur les rives du Jourdain la venue du Messie ; ses paroles amenèrent, en grand nombre, des Juifs à lui demander le baptême ; il fut mis à mort pour avoir osé blâmer l'union incestueuse d'Hérode Antipas et d'Hérodiade, sa belle-sœur, en l'an 32.

Ces anciennes prophéties et ces annonciations à court terme devinrent irréfragables lorsqu'en l'an du monde 4004 la naissance du Sauveur fut célébrée par des adorations extraordinaires, laissant des souvenirs impérissables, qui s'expliquèrent immédiatement par l'intervention divine des messagers spirituels, immortels et incorruptibles, les anges, la spontanéité de la venue des bergers et des Mages (*ou prêtres de la religion de Zoroastre*) de l'Orient, alors que ces adorations s'adressaient à un enfant né dans une étable à Bethléem et ayant une crèche pour berceau. Cette manifestation étrangère, au milieu d'une population absolument hostile, fit exécuter avec rigueur l'extermination, ordonnée par Hérode, roi de Judée, de tous les nouveaux-nés pour être bien sûr d'atteindre le Messie contre l'existence duquel tous les juifs étaient excités, mais Joseph et Marie s'enfuirent en Egypte et l'enfant divin fut préservé du massacre. Ils revinrent en Galilée après la mort d'Hérode et s'établirent à Nazareth. Jésus passa sa jeunesse auprès de ses parents en travaillant en artisan et en laissant entrevoir ce qu'il serait un jour. Il fréquentait le temple à 12 ans et discutait avec les docteurs de la loi, qu'il étonnait par son précoce bon sens. A 30 ans il s'annonça comme le Sauveur et commença sa mission ; il se fit baptiser par saint Jean-Baptiste dans les eaux du Jourdain, s'arma contre les tentations par un jeûne de 40 jours dans le désert et parcourut avec 12 disciples de son choix, spontanément illuminés de la science ecclésiastique, les villes de Judée et de Galilée, en prêchant aux hommes, entr'autres dogmes, l'espérance d'une autre vie et la charité religieuse, consistant à aimer Dieu pardessus toutes choses et son prochain comme soi-même pour l'amour de Dieu ; il donna l'exemple de toutes les vertus et confirma sa mission divine par une suite de miracles réalisés pour fonder la foi la plus entière en toutes les vérités qui devaient être la base de la religion chrétienne. Ses principaux contradicteurs furent les Pharisiens, juifs qui avaient une grande autorité dans Jérusalem ; ces sectaires croyaient à la providence, à l'existence des anges, à l'immortalité de l'âme, à l'éternité des peines et à la résurrection des morts, mais ils étaient ennemis déclarés des propagateurs de toutes doctrines additionnelles. Les dogmes que Jésus enseignait soulevèrent contre lui les Pharisiens et les Juifs ; il fut par eux accusé devant Ponce-Pilate, gouverneur romain, de se dire *roi des Juifs* et de chercher à renverser le gouvernement établi ; désigné par le traitre Judas, il fut saisi et arrêté à Jérusalem où il faisait la Pâque et instituait l'eucharistie en célébrant la cène avec ses disciples. Pilate l'ayant envoyé à Caïphe, grand prêtre des Juifs, il fut jugé par le Sanhédrin, conseil suprême des Juifs, composé des 70 principaux de la nation et présidé par trois dignitaires, dont le prince des prêtres ; il fut condamné comme blasphémateur pour s'être dit le *fils de Dieu*. Ce fut alors que commencèrent les souffrances auxquelles fut soumis Jésus-Christ pour la rédemption du genre humain jusqu'au moment de sa mort. Il subit des outrages de toutes sortes, fut frappé, flagellé et obligé de porter la lourde croix de son crucifiement. Après avoir supporté les plus cruelles tortures avec une admirable résignation et en pardonnant à ses bourreaux, il mourut dans la 33e année de sa vie. Comme il l'avait hautement prédit, son corps ressuscita le 3e jour et sortit du tombeau malgré les plus grandes précautions prises par ses ennemis acharnés pour empêcher cette sortie et pour garder sa dépouille mortelle afin de pouvoir convaincre le peuple, en la lui montrant, qu'il avait menti. Il apparut ensuite à ses disciples, convainquit l'incrédule Thomas, l'un d'eux, et les chargea d'instruire tous les peuples. Le 40e jour après sa résurrection, du mont des Oliviers où il était avec ses disciples, il monta au ciel par une ascension visible et solennelle qui était le couronnement de sa mission et de ses prédications.

Les souvenirs de tant de faits surnaturels restaient si vifs dans toute la Palestine que les apôtres n'eurent pas de suite l'idée de les éterniser par les récits évangéliques (en grec *bonne nouvelle*) mais quand il les virent un peu s'affaiblir par suite de l'indifférence ordinaire des humains, et des sourdes attaques des juifs, quatre d'entre eux consacrèrent ces grands faits par des narrations immortelles. L'évangile de saint Mathieu fut écrit en hébreu (*ou Syro-Chaldéen*) vers l'an 41 ; l'évangile de saint Marc, en grec, dix ans après l'ascension du Sauveur ; l'évangile de saint Luc, en grec, vers l'an 53, et l'évangile de saint Jean, en grec, vers l'an 96.

De leur côté les hérétiques abasourdis par les

événements providentiels qui venaient de s'accomplir au vu et su de tout le monde et auxquels ils ne pouvaient immédiatement opposer la moindre négation, ne cherchèrent que plus tard à en atténuer la portée par des évangiles *apocryphes* ; ils ne se doutèrent pas que les erreurs prétendues et par eux signalées sur des détails seraient une éclatante reconnaissance des faits inaltérables qui, par les *véridiques*, étaient livrés à la postérité. Dès lors la religion chrétienne était incontestablement fondée sur des bases sincèrement inattaquables. La vérité de cette fondation divine a encore été prouvée par la réalisation des prédictions, devant s'accomplir après la mort du Christ et notamment la dispersion des Juifs qui ne voulurent pas reconnaître Jésus comme le Messie et attendent toujours le divin libérateur, dispersion qui déjà est plus de 18 fois séculaire.

Après la descente du St-Esprit sur les apôtres, ils se séparèrent pour évangéliser les nations. L'un d'eux, nommé Simon Bar-Jone, que Jésus avait mis à leur tête et surnommé *Céphas* (mot hébreu voulant dire *pierre*) en lui disant : « Tu es pierre et sur cette pierre je bâtirai mon église et les portes de l'enfer ne prévaudront pas contre elle. Et je te donnerai les clefs du royaume des cieux et tout ce que tu délieras sur la terre sera délié dans les cieux. » St Pierre suivit sa mission et prêcha à Jérusalem où il convertit jusqu'à 3,000 Juifs et étrangers dans un seul jour. Après avoir parcouru l'Asie mineure il créa l'église d'Antioche et vint à Rome en l'an 42 fonder son pontificat ; quelques années s'étant ensuite écoulées, un concile eut lieu à Jérusalem sous sa présidence. La persécution des chrétiens par Néron l'ayant englobé, il fut crucifié la tête en bas en l'an 66. St Pierre a laissé deux *épîtres*.

Saint Mathieu prêcha dans l'Ethiopie, puis en Perse, où il souffrit le martyre ; il n'a laissé que son *Evangile* dont l'original perdu est remplacé par une version grecque.

Saint Jean avait environ 25 ans lorsqu'il fut fait apôtre par Jésus-Christ et par lui choisi pour l'accompagner dans toutes les grandes circonstances de sa vie. A la suite de ses prédications en Asie mineure et chez les Parthes, il devint le premier évêque d'Ephèse. En l'an 95, il fut jeté, par les ordres de Domitien, dans l'huile bouillante sans en ressentir aucun mal, étant prédestiné pour écrire l'*Apocalypse*, l'*Evangile qui porte son nom* et *3 Epîtres canoniques* ; il mourut à 94 ans.

Les prédications des autres apôtres leur valurent également le martyre.

Saint Paul, né en l'an 2 de l'ère chrétienne sous le nom de Saul, élevé à Jérusalem dans le Pharisaïsme, fut un des plus violents persécuteurs des chrétiens ; mais, à la suite d'une vision qu'il eût sur le chemin de Damas, il se convertit, se fit baptiser et devint un des plus ardents apôtres du christianisme ; il prêcha l'Evangile dans de nombreux pays, et notamment à Paphos, où il convertit Sergius Paulus, dont il porta dès lors le nom ; à son retour à Jérusalem, il fut assailli par la population juive, cité par le grand prêtre devant le tribun Lysias sous un prétexte religieux et emprisonné à Césarée par le gouverneur de la Judée, Felix ; mais, ayant comme citoyen romain fait appel à César, il fut, par le nouveau gouverneur Festus, envoyé à Rome où il fut acquitté. Il prêcha ensuite avec succès dans cette dernière ville, retourna en Orient afin d'y consolider l'organisation de l'Eglise et revint à Rome où il fit des prosélytes en grand nombre, et même jusque dans le palais des empereurs ; mais, à cause des démêlés sanglants que Néron avait avec les chrétiens, il comparut devant ce souverain, déchaîna contre lui-même la haine que ce dernier avait pour ses doctrines et pour ses fidèles par la hardiesse de ses réponses, et fut mis à mort en l'an 66. Il y a de saint Paul *14 épîtres* adressées aux églises des régions par lui parcourues.

Saint Luc accompagna saint Paul en Troade et en Macédoine en l'an 51, prêcha seul à Corinthe 5 ans après, et partagea la captivité de saint Paul à Rome en l'an 61 ; il fut mis à mort en Achaïe à l'âge de 84 ans. Outre l'*Evangile qui porte son nom*, il a laissé les *Actes des apôtres*.

Saint Marc, né en Cyrénaïque, accompagna saint Paul à Rome où il fut son interprète ; il alla prêcher en Egypte où il fonda l'église d'Alexandrie ; il fut mis à mort dans cette ville par les idolâtres vers l'an 68. Il n'a laissé que son *Evangile*.

En écrivant ce qui précède, je n'ai pas eu l'idée

de continuer plus loin le résumé historique de la chrétienté ; ce que j'en veux déduire et retenir, c'est que l'ensemble des dogmes moraux et religieux de l'Eglise chrétienne (en grec, *assemblée des fidèles*), est éminemment civilisateur et préservatif de la décadence des nations.

Jésus-Christ, en venant confirmer les commandements de Dieu, expliquer leur étendue et commenter les conséquences qui en découlent, affecta une manière que le seul Messie pouvait employer, en ne tenant aucun compte des difficultés à vaincre et des dangers que sa personne devait encourir. Du premier bond, lui et ses apôtres conviaient les petits et les grands à aimer le seul Dieu créateur du monde ; à changer l'incrédulité en foi ; l'impiété en dévotion ; la turbulence en docilité ; l'indiscipline en obéissance; le crime en vertu ; la cruauté en humanité ; l'esclavage en liberté ; la haine en amour du prochain ; le dévergondage en décence ; l'inconstance en fidélité ; l'improbité en délicatesse ; le mensonge en sincérité; le vol et la spoliation en respect du bien d'autrui ; les jouissances en privations ; la révolte en soumission ; l'orgueil en humilité ; l'envie en bienveillance ; l'avarice en générosité ; la luxure en chasteté ; la paresse en amour du travail ; la gourmandise en tempérance; la colère en douceur ; la culpabilité en repentir, et les autres crimes, vices et défauts en perfections corrélatives, c'est-à-dire le mal en bien ; ils rappelaient avec autorité et compétence la sanction devant émaner de l'inobservance des règles divines et se fondant sur la punition de l'âme ; car bien antérieurement, les peuples auxquels ils s'adressaient étaient, par le fait d'une tradition vivace et générale, d'une saine interprétation de l'impératif décalogue et de l'intuition individuelle de la conscience, fixés sur son immortalité.

Destiné à être le Rédempteur du genre humain, par le sacrifice de sa vie, Jésus-Christ indiqua les moyens individuels à mettre en pratique pour racheter ses péchés et pouvoir ensuite compter sur la miséricorde divine, lesquels sont des sacrements.

Il institua le sacrement du *Baptême*, effaçant la souillure du péché originel, en disant à ses apôtres : « Allez enseigner toutes les nations et baptisez-les au nom du père, du fils et du saint Esprit (*év. saint Matthieu, ch. XXVIII, V. 19.*) »

Le sacrement de la *Pénitence*, qui est celui par lequel le prêtre remet les péchés à celui qui les confesse et en a regret, a été par lui institué après sa résurrection par ces paroles : « Les péchés seront remis à ceux auxquels vous les aurez remis (*év. saint Jean, ch. XX, V. 22.*) »

Le sacrement de l'*Eucharistie*, par lequel on reçoit réellement et substantiellement le corps, le sang et l'âme de Jésus-Christ, sous les espèces ou apparences du pain et du vin, fut par lui institué la veille de la Passion pendant le dernier repas qu'il fit avec ses apôtres (*év. saint Matthieu, ch. XXVI, V. 26 ; év. saint Marc, ch. XIV, V. 22 ; év. saint Luc, ch. XXII, V. 19.*) »

Il est facile de comprendre que les apôtres de la religion chrétienne, en donnant aux puissants de la terre des conseils évangéliques de nature à contrarier leurs inclinations, ne devaient pas être entièrement persuasifs, tandis qu'en les adressant aux infimes et aux esclaves, ils avaient les meilleures chances de les faire parfaitement accueillir ; aussi le bon sens dit que rien ne s'est jamais mieux accordé que les règles de la morale chrétienne et les aspirations honnêtes que la démocratie doit avoir dans une société ; c'est réellement pour elle et dans son intérêt que la religion agit quand elle tonne contre les vices et les défauts des riches, des aisés et des puissants pour les disposer à pratiquer l'amour du prochain et les vertus capables de les entraîner à l'aider en beaucoup de circonstances de la vie ; de même qu'elle agit par un rayonnement de cet amour quand elle s'efforce de faire comprendre à la démocratie, pouvant honnêtement et individuellement s'enrichir par le travail intelligent d'une nouvelle génération, dans quelle condition une assistance présente et morale peut lui être donnée.

Aussi chaque membre de la grande famille humaine étant à l'égard de son semblable dans une situation identique à celle de son frère dans sa propre famille, des devoirs identiques aussi découlent de la fraternité générale qui est un dogme religieux proclamé par l'ancien et le nouveau testament. De leur côté, les plus éclairés stoïciens grecs et romains l'ont enseigné comme règle de morale s'harmonisant avec a justice et même avec l'intérêt réciproque des individus à s'entr'aider dans la société.

Le devoir de secourir son semblable dérive du principe que tous les hommes, ayant la même origine, la même nature et la même fin, sont tenus non seulement d'accomplir chacun sa destinée mais de concourir à celle des autres ; ce qui n'empêche pas que la charité consciencieusement obligatoire doive être civilement libre ; on ne saurait l'imposer comme droit sans violer le droit lui-même et sans détruire la liberté, car ce serait exposer le bienfaiteur à des exigences immorales, mettre l'obligé en tutelle légale et faire dans la société une nouvelle création d'esclaves au sort desquels l'Etat serait chargé de pourvoir, tandis qu'avec le respect de la liberté, la charité gardée facultative, encouragée par la religion, ne cessera jamais d'être pratiquée par devoir.

Heureusement que sur tous les points, les prédications des apôtres ne sont pas demeurées stériles ; outre que la suppression en Europe de l'esclavage, puis du servage, a été à peu près obtenue par le seul christianisme, il est incontestable que la généralisation de la religion du Christ a opéré des améliorations sociales dans plusieurs parties du monde. Ce qui est triste à dire et ce qui a attardé sa marche ascendante, c'est que l'église catholique romaine a vu entrer dans son sein des orgueilleux devenus trop avides de s'affranchir de la hiérarchie et de s'improviser supérieurs qui s'en sont scandaleusement séparés en se faisant hérétiques. Outre le schisme d'Orient, qui a constitué l'église grecque et le grand schisme d'Occident qui s'est terminé au xv° siècle, l'église romaine a été déchirée par de nombreuses sectes rejetant ce que chacune d'elles trouvait trop gênant à pratiquer en allant ainsi au-devant de ce qui pouvait flatter certaines inclinations de ses fidèles. C'est par suite de la simple volonté et du libre arbitre des différents hérésiarques que les principales hérésies se sont manifestées successivement et se sont partagées en Gnostiques, Manichéens, Ariens, Pélagiens, Eutychéens, Iconoclastes, Albigeois, Hussites, Vaudois, Luthériens, Calvinistes, Anabaptistes, Anglicans, Méthodistes, Presbytériens, Puritains, Arminiens, Jansénistes, et d'autres encore.

Les révoltes principales consistaient à décliner l'autorité du pape et de l'église romaine, la hiérarchie ecclésiastique ; à attaquer le célibat des prêtres, les vœux monastiques, le temporel du clergé, le culte des saints, les commandements de l'Eglise, le purgatoire, la confession, la messe, la transsubstantiation, la communion sous une seule espèce ou apparence en conservant l'eucharistie sous les deux espèces. Parmi les nombreux hérésiarques, il s'en trouvait qui proscrivaient le culte extérieur ; qui n'admettaient ni culte, ni liturgie, ni ornements, ni signe de croix, ni agenouillement, ni jeûne ; d'autres supprimaient le libre arbitre par la prédestination absolue des élus et des damnés; rebaptisaient en âge de raison au lieu de confirmer ; regardaient la révélation contenue dans les livres saints comme suffisante ; se présentaient, sous ce prétexte, comme ayant seuls la vraie science de la divinité, par une intuition directe ou une tradition remontant à la création du monde, et admettaient le sauveur comme venu pour réparer le mal du Démiurge (*intermédiaire, suivant les gnostiques, entre l'Etre suprême et les humains*); un se présentait comme étant le divin Paraclet (du mot grec *consolateur*) ou saint Esprit annoncé par Jésus-Christ ; un autre critiquait la trinité et niait la divinité du sauveur ; un troisième repoussait la nécessité de la grâce, l'imputation possible du péché originel aux enfants d'Adam, la damnation des morts sans baptême ; il y avait encore des briseurs d'images et des partisans de beaucoup d'autres opinions les plus diverses et les plus hétérodoxes.

Le but des réformateurs par suppression de dogmes, doctrines, cultes, cérémonies et moyens propres à sauvegarder les règles de l'église du Christ, dans toutes ses plus salutaires exigences, n'était pas de surpasser ses ministres par des précautions plus grandes afin de conduire plus sûrement leurs adhérents à la félicité éternelle, mais de s'implanter à la tête d'une quantité d'auditeurs, de les flatter dans certains de leurs penchants et de les dominer assez pour s'en faire des partisans, en amoindrissant ainsi à tous risques et sans scrupule les devoirs à remplir envers l'Eternel, et en ne leur laissant rien à faire qui procédât de l'humilité, du repentir, de la pénitence, de la charité évangélique. Or, ce n'est point ainsi que l'Eglise chrétienne s'est établie ; ce n'est point par une telle et audacieuse présomption d'une miséricorde absolue et certaine qu'elle se mettrait dans la voie de renoncement tracée par son fondateur.

C'est par l'inspiration due à la sublimité des actes des martyrs et à des faits religieux que les beaux-arts se sont enrichis, notamment des *messes, requiem, oratorios, psaumes, hymnes, antiennes, stabat, o salutaris,* qui sont les chefs-d'œuvre des grands compositeurs Rossini, Gossec, Palestrina, Haydn, Cimarosa, Jomelli, Beethoven, Hœndel, J. S. Bach, Mozart, Méhul, Cherubini, Berlioz ; des peintures admirables de Raphaël, Le Pérugin, Léonard de Vinci, le Dominicain, Murillo, Van-Dyck, Rubens, Jordaens, Quellyn, Van-Osst, Le Titien, Le Véronèse, Le Tintoret, Le Giorgion, Herrera, Pacheco, Navarette el Mudo, Zaccaro, Bellini, Francesco Vecellio, Rembrandt, Nicolas Poussin, Lesueur, Lebrun, Mignard, Simon Vouet, et de tant d'autres ; que Michel-Ange et Puget se sont rendus célèbres comme peintres, comme sculpteurs et comme architectes de premier ordre, et Verrochio, comme peintre et sculpteur.

La religion du Christ ou du sacrifice a une telle influence sur la moralité générale que la corruption croit en proportion de l'indifférence dont elle est l'objet ; sur l'idéal des compositeurs et des peintres, que cet idéal s'abaisse lorsqu'elle n'en est pas l'inspiratice, et sur le bien-être d'un pays, que la confiance s'y perd, quand en majorité elle ne sert plus de règles aux actions des nationaux.

De nos jours, cette influence est contestée par les libres-penseurs ; ceux qui composent la majorité du conseil municipal de Paris viennent même de voter une allocation pour installer dans cette capitale, de concert avec l'Etat français, la collection de M. Guimet, habitant de Lyon, où se trouve réuni tout ce qui concerne les diverses religions connues, sous le nom de *musée des Dieux,* avec la conviction que ce serait porter un coup funeste à la religion ; le journal *La Liberté,* dans son numéro du 21 mars 1885, affirme en ces termes, et avec le plus sûr bon sens, que cette exhibition ne pourra que lui être favorable.

« Eh bien ! elle (la majorité municipale) s'est trompée et son attente sera déçue. Par une sorte de loi providentielle, il arrive presque toujours que les sophismes des athées se retournent contre eux et n'aboutissent qu'à raffermir la foi des croyants. »

« Le musée des Dieux, loin d'être la preuve des erreurs humaines, sera au contraire l'éclatante manifestation de l'idée de Dieu à travers les siècles. Les peuples ont pu différer sur la forme et l'expression de cette vérité irrésistible ; mais tous l'ont proclamée et tous la proclament encore aujourd'hui. Les divinités les plus bizarres auxquelles on a dressé des autels, le fétiche informe, les astres, les animaux, les végétaux eux-mêmes, qu'on a tour à tour adoré ; qu'était-ce sinon l'idée même de Dieu incarnée dans toutes sortes d'images fantaisistes ? qu'il s'appelle

Jéhovah, Wichnou, Allah, c'est toujours Dieu, c'est le créateur de l'univers, c'est la providence qui conserve et fait vivre tout ce qui existe, c'est le juge souverain qui demandera compte des actes terrestres. »

« Il existe à ce sujet une parabole des sages d'Israël qui mérite d'être connue : « Un jour Satan se présente devant le trône de l'Eternel : — Tu ne fais guère attention, lui dit-il, à ce qui se passe sur la terre. Ils vont bien tes enfants du genre humain ! Presque tous ont abandonné ta loi et sont passés à moi avec armes et bagages. Tu les as créés pour t'adorer et te servir. Ils t'oublient et te renient, et c'est à moi qu'ils appartiennent désormais ! — Ah ! répondit le bon Dieu ! je l'ignorais, mais c'est en effet curieux à voir. Eh bien, voyons ! Et sur l'ordre du Maître suprême, tous les symboles et tous les représentants des diverses religions sont appelés et défilent devant la Cour céleste. Et à mesure que passaient les fétiches, les idoles, les images de tous les paganismes, Satan s'écriait rayonnant : — Tu vois, ils sont tous à moi ! — Non, reprends l'Eternel, tous au contraire m'appartiennent. C'est moi seul qu'ils honorent, c'est moi seul qu'ils confessent, c'est à moi seul qu'ils adressent leurs hommages. Tous ces Dieux divers ne sont que des formes particulières du Dieu unique. L'erreur des hommes qui les adorent n'est que dans la figure qu'ils donnent au créateur ; mais au fond ils croient au créateur, et ce créateur ce n'est pas toi, c'est moi ! »

« Les libres-penseurs du conseil municipal de Paris, en établissant le musée des Dieux, ont beau renouveler l'erreur du Satan de la légende, ils croient élever un monument à l'athéisme, ils l'élèvent à l'idée de Dieu. »

Cette religion, que les seuls nihilistes de toutes les espèces et de toutes choses veulent réellement anéantir pour le plus grand mal et, contrairement au plus grand bien matériel et moral de l'humanité, est aujourd'hui attaquée par la négation du surnaturel et des miracles sur lesquels elle s'est fondée, comme elle l'était d'ailleurs du temps du grand théologien saint Augustin, né en 354, converti à 32 ans, après une jeunesse des plus orageuses, se vouant alors à la prière, à la pénitence, à la pauvreté par l'abandon complet de ses richesses, qui confondait ainsi ses contradicteurs : « Refusez-vous de croire aux miracles, il nous suffit de ce seul grand miracle que le monde entier se soit converti sans miracles. » Parmi les nombreux et puissants docteurs ecclésiastiques qui depuis ont discuté sur le même point, saint Thomas d'Aquin, né en 1227, commensal de saint Louis, reprenait le même argument en ces termes : « Le plus grand de tous les miracles, c'est que, sans miracles, des hommes de rien aient pu entraîner le monde à croire des mystères si obscurs, à faire des œuvres si difficiles, à espérer de si hautes destinées. »

Si encore ces nihilistes ne pensaient pas au gré des circonstances et de leurs passions, et ne croyaient absolument à rien, on ne saurait que dire sur leur sincérité ; mais ils admettent, à l'encontre de Pascal disant : « Je ne crois que les histoires dont les témoins se feraient égorger, » la vérité des récits anciens ou nouveaux, apocryphes ou controuvés, qui n'ont fait de victimes que celles, en si grand nombre, que des doctrines funestes plongent perpétuellement dans la haine, l'envie, l'orgueil, la paresse, la gourmandise, la misère, l'immoralité.

La preuve qu'une passion aveugle a présidé à la négation des faits surnaturels attestés par des témoins égorgés, c'est qu'avant la naissance du Messie la philosophie avait déjà progressé jusqu'au spiritualisme et n'avait pas eu la malencontreuse idée de placer le bien de l'humanité dans l'abaissement particulier au matérialisme, à l'athéisme. C'est ainsi que Virgile, le prince des poètes latins, mort 19 ans avant l'ère chrétienne, a mis dans la bouche d'Enée : « Ose mépriser les richesses et fais-toi digne d'un Dieu, » et qu'Horace, mort 7 ans avant cette même ère, a dit : « Plus un homme se refuse de plaisirs, plus il obtiendra des Dieux. »

Il ne faut pas croire non plus que les hautes intelligences, les vrais et sincères savants, ne soient pas pour la religion et contre l'athéisme, ce qui a permis à Bacon de dire avec vérité : « Peu de science éloigne de la religion, beaucoup de science y ramène, » et au savant Claude Bernard, d'en donner une preuve en ces termes : « Il importe de séparer la physiologie des grands problèmes qui tourmentent l'esprit humain ; leur étendue relève de méthodes absolument différentes... La science ne saurait rien supprimer ; le sentiment n'abdiquera jamais : il sera toujours le premier moteur des actes humains. » J.-B. Dumas exprime la même pensée dans les termes suivants : «Au-dessus de la sphère des phénomènes que nous étudions et où nous avons tant de découvertes à poursuivre, il y a une sphère supérieure que nos méthodes ne peuvent atteindre ; nous commençons à comprendre la vie des corps, la vie de l'âme est d'un autre ordre.»

Je vais faire de quelques-uns de ces autres savants des citations se rapportant à l'âme et à la religion, et qui sont des plus conformes à la raison et au bonheur des humains et des nations.

J.-J. Rousseau a écrit : « Non, j'ai trop souffert en cette vie pour n'en pas attendre une autre ; toutes les subtilités de la métaphysique ne me feront pas douter un instant de l'immortalité de l'âme, et la Providence bienfaisante, je la sens, je la crois, je la veux.»

« Le sentiment religieux a trouvé sa forme définitive dans le christianisme qui est le culte rendu à Dieu par la raison. Le règne de la foi chrétienne est donc la condition du progrès à venir (Macaulay).»

Or, ce progrès est considérable : « La religion chrétienne, dit Montesquieu, qui ne s'occupe que de notre félicité à venir, fait encore notre bonheur en ce monde.»

Georges Sand, qui n'a jamais passé pour une sainte, trace en ces termes, dans une lettre à Flaubert, la triste situation de l'inventeur des banquets gras du vendredi-saint, dans les jours qui ont précédé sa mort : « Pauvre Sainte-Beuve ! plus malheureux que nous, lui qui n'a pas eu de gros chagrins et qui n'a plus de soucis matériels. Le voilà qui pleure ce qu'il y a moins regrettable et de moins sérieux dans la vie, entendue comme il l'entendait ! Et puis, très altier, lui qui a été Janséniste, son cœur s'est refroidi de ce côté-là. L'intelligence s'est peut-être développée, mais elle ne suffit pas à nous faire vivre et elle ne nous apprend pas à mourir. Barbès, qui depuis si longtemps attend à chaque minute qu'une syncope l'emporte, est doux et souriant. Il ne lui semble pas et il ne semble pas non plus à ses amis que la mort le séparera de nous. Celui qui s'en va tout à fait, c'est celui qui croit finir et ne tend la main à personne pour qu'on le suive ou le rejoigne. »

N'est-il pas vrai qu'en s'exprimant ainsi, Georges Sand manifestait la croyance commune en la miséricorde divine, l'espérance générale en la vie future ; qu'elle voyait, dans la pensée réconfortante d'obtenir le pardon par le repentir, l'adoucissement des craintes et angoisses qui assiègent et découragent à l'heure suprême ou au milieu d'un grand danger, tous les mécréants, ou pour mieux dire tous les fanfarons d'incrédulité, car Pascal a dit très justement que : « Les incrédules sont toujours crédules ! »

Xénophon a écrit : « Les villes et les nations les plus adonnées au culte divin ont toujours été les plus durables et les plus sages, comme les siècles religieux ont toujours été les plus distingués par le génie. »

Washington, fondateur de la république américaine, regardé comme un homme sage et probe, a dit à son tour dans une lettre d'adieu aux Etats-Unis : « La religion et la morale sont les appuis nécessaires de la prospérité des Etats. En vain prétendrait-il au patriotisme celui qui voudrait renverser ces deux colonnes de l'édifice social. Le politique ainsi que l'homme pieux doit les vénérer et les chérir. Supposons même un moment que la morale puisse se soutenir seule, l'influence qu'une éducation très soignée aura peut-être sur des esprits d'une trempe particulière, la raison et l'expérience nous défendent de l'attendre de la morale de toute une nation sans les secours des principes religieux. » On trouve encore ceci dans une circulaire par lui adressée en juin 1783 aux gouvernements d'Etats : « Il n'y a pas d'exemple qu'une nation puisse être heureuse si elle n'observe pas les règles et ne pratique pas les vertus de notre sainte religion. »

De son côté, M. de Tocqueville a proclamé cet aphorisme : « La religion est beaucoup plus nécessaire dans la république que dans la monarchie, et dans les républiques démocratiques que dans toutes autres. Que faire d'un peuple maître de lui-même, s'il n'est pas soumis à Dieu ? »

Cette juste et dernière appréciation avait été auparavant faite par Voltaire en ces termes : « Philosophes tant que vous voudrez, mais si vous avez une bourgade à gouverner, il faut qu'elle ait une religion »; ce que Mirabeau traduisait de cette autre façon : « La croix est aussi nécessaire au peuple français que le soleil à la terre.»

« Les principes du christianisme, bien gravés dans le cœur, seront infiniment plus forts que le faux honneur des monarchies, les vertus humaines des républiques et la crainte servile des Etats despotiques (Montesquieu).»

Victor Hugo, qui a terminé son testament par ces mots : *Je crois en Dieu*, a fait les vers suivants, sur la présentation d'un crucifix :

> « Vous qui pleurez, venez à Dieu car il pleure ;
> « Vous qui souffrez, venez à lui car il gémit ;
> « Vous qui tremblez, venez à lui car il sourit ;
> « Vous qui passez, venez à lui car il demeure.»

Sans accumuler ici nominativement d'autres témoignages qui seraient également manifestes, il résulte bien de ce qui a été élevé dans l'univers à la gloire de Dieu que la religion chrétienne a créé des civilisations merveilleuses, des Etats puissants, des chefs-d'œuvre immortels, et que leur décadence a commencé avec l'inaccomplissement général des commandements divins.

II.

DIVISION DE L'OUVRAGE

De même que la vie d'un bon nombre de sociétés humaines prises dans leur ensemble a offert des époques caractéristiques d'initiation, d'avancement, de sagesse et de déclin dans la civilisation ; de même aussi chacune d'elles a présenté des époques particulières de formation, de progrès, de maturité et de décadence ; les peuples qui les composaient se sont distingués par les mêmes gradations et dépressions générales.

Ce qui s'appelle époque dans la durée des sociétés est nommé âge dans l'existence des individus ; les anciens partageaient ainsi la vie humaine : l'enfance, l'adolescence, la jeunesse, l'âge mûr, la vieillesse et la caducité. Dans le présent travail, où je m'occuperai de tous les âges, cette division n'est pas admise. Il en est une qui le fera plus facilement embrasser dans son ensemble et dans ses détails. Il a été choisi des périodes égales dites *septénaires*, et le début en la matière à traiter partira du premier septénaire et de ce qui se rapporte aux besoins de la première enfance. Ce qui est relatif au premier septénaire, comme à tous les autres, oblige à opérer en deux parties la scission des exposés de chaque septénaire parce que de nos jours, elle est devenue d'une extrême importance et qu'on doit la croire nécessaire. La première partie comprendra l'*éducation ;* la seconde, l'*instruction ;* le bon concours de ces deux moyens par lesquels on peut agir sur les enfants, les adolescents et les jeunes, décide de leur avenir, produit ou arrête le progrès de la civilisation.

L'éducation consiste à former en même temps le cœur et l'esprit des humains, surtout dans l'âge où ils sont le plus accessibles aux bons conseils et aux bons exemples de leurs éducateurs, c'est-à-dire dans celui qui se rapporte à l'enfance, à l'adolescence et aux premiers temps de la jeunesse ; elle a pour but de les bien élever et de leur apprendre tous les devoirs qu'ils auront à remplir durant leur vie, et toutes les déférences qu'ils auront à subir pour se conformer et s'habituer aux règles de la morale. Il est évident qu'elle a une mission fort délicate, celle d'attaquer avec mesure et douceur les mauvais penchants qui sont dans les cœurs et les mauvaises idées qui ont leur siège dans l'esprit. Il s'en suit que l'éducation assume sur elle à peu près tout ce qu'il y a de plus désagréable et de plus difficile dans les enseignements dont les enfants sont l'objet. Pour moi, l'éducation comprend non seulement celle qu'on reçoit dans la famille et les écoles, mais encore celle qui advient de la destinée et de la suite des siècles.

L'instruction proprement dite, au contraire, relève uniquement de l'esprit et consiste à faire apprendre et inculquer aux enfants et aux adultes, suivant leurs aptitudes, les connaissances les plus propres à les rendre habiles ou savants.

Tandis que l'éducation a quelque chose qui porte à répulsion de la part de celui auquel elle s'adresse, l'instruction attache par la curiosité ; le désir de savoir ce que l'on ignore peut exciter au travail : l'important serait que le professeur fût adroit à tirer parti de cette naturelle disposition.

III

PREMIER SEPTÉNAIRE, DE LA NAISSANCE A 7 ANS

§ Ier. — Education pendant le premier septénaire

En naissant, l'enfant accuse la nécessité de soumettre les organes de ses premiers besoins à une régularité bien entendue. Après la sage-femme qui a mission de le recevoir, de l'ondoyer ou faire baptiser, selon le degré d'espérance que sa vitalité fait concevoir et selon le culte de ses parents, la mère ou une nourrice mercenaire est chargée de pourvoir aux soins de nutrition, de propreté, de sécurité, de pronostic maladif et d'appel d'un médecin. Beaucoup d'enfants étant assez longtemps cachectiques il y aurait lieu de s'occuper avec plus de sollicitude que jamais de ces petits êtres qui meurent en bas âge dans une proportion effrayante.

La principale cause de la mortalité des enfants du premier âge vient ou de la syphilis (1) ou d'un mau-

---

(1) M. le docteur Fournier évalue à 68 pour cent la mortalité infantile ayant cette cause.

vais allaitement, ou de l'indifférence que les nourrices ou les mères inexpérimentées ou dénaturées mettent à leur procurer des soins ; leurs décès sont annuellement si considérables, qu'un pareil état de choses doit être l'objet d'un service des mieux organisés et de la constante préoccupation d'un ministère bienfaisant et scrupuleux. De ces premières lignes il est facile de comprendre que l'un des plus grands devoirs d'une nation est de multiplier les moyens jugés les plus propres à faire disparaître les causes de la mortalité des nourrissons. Or, ces moyens sont de diverses natures ; celui qui se présente à l'esprit en premier lieu consisterait à faire rectifier tous les articles de lois ne tendant point à ce but ou qui y seraient opposés, et à procéder à des créations législatives de nature à procurer un changement favorable.

En second lieu il n'échappe à personne qu'il conviendrait de multiplier les sages-femmes, de les faire instruire dans l'art de l'obstétrique, de les initier à toutes les meilleures prescriptions de l'hygiène des enfants et même dans celui de diriger les mères de famille pour les maladies subites et foudroyantes qui les enlèvent si impitoyablement. Si, à côté des sages-femmes en titre, il n'y avait pas des femmes d'expérience qui, par sympathie de voisines, se dévouent à insinuer des conseils pour les femmes enceintes ou les accouchées et pour les enfants souffrants, il serait difficile de se figurer le nombre de plus en plus considérable de mères et d'enfants qui périraient au-dessus de l'ordinaire par ineptie ou par ignorance des soins à donner.

Bien évidemment il faudrait que l'augmentation des sages-femmes jusqu'à un chiffre réglementaire fut activée par une création assez générale d'écoles gratuites d'obstétrique et par la facilité d'obtenir le titre du fait d'une pratique excellente. Dans une telle occurrence où la sagacité naturelle, la prudence, le tact et une certaine condition physique de la main sont plus appréciables que le savoir théorique, il paraîtrait raisonnable pour un gouvernement d'être très large sur les conditions nécessaires d'instruction première pour pouvoir y entrer.

La gratuité de la profession de sage-femme se comprendrait par elle-même mieux que celle de l'instruction, car, en parfaite humanité, il ne s'agit point, pour un Etat, de faire bien instruire ce qui reste, après de multiples décimations d'enfants en bas âge pouvant lui être imputées comme faute grave, mais il est de son devoir d'en sauver le plus possible et de ne rien négliger pour cela, sauf à les faire instruire, ensuite et en raison de leur nombre, avec moins de profusion; il ne faudrait pas qu'avec vérité on put dire d'une nation manifestement en défaut sur ce point, qu'elle se meurt d'instruction et de théorie.

Un besoin général de réforme non moins grand prend sa source dans la fréquence et la spontanéité de l'état maladif des enfants. Du moment que les sages-femmes en général, ne sont pas actuellement et ne seront pas de longtemps capables d'en diagnostiquer tous les symptômes et que les docteurs en médecine sont des citadins d'autant plus éloignés du fond des campagnes et d'autant moins disposés à s'y transporter, même à des prix excessifs, que l'Etat aurait plus exigé de leurs premières études, pour des baccalauréats qui sont reconnus pour ne point donner le coup d'œil médical, le tact professionnel, la perception simple et juste des affections compliquées et par conséquent pour ne contribuer que médiocrement à guérir (1) il serait de nécessité que de toutes parts et de toutes manières on cherchât, dans les régions supérieures, les moyens d'enrichir les campagnes de praticiens formés à bonnes écoles et habiles, comme il s'en rencontrait tant autre fois avant que la vanité ne se fut enorgueillie d'avoir triomphé des obstacles mis sous ses pas.

C'est encore dans un cas pareil que la gratuité des études médicales s'expliquerait d'elle-même en faveur des hommes nullement bourrés ou obstrués de sciences étrangères au but principal, mais naturellement intelligents qui, après avoir passé plusieurs années dans les hôpitaux à assister les médecins, à observer les symptômes et à suivre les cours de clinique voudraient se consacrer aux malades des campagnes où les pauvres et les ouvriers médiocre-

(1) « Il y a des circonstances où toute la science possible laisse dans l'incertitude ; alors ce n'est pas assez d'être éclairé par des lumières acquises, il faut être clairvoyant comme on l'est souvent par les lumières de la pénétration. (Encyclopédie, V., 269.) »

ment aisés sont à peu près privés de tous secours ou n'en obtiennent que de très discontinus, de trop tardifs ou de trop ruineux.

On ne peut pas compter, pour ces malades si intéressants et pour les enfants principalement, sur des interventions médicales des rares praticiens spéciaux préposés au service de l'hygiène, de la vaccination et de la médication d'une contrée et pourtant il est certain que les enfants, avant d'être saturé d'un principe salin, ont, comme les personnes habituées à une nourriture fade ou sucrée, à lutter contre les parasites et notamment les poux, les helminthes ou vers intestinaux ; ces derniers sont même souvent d'une pullulation si grande que, pour ne pas succomber à leurs atteintes, il faut les attaquer par des moyens fréquents et énergiques. Les enfants sont très nombreux, mourant en bas âge de l'envahissement de ces vers qui, d'après les meilleurs spécialistes, sont cause des quatre cinquièmes des maladies affligeant l'humanité.

C'est par suite de la négligence des gouvernants de la plupart des Etats à s'occuper des enfants, à moins qu'il ne s'agisse de mises en scène de crimes à faire réprimer par les tribunaux et alors que les poursuites ont l'apparence d'en avoir pu sauver quelques-uns, que les charlatans, avec le bon marché de leurs drogues, obtiennent des succès et même de si grands, en matière de souffrances ayant leur siège dans les entrailles, qu'il serait injuste de les représenter comme ne rendant pas de continuels et véritables services. Sous l'influence de ce qu'ils entendent débiter dans les foires et marchés et bien persuadés qu'un gouvernement soucieux de ses devoirs ne laisserait pas produire des affirmations de guérison s'il avait des doutes sur ce point, les gens du petit commerce ou de la campagne achètent à l'envi et déclarent, à leur tour et en grand nombre, qu'ils ont été parfaitement satisfaits, mais il ne faut pas moins reconnaître que ces cures arrivent sans avoir été précédées d'aucun diagnostic et que sans doute il y aurait avantage à voir appliquer des spécifiques par des praticiens édifiés sur l'existence des maladies dont ils seraient propres à combattre les funestes effets.

De la naissance à l'entier écoulement du premier septénaire les pères et mères sont les maîtres ou agents principaux de l'éducation des enfants ; c'est dans cette première période de leur vie qu'il faut commencer à les façonner à l'amour filial, à la complaisance, à l'obéissance, à la décence, à la docilité, à la véracité, au désintéressement, en un mot aux règles les plus générales et les plus élémentaires de la sincérité, de la tenue et de la politesse. Dans le même espace de temps ils doivent s'efforcer de les corriger de leurs bouderies, entêtements, menteries, gourmandises, grossièretés et autres mauvaises inclinations. Le devoir des parents est donc de les guider dans la bonne voie; de les blâmer, réprimander et châtier à propos; de les amener à l'aveu, à l'excuse, à l'humiliation, au repentir ; de leur faire redouter le châtiment et mériter le pardon. C'est dans la direction d'une éducation si importante que les soins à y apporter doivent être sagaces, attentifs, délicats et prévoyants. La difficulté de leur emploi est même si grande et souvent si peu à la portée de l'intelligence de la plupart des parents que le bien de l'humanité et l'esprit de la civilisation exigent une addition considérable de secours étrangers.

Les pères et mères réduits à leurs simples facultés et uniquement inspirés par l'affection qu'ils portent à leurs enfants et par l'intérêt qu'ils ont de les élever soit pour s'en faire des aides dociles et travailleurs, soit pour les pousser à des situations différentes des leurs, cherchent bien à faire naître dans leurs précoces esprits de bonnes résolutions et dans leurs tendres cœurs de bons sentiments, à les stimuler de bonne heure et de plusieurs manières, mais ils ne prennent pas toujours les moyens les plus sûrs pour y réussir. Ceux qui sont appliqués le plus généralement offrent même de graves inconvénients ; parmi ces derniers il faut citer les inspirations graduées de la peur, de la frayeur, de la terreur ; les menaces de les faire emporter par les gendarmes, les mendiants, les sorciers, les revenants ; manger par les ogres, dévorer par les animaux féroces ; puis, dans les dernières années du septénaire, les calottes, les fustigations, les séquestrations, les privations, les expositions nocturnes ; tous moyens propres à les rendre plus ou moins définitivement mutins, opiniâtres, entêtés, obstinés, peureux, lâches ou poltrons.

Au lieu de tous ces procédés irritants qui font plier les enfants en les effrayant, il conviendrait d'agir vis-à-vis d'eux avec discernement et de n'appeler à son aide que l'appui d'un Maître souverain et infini qui anime la conscience de tous les enfants, comme de tous les hommes, et qui se montre comme créateur dans les atomes les plus difformes comme dans les corps et les êtres les plus grands et les plus beaux de la création. Ces enfants ainsi pris avec douceur et mis à même de comprendre la première explication du bien et du mal, celle d'obéir ou de désobéir, sont très facilement ramenés au bien par les espérances, les récompenses et surtout par la crainte de déplaire à l'Etre suprême qui voit tout ce qui se fait, entend tout ce qui se dit et a le droit de punir les fautes dont il connait parfaitement les auteurs.

Parmi les secours éducateurs que les parents pourraient recevoir en une telle conjoncture, il ne faut pas compter ceux qui viendraient des seuls agents de l'Etat ; d'ailleurs si ce dernier avait la prétention de concourir à la bonne éducation des enfants du premier septénaire, ses délégués n'auraient à donner aux pères et mères que des conseils le plus souvent destinés à rester stériles, ou à n'appliquer aux enfants que des procédés plus ou moins semblables à ceux qui viennent d'être repoussés comme offrant des dangers réels ou à ceux plus convenables ayant pour mobile la douceur, mais de nature à paraître suspects, du moment que le Tout-Puissant auteur de la conscience serait, comme par une monstrueuse superfétation, invoqué par les agents laïques de l'Etat, presque à l'exclusion des ministres de la religion.

D'un autre côté, l'Etat est certainement des plus intéressés à ce que l'éducation pour être profitable, soit commencée et parfaitement dirigée dès la plus tendre enfance, mais il ne peut pas prendre le rôle d'éducateur en s'adressant aux parents sans risquer de s'aliéner bien des cœurs, par des mesures coercitives et répressives, n'en employant pas d'autres, car même dans un Etat où le chef est en même temps le suprême ministre de la religion, ce dualisme peut être des plus funestes ; les deux souverainetés, si elles s'identifient dans une personne faillible, font voir que le souverain spirituel a des lois immuables dont la sanction se place après la mort et qu'avec le souverain temporel et délégué nul ne croit à l'immutabilité des lois civiles, qu'on s'en prend à lui de toutes celles qui pèsent injustement sur sa nation et qui dès lors sont contraires aux lois divines et morales.

Il est donc tout simple de croire que la charge d'éducateur des enfants, comme des adultes, incombe aux ministres de la religion qui, par le fait même de leurs institutions canoniques, ont mission de développer le lien qui attache toutes les créatures au créateur ; d'apprendre sans cesse à tous les humains de tous les âges que la morale qui s'en émane est le sentiment du bien contre le mal, du mérite contre le démérite, du juste contre l'injuste ; de l'honnête contre le déshonnête ; l'expression des devoirs sociaux ; la science des caractères, des lois naturelles ou des choses qui sont bonnes ou mauvaises dans la société des hommes ; elle invite à penser sérieusement et fructueusement à tout ce qui peut porter à la vertu ; à régler les mœurs de manière à les rendre exemplaires ; à modérer les passions par la fermeté dans la continence, par l'assiduité aux travaux ; par un grand attachement à l'étude et une continuelle attention à ne pas s'en laisser détourner ; enfin elle dispose à la félicité par la constante application de tous les meilleurs principes. Aussi, l'étendue de ce programme a fait dire à d'Alembert (Mélanges, t. V, § 1,) que la morale est peut-être la plus complète de toutes les sciences, quant aux vérités qui en sont les principes et quant à l'enchaînement des vérités ; il comprend la science de l'homme, la théologie morale et tout ce qui est morale publique relevant de l'Etat.

Cette attribution étant naturelle et nécessaire, chaque ministre est de suite mis en demeure de conférer le premier des sept sacrements de l'Eglise, le baptême qui efface le péché originel et fait entrer l'enfant qui en est l'objet dans la grande famille chrétienne ; il puise dans l'accomplissement de cet office le droit de s'intéresser à tout ce qui est le bien du corps et de l'âme de cet enfant, de conseiller les parents sur les soins à lui prodiguer.

Lorsque cet enfant est en âge de comprendre, ce ministre sait parler à sa conscience, se faire l'interprète du Maître au nom duquel il agit ; le flatter pour l'amener à la révélation d'une faute qu'il cherche à cacher ; lui promettre le pardon pour tous les cas d'aveu, d'excuse et de sincérité. Par sa parole persuasive et si incontestablement propice, son costume si expressif du deuil d'un Dieu martyr, il gagne promptement la confiance de cet enfant qui devient familier, se corrige pour faire plaisir et apprend à aimer le Maître dont l'existence est déjà gravée au fond de son cœur.

§ 2e. — Instruction pendant le premier septénaire

Dans la période du premier septénaire il y aurait certainement avantage à ne pas faire commencer par des maîtres étrangers l'instruction des enfants. Ce temps serait mieux employé dans les familles où les pères et mères, même les illetrés, mettent tant d'ardeur à leur apprendre sans fatigue, peu à peu et suivant qu'ils avancent dans la vie, les noms de personnes et de choses, la numération, l'addition, la soustraction ; tous leur font acquérir la connaissance des pratiques et secrets de leurs professions ; les habitants de la campagne poussent même leurs enseignements beaucoup plus loin qu'on ne pense et même si loin que leurs enfants, allant avoir 7 ans, embarrasseraient sur bien des points un nombre immense de citadins adultes ; ainsi ils les habituent à connaître et nommer les organes de la vue, du toucher, du goût, de l'ouïe, de l'odorat, de la parole, de la locomotion ; les saisons, les jours de l'année, du mois, de la semaine ; l'action que, contrairement à l'opinion des savants, chacune des phases de la lune exerce sur les séminations, les ébranchements de têtards, la taille des arbres fruitiers et sur les changements de temps ; les pratiques agricoles, les labours, les natures de terre, les usages du pays, la distinction des herbes, graminées, arbres et arbustes, des grains, graines et fruits de toutes sortes ; les plantes parasites ; l'emploi et la qualité des fumiers ; les observations à faire sur le temps probable, basées sur des données se réalisant souvent ; l'espèce et la qualité des bestiaux et une infinité d'autres notions utiles que ne pourrait pas remplacer avantageusement tout un programme d'école primaire du degré supérieur. Ces mêmes parents cultivent la mémoire de leurs enfants par des récits de contes amusants.

Des médecins, en grand nombre, sont d'accord pour reconnaître les très graves inconvénients à mettre le cerveau des enfants aux rudes épreuves de l'instruction précoce. Aussi c'est au moins à 7 ans révolus qu'il faut ajourner l'assiduité scolaire ; jusque-là les asiles doivent eux-mêmes fonctionner avec de fréquentes alternatives de récréation dans le but aussi de ménager la contention des cerveaux.

IV

2ᵉ SEPTÉNAIRE, DE 7 A 14 ANS

§ Iᵉʳ. — Education pendant le deuxième septénaire

L'Eglise a fixé à 7 ans révolus l'époque où les enfants sont considérés comme faisant des fautes en pleine connaissance de culpabilité, en les obligeant alors à s'en accuser. Or, comme elle doit être renseignée plus parfaitement que personne sur ce point important, on ne saurait mieux décider que de lui accorder raison, en prenant cet âge comme point de départ pour les corriger avec plus de sévérité. Les châtiments qui auparavant les impressionnaient par une attache de laine, le manger d'une tartine à l'envers, ne suffisent plus, à partir de 7 ans, âge où les enfants sont dissipés. Les parents, tout en suivant les bons errements qu'ils ont dû prendre pour en imposer du seul regard à leurs enfants, sont forcés de ne plus laisser impunis les moindres écarts à la discipline autrement l'éducation serait très compromise.

Aussi, il y a de suite à faire des distinctions dont

l'une relative à l'éducation bonne ou mauvaise des garçons, l'autre à l'éducation bonne ou mauvaise des filles ; les parents peuvent donc élever leurs enfants des deux sexes dans de bonnes idées, de bonnes habitudes et de bonnes mœurs avec perfectionnement du cœur menant à la vertu, ou les élever dans de mauvaises idées, de mauvaises habitudes et de mauvaises mœurs avec dégradation du cœur conduisant inévitablement au vice et quelquefois au crime ; ils ont par conséquent à choisir et à montrer, suivant les cas, soit la fermeté et la direction qui préservent les enfants des redoutables dangers d'une détestable éducation, soit l'indifférence et la négligence qui les y a abandonnent, soit les exemples qui les y poussent.

Les pères et mères honnêtes, qui veulent que leurs enfants pratiquent la morale, leur parlent souvent de Dieu qui en est le fondement, qui a parlé à Noé, qui a dicté ses commandements à Moïse, qui s'est incarné et sacrifié pour le genre humain, qui a inspiré ses apôtres et les a chargés de propager les bons principes des évangiles rendant heureux les observateurs de ses lois ; qui n'induit jamais personne en erreur ou en tentation et qui promet à tous ses fidèles la récompense éternelle ; ils savent par eux-mêmes qu'ils n'ont eu qu'à se féliciter d'avoir observé ses commandements et voient autour d'eux, dans la même tranquillité d'esprit et de cœur tous ceux qui les ont imités.

Les premiers soins à prendre après les 7 ans

révolus doivent consister à faire apprendre définitivement à leurs enfants et à leur faire réciter, soir et matin, des prières en adoration de leur créateur, à les conduire aux offices divins, aux confessions et aux séances de catéchisme (1); à leur enseigner les règles de croyance religieuse auxquelles ils ont à soumettre leur conduite en ne faisant pas ce qui est défendu et en se conformant à ce qui est prescrit; à les interroger souvent et à contribuer pour une grande part à les préparer à une bonne et première communion; à les surveiller ou faire surveiller

(1) Le philosophe Jouffroy recommande en ces termes la valeur du catéchisme : « Lisez ce petit livre qui est le catéchisme, vous y trouverez une solution de toutes les questions que j'ai posées, de toutes sans exception. Demandez au chrétien d'où vient l'espèce humaine, il le sait ; où elle va, il le sait : comment elle y va, il le sait ; demandez-lui comment le monde a été créé et à quelle fin ; pourquoi Dieu y a mis des animaux, des plantes; comment la terre a été peuplée, si c'est par une seule famille ou par plusieurs ; pourquoi les hommes parlent plusieurs langues; pourquoi ils souffrent ; pourquoi ils se battent et comment tout cela finira, il le sait. Origine du monde, origine de l'espèce, question de races, destinée de l'homme en cette vie et en l'autre, rapports de l'homme avec Dieu, devoirs de l'homme envers ses semblables, droits de l'homme sur la création, il n'ignore rien, et quand il sera grand, il n'hésitera pas davantage sur le droit naturel, sur le droit politique, sur le droit des gens ; car tout cela sort, tout cela découle avec clarté et comme de soi-même du catéchisme. »

De son côté M. Jules Simon en fait l'éloge suivant : « Je trouve dans la religion chrétienne ce caractère qui me ravit : c'est qu'elle joint la métaphysique la plus savante à la plus parfaite, et si on peut le dire, à la plus efficace simplicité. Assurément le *Timée* de Platon et le XIIe livre de la *Métaphysique* d'Aristote, sont des merveilles ; mais je n'espère pas qu'il sorte de là un symbole qu'on puisse faire réciter aux petits enfants. Il n'y a jusqu'ici que la religion chrétienne qui ait eu à la fois la *somme* de St Thomas et un *catéchisme*. »

partout où leur absence pourrait être une cause de fautes ou de manquements à leurs devoirs et avec cette certitude que leurs enfants, même les plus dociles, ne chercheront qu'à se dérober à leurs attentions, à se montrer dissipés comme par amusement.

Dans les enseignements de la morale à leurs enfants, les pères et mères honnêtes trouveront sans cesse des occasions pour les contraindre aux devoirs exigés dans le premier septénaire ; ils devront en outre les reprendre, corriger et châtier pour éviter qu'ils ne soient promptement audacieux, insolents, paresseux, rapineurs, menteurs, querelleurs, vaniteux, orgueilleux, envieux, pervers, vicieux, dépravés. Les pères et mères qui n'ont pas le moindre souci de l'avenir de leurs enfants n'auront pour leur laisser embrasser la carrière des mauvais sujets des deux sexes, qu'à les abandonner à leurs inclinations, aux plus déplorables exemples et aux plus détestables incitations des compagnes ou des camarades ; ils seront à peu près sûrs, dans l'occurence d'une telle éducation, que leurs garçons et leurs filles seront de précoces débauchés.

On sait bien que l'amour des parents pour leurs enfants les portent à prendre plus ou moins intelligemment des mesures qui doivent améliorer leurs inclinations, mais il arrive très fréquemment que cette affection mal comprise les conduit à leur passer, dans les deux premiers septénaires, bien des caprices qui sont de nature à entraîner les plus fâcheux effets. Heureusement que les ministres de la religion sont là pour leur prêter main-forte et pour enrayer le mal d'une telle situation. En commençant à 7 ans à interroger les enfants sur leurs habitudes, leurs rapports avec leurs parents, leurs relations extérieures ; sur leurs pensées, paroles et actions, à l'occasion desquelles leur conscience leur peut reprocher quelques égarements, les ministres sont ainsi mis à même de les conseiller, de leur dévoiler les graves conséquences de désobéir à leurs parents et par suite à Dieu qui ne leur commande que des choses à accomplir franchement pour leur bien présent et futur.

Les épreuves indispensables pour la rémission des fautes et pour la mise en relation raisonnée de la conscience des enfants avec le souverain juge, opèrent des conversions de conduite étonnantes ; si ce n'étaient les mauvais contacts, les manières générales de faire deviendraient presque immédiatement bonnes, mais il y a souvent lieu de recommencer pour inculquer les meilleurs principes et surtout pour obtenir les ruptures de camaraderies compromettantes jusqu'aux environs de la première communion, époque à laquelle une retraite obligée consacre la sécession nécessaire.

Le jour du sincère accomplissement du devoir religieux de la première communion produit des effets si profondément impressionnables, si mémorables, si satisfaisants et rassurants que les communiants le considèrent dans l'avenir et après avoir passé par les joies et tribulations les plus grandes, comme le plus beau de leur vie. Cette expression d'un bonheur parfait, dans ce jour là, s'est échappée de la bouche d'un homme de génie, de l'empereur Napoléon Ier qui, pourtant et avant ses revers, a été le mortel qui a pu compter le plus de jours de gloire et de splendeurs, c'est-à-dire de contentement terrestre ne procédant pas de l'humilité et où la conscience n'est point à l'aise. Aussi, c'est pour conserver cet état d'innocence renouvelée que les ministres du culte continuent à inoculer les enseignements religieux d'un catéchisme de persévérance entretenant, chez les enfants qui en suivent les leçons, la constance dans le bien, dans la foi et dans la piété ; c'est par la pratique des bons sentiments qui conduisent à la vertu, qu'ils se tiennent prêts à recevoir le sacrement de la confirmation leur communiquant le St-Esprit qui, pour les apôtres, a été une force indomptable et les laisse eux-mêmes moins susceptibles de retomber dans les fautes dont ils ont promis de se corriger. Les parents useraient d'une grande sagesse et feraient pour leurs enfants tout ce que leur affection devrait leur inspirer de plus utile pour le bonheur si, comprenant leurs responsabilités, ils prenaient les moyens de les préserver jusqu'à leurs mariages, événements qui se produiraient d'autant plus sûrement, d'autant plus avantageusement et d'autant plus tôt, que les garçons et les filles auraient été plus retenus dans les bons principes de la morale et de l'honorabilité.

Il arrive que certains ministres de la religion sont

heureusement aidés dans leur immense tâche par des congréganistes des deux sexes, dévoués à l'éducation des garçons et des filles et au bien de l'humanité, qui les surveillent avec une constante sollicitude et qui les conservent longtemps dans la pure innocence des mœurs.

A côté des devoirs que les ministres de la religion remplissent avec une sollicitude paternelle, à la satisfaction des enfants, à la joie des parents et au profit de la civilisation, se trouvent ceux que certains Etats, dans leurs prétentions absorbantes, veulent exercer par des employés laïques, et sans aucunement faire remonter les principes de la morale au Maitre qui les a gravés dans la conscience et qui ensuite, à des siècles d'intervalle, les a interprétés et confirmés à différentes reprises.

La véritable raison des manières de voir des gouvernants vient de ce qu'ils s'imaginent que l'éducation des enfants soustraits à l'influence sacerdotale leur vaudra une adhésion particulière et solide de ces derniers, à tout ce qu'ils pourraient désirer d'eux en matière politique. Outre que les ministres de la religion n'ont pas d'intérêt à être systématiquement hostiles aux gouvernements honnêtes et respectueux des droits de tous, et que par conséquent l'éducation par eux donnée ne doit aucunement s'occuper des choses politiques, il est certain que les enseignements de la morale tronquée et enseignée, comme le Code pénal, sans parler de l'amour dû à l'auteur de la morale générale et religieuse ni d'une sanction capable de châtier la conscience durant la vie ou après la mort, ne produiraient pas les effets qui en seraient attendus. La vérité sur ce point ne fait pas de doute pour tout observateur juste et désintéressé; il lui suffit en effet de puiser des données irréfragables dans la comparaison des résultats obtenus par l'éducation religieuse ou par l'éducation laïque, ce qui doit s'entendre d'une laïcité qui ne devancerait pas ou ne seconderait pas religieusement les ministres du culte dans les enseignements de leur même morale. Comment en pourrait-il être autrement?

Qu'est-ce que peuvent faire des gouvernants avec des lois menaçantes et répressives, lorsqu'il s'agit de penchants mauvais, de faits immoraux, d'actes criminels, tous supposés cachés par des consciences façonnées et rompues à croire au matérialisme et à l'irresponsabilité finale, et condamnés par l'idée traditionnelle et universelle d'un Dieu tout puissant, et par les hommes les plus savants, les plus grands esprits et les plus prodigieux génies (1)? Quelle con-

(1) Victor Hugo, l'un d'eux, prenant la parole dans la discussion de la loi de 1850 sur l'enseignement, s'est exprimé dans un magnifique langage : « L'enseignement religieux est, selon moi, plus nécessaire aujourd'hui qu'il n'a jamais été. Plus l'homme grandit, plus il doit croire. Il y a un malheur dans notre temps, je dirai presque, il n'y a qu'un malheur: c'est une tendance à tout mettre dans cette vie !...

« En donnant à l'homme pour fin et pour but la vie terrestre, la vie matérielle, on aggrave toutes les misères par la négation qui est au bout; on ajoute à l'accablement des malheureux le poids insupportable du néant, et de ce qui n'est que la souffrance, c'est-à-dire d'une loi de Dieu, on fait le désespoir. De là

fiance serait-il raisonnable d'avoir en des enfants qui laisseraient croire qu'ils ne seraient pas retenus dans leurs méfaits par les appréciations de leur for intérieur ? Serait-il permis de penser que les enfants craignant Dieu, redoutant les peines présentes et futures, fussent moins soumis et moins honorables que leurs camarades disposés à les affronter ? Comment ne pas supposer au contraire que ces derniers doivent porter dans le monde des dispositions à transgresser leurs devoirs, capables de les entraîner à des crimes en leur permettant de se fonder sur la

de profondes convulsions. Certes, je désire améliorer dans cette vie le sort matériel de ceux qui souffrent; mais je n'oublie pas que la première des améliorations, c'est de leur donner l'espérance. Combien s'amoindrissent de misères bornées, limitées, finies après tout, quand il s'y mêle une espérance infinie !

« Notre devoir à tous, c'est sans doute de chercher à diminuer la misère ; mais c'est aussi de faire lever toutes les têtes vers le ciel, c'est de diriger toutes les âmes, c'est de tourner toutes les attentes vers une vie ultérieure où justice sera faite et où justice sera rendue. »

« Disons-le bien haut : personne n'aura injustement ni inutilement souffert. La loi du monde moral c'est l'équité. Dieu se trouve à la fin de tout. Ne l'oublions pas et enseignons-le à tous ; il n'y aurait aucune dignité à vivre, et cela n'en vaudrait nullement la peine, si nous devions mourir tout entiers. »

« Ce qui allège la souffrance, ce qui sanctifie le travail, ce qui fait l'homme bon, fort, sage, patient, bienveillant, juste, à la fois humble et grand, digne de l'intelligence, digne de la liberté, c'est d'avoir devant soi la perpétuelle vision d'un monde meilleur, rayonnant à travers les ténèbres de cette vie. »

« Quand à moi, j'y crois profondément à ce monde meilleur, et je le déclare ici, c'est la suprême certitude de ma raison, comme c'est la suprême joie de mon âme. »

« Je veux donc sincèrement, je dis plus, je veux ardemment l'enseignement religieux. »

possibilité de se dérober par la ruse aux plus terribles punitions des humains ?

En admettant, comme thèse extravagante et condamnée par le bon sens, que l'athéisme fût soutenable, l'honneur, la probité, l'honnêteté et la raison, ce qui semble comprendre la noblesse du cœur, la pureté des mœurs et de la vie, la droiture de l'esprit, les vertus, et la faculté de poser des principes et d'en tirer des conséquences ne devraient-ils pas être d'accord, fût-ce à regret, pour inculquer aux enfants les prétendues erreurs fanatiques de l'Eglise, qui éveillent chez eux, comme chez tous les adultes, les plus douces espérances des consciences pures et les consolent notamment des injures, des humiliations, de la douleur, des privations, de la pauvreté, des séparations, des injustices, des afflictions ? Tandis que l'enseignement de la morale, sans lui donner pour sanction suprême la crainte de Dieu, en faussant le ressort naturel de la conscience, même en distribuant des épaves de bons conseils, laisserait la porte ouverte à toutes les convoitises et actions les plus punissables, sans mesurer les conséquences d'une pareille éducation.

Il en est une qu'il importe de relever immédiatement : celle qui fait que les enfants se perdent entre eux par des indiscrétions immorales et des faits relevant des plus mauvaises relations ; cette plaie, qui se traduit par des apparences, lorsqu'elle ne se révèle pas par des aveux, devrait au moins être soumise au regard des médecins des villes, érigés en confesseurs ; elle se propage tristement chez les enfants des deux sexes. Il y a des docteurs spécialistes qui en font envisager toutes les horreurs et les inévitables résultats ; les hommes d'Etat, dignes de ce nom, comme les parents lettrés, devraient lire leurs ouvrages pour apprendre à quel degré de corruption les filles et les garçons sont exposés entre les mains des servantes et serviteurs irréligieux, et à quel point ils peuvent l'être en les confiant à des maîtres et des maitresses d'école qui n'ont pas et n'inspirent pas la crainte de Dieu. En présence du mal d'un état de choses qui n'est pas dû à la promiscuité surveillée des écoles mixtes et qui est indépendant des relations extérieures des garçons et des filles, ce n'est pas par des constructions d'écoles distinctes qu'il peut y être remédié. Puis, enfin, ce n'est pas tout d'élever les enfants, il faut encore les suivre dans la vie, les aider et les relever s'ils viennent à choir moralement et employer pour cela les moyens signalés dans l'ouvrage : *La Question du Paupérisme.*

Il est devenu assez général, dans les dernières années de ce septénaire, de soumettre les enfants des deux sexes à des exercices gymnastiques ; l'imitation des gymnasiarques, vus sur les places publiques, a enflammé la génération actuelle, s'est répandue dans les écoles de la plupart des villes et même jusque dans les maisons particulières. La marche et la course, qui autrefois avaient pour but d'entretenir la souplesse du corps et d'activer la vie animale dans ce qui devenait un plaisir pour l'enfance, en regard de la vie intellectuelle entraînant d'ordinaire l'immobilité des organes de la locomotion, ont été ainsi remplacées. Comme des gymnases ne peuvent pas exister partout, ni servir en même temps à tous les enfants qui veulent s'y amuser, et que d'ailleurs, en l'absence d'un maître prévoyant, ils présentent de grands dangers, il sera toujours plus naturel et meilleur de favoriser autrement l'activité physique. Parmi les accidents à prévoir, les plus fréquents sont : les fractures, luxations et entorses ; les plus graves amènent des infirmités perpétuelles ou la mort. Aussi ce n'est pas sans émotion que tous les pères et mères livrent leurs enfants aux maisons d'éducation en gardant pour eux les plus continuelles appréhensions relatives à leur santé et aux dangers qu'ils doivent courir, surtout lorsqu'elles se doublent du chef de l'absence et de l'éloignement ; ces parents ont d'autant plus raison d'être soucieux en pareil cas que les moyens de guérir les fractures, luxations et entorses, aux dires d'un grand nombre d'estropiés, paraissent toujours subordonnés au hasard de leur application.

A ce sujet, il est d'actualité de dire qu'il existe de par le monde une quantité considérable de rebouteurs qui, sans autre instruction que l'empirisme (c'est-à-dire *l'expérience*), remettent les luxations, fractures et entorses. Il en est certainement parmi eux beaucoup qui sont plus ou moins habiles, mais il est reconnu que la multiplicité des cas soumis à leurs soins, entretient la supériorité de leur pratique sans théorie sur la théorie sans pratique de la plupart des chirurgiens ; mais ce ne sont pas les rebouteurs qui sont appelés dans les maisons d'éducation ; aussi les parents qui ont confiance en leur talent peuvent encore de ce fait éprouver une cruelle déception.

En allant plus loin dans le champ des réformes nécessaires, il conviendrait que les gouvernants eussent l'amour propre des bons résultats à obtenir plutôt que l'obstination d'imposer exclusivement aux malades des docteurs plus ou moins saturés, de par les diplômes, de théories éphémères, alors que chacun sait, pour l'avoir appris de ces docteurs eux-mêmes, que la clinique pour les médecins et une grande pratique pour les chirurgiens, sont absolument indispensables, même pour faire des guérisseurs ordinaires. Cet état de choses, reconnu par les docteurs savants, mais contesté par ceux qui n'ont que la fatuité de se croire des aigles, a fini par faire hanter quelques rebouteurs et acquérir par des hommes de sciences les procédés avec lesquels ils rendent d'immenses services aux humains ; si bien qu'à l'heure actuelle, il y a de grandes villes pourvues de chirurgiens spécialistes qui agissent à l'instar des rebouteurs. Il faut ajouter que ces trop rares élites chirurgicales ne sont pas encore toutes à la hauteur de l'élite des rebouteurs, par la science du massage, attendu qu'il y a parmi ces derniers des personnes tellement sûres de la cause et du siège du mal, par le simple fait du toucher, qu'elles remettent chaque chose et notamment chaque nerf dans sa condition normale sans agir aveuglément sur l'ensemble du système. Il importerait donc d'acquérir par la fréquence du toucher les connaissances anatomiques nécessaires pour parfaitement réussir dans les résolutions des fractures, luxations et entorses qui, à la campagne surtout, sont d'une extrême réitération. Quant aux opérations quotidiennes, le moyen à prendre pour respecter la liberté des malades à choisir des rebouteurs, pour s'assurer que ces derniers ne sont pas des audacieux sans tact ni expérience, et en même temps pour favoriser les brevetés ou diplômés dans le complément de leur pratique chirurgicale, consisterait à faire faire chacune d'elles en présence de l'un de ces derniers, y assistant gratuitement, ce qui serait facile si le nombre des praticiens s'accroissait comme cela devrait raisonnablement être.

Dans les dernières années de ce septénaire, il serait bon de soumettre les garçons aux exercices de la première éducation militaire ; la pratique de cette gymnastique particulière serait sans danger et offrirait les avantages de les occuper pendant les récréations, de les habituer au travail, d'assouplir leurs caractères et de profiter de l'admirable talent d'imitation inhérent à cet âge.

§ 2e. — Instruction pendant le deuxième septénaire

C'est à 7 ans révolus qu'il semble convenable de soumettre les garçons à l'assiduité scolaire, tout en modérant la durée des études ; s'ils sont tenus des heures entières, leur attention se fatigue, et souvent il arrive de ce chef qu'il y a un long temps perdu et qui, à la campagne, serait admirablement utilisé. Autrefois, avant que les idées générales fussent tournées à la paresse, on savait prendre les élèves suivant les classes et à des heures différentes, et par ce moyen on ménageait les intérêts très respectables de l'instruction à l'école et du travail dans la famille. On réussissait de la sorte à sauvegarder cette dernière habitude, qui est de tous points la plus nécessaire et contribue presque seule à entretenir la moralité des enfants.

Il n'est pas nécessaire de meubler, après l'âge de 10 à 12 ans, les cerveaux qui ne doivent recevoir que l'instruction primaire ; en cherchant à les garder plus longtemps et à les instruire davantage, loin d'être utile à ces enfants, on les dispose à la fainéantise et sous prétexte de les favoriser, on nuit considérablement à leur avenir. Pour la plupart d'entr'eux savoir lire, écrire, compter, réfléchir et travailler est infiniment préférable à posséder des connaissances auxquelles ils n'attachent aucun intérêt, et qui ne leur serviront presqu'à rien. C'est lorsque les enfants se destinent aux professions industrielles et commerciales, qu'il faut les diriger vers une certaine instruction supérieure, l'élémentaire devenant pour eux insuffisante. Il résulte de ceci que c'est un tort de ne pas faire des catégories d'enfants, suivant qu'elles se manifestent d'elles-mêmes, du moment qu'il en est un grand nombre qui ont des intelligences rebelles à une instruction tant soit peu à la hauteur de la plus élémentaire ; le grand talent des maîtres devrait être précisément de distinguer les caractères et les aptitudes de leurs élèves, et par suite de recueillir sur chacun les données les plus utiles pour les exciter à continuer ou pour les laisser partir.

Cette sélection naturelle et nécessaire ne peut pas être mieux comparée qu'au travail de fructification qui s'opère dans un arbre, un poirier par exemple, où apparaissent des milliers de fleurs et où se forment des fruits à le faire rompre, qui, à mesure d'une croissance mal sustentée, finissent par tomber successivement, en si grand nombre, qu'il n'en mûrit que quelques-uns ; de même, l'arbre qui s'appelle la science a toujours été destiné à ne voir s'élever, à des degrés extrêmement divers, que quelques-uns de ses élèves (ses fleurs), qui, à l'école primaire et sous son influence, s'épanouissent si nombreux dans la pensée bien illusoire de devenir tous des savants, et qui se détachent d'eux-mêmes de cet arbre, comme ne pouvant pas s'en approprier une nourriture suffisante. C'est ce qui a été reconnu en ces termes par des statisticiens, qui prétendent qu'il y a mille nescients pour un ignorant ; mille ignorants pour un homme instruit ; mille hommes instruits pour un érudit ; mille érudits pour un homme éclairé et mille hommes éclairés pour un homme de génie ; c'est ce qui semble confirmé, en d'autres termes, dans un grand ouvrage (*Encyclopédie*, V. 269) d'après lequel : « Il y a mille hommes instruits pour un homme éclairé, cent hommes éclairés pour un homme clairvoyant et cent hommes clairvoyants pour un homme de génie. » D'où il suit que c'est par l'instruction elle-même que se font les ignorants, c'est-à-dire ceux qui ont été enseignés, mais n'ont point appris ou retenu, ce qui est le cas le plus général et ce qui s'explique par la nécessité de la continuelle culture intellectuelle, aussi indispensable que la perpétuelle culture matérielle, si l'on veut que ces deux champs ne se stérilisent pas ; mais il ne faut pas oublier que ces cultures ne peuvent guère occuper les mêmes individus à l'état de pratiquants et marcher de front pour progresser en même temps.

Cet état des intelligences d'une extrême variété est une nouvelle marque de la sagesse du Créateur qui a évidemment voulu que l'organisation morale, en vue de la civilisation, de l'existence et du bien-être des humains, fût comme les divers engrenages d'une machine compliquée pour lesquels il faut que les pièces, plus ou moins petites ou grosses, soient d'accord et faites pour fonctionner ensemble ; si tous les humains étaient aptes à recevoir la même instruction, le désir ne leur en manquerait pas, et les positions subalternes, se transformant en des centuples et des milliers de situations supérieures, finiraient par rester inoccupées et par détruire la machine sociale au grand malheur de tous, alors que partout on a pu remarquer le mal naissant déjà de l'avidité des incapables.

Après ces réflexions générales, il est naturel de passer à la partie spéciale des écoles. La première et la meilleure condition pour que les filles acquièrent les connaissances relevant de leur vocation, est celle de recevoir les leçons de lecture, écriture, calcul et ouvrages manuels par des femmes instruites, travailleuses et déjà parvenues à un âge respectable; une personne jeune n'impose pas suffisamment à ses élèves l'autorité du regard; ces dernières considèrent qu'elle n'a pas l'âge de la gravité; par suite, elle peut être, de ce chef, obligée de sévir plus souvent qu'une autre plus âgée sans obtenir d'aussi bons résultats. C'est encore dans une telle occurence qu'il y a lieu d'apprécier la respectabilité du costume des religieuses qui les transforme et vieillit et qui, par conséquent, est favorable à une bonne et facile discipline; tandis que la toilette des maîtresses laïques loin de porter au respect, invite, en quelque sorte, les élèves à la distraction de son examen détaillé, à la vanité d'en vouloir posséder une pareille, dans un temps plus ou moins futur, à l'orgueil d'en avoir même une éclipsant toutes les autres; elle excite l'envie chez celles qui ne croient pas pouvoir se montrer vaniteuses ou orgueilleuses. Cet état de préoccupation d'esprit est de nature à nuire à la disposition d'apprendre en même temps qu'à la bonne éducation. Les maîtresses laïques gagneraient considérablement à ne pas suivre la mode, à ne pas donner dans le luxe, et à s'habiller le plus simplement possible ; mais comment obtenir une réaction pareille des jeunes personnes qui pensent à se marier et qui s'imaginent, bien illusoirement, que la belle toilette est un attractif et doit servir à quelque chose dans l'esprit des hommes, alors que souvent elle n'est qu'un répulsif et une cause de regrettable supposition ! Combien leurs leçons seraient plus fructueuses, si toutes leurs idées se concentraient dans l'ardent amour d'inculquer à leurs élèves tout à la fois une bonne éducation et une bonne instruction, mais pour cela il faudrait avoir une vocation d'instruire, dont la réalité est presque toujours exclusive du mariage.

Chez les hommes et encore moins chez les enfants, la vanité, l'orgueil, l'envie, qui sont les vices gradués d'un égoïsme plus ou moins repoussant, ne s'enflamment guère pour les vêtements plus ou moins beaux, et par conséquent les costumes laïques ou religieux ne les impressionnent pas sensiblement. Les congréganistes masculins le savent si bien qu'ils cherchent à se faire respecter et aimer de leurs élèves plutôt qu'à leur imposer par fierté. C'est dans cet esprit qu'ils négligent la pédanterie vaniteuse, la pédagogie superbe, pour élever et instruire avec modestie et que, se montrant assez humbles et bienveillants pour prendre une part active aux jeux des enfants, durant les récréations, ils les entraînent à travailler par affection pour leurs personnes ou à tenir compte de leur condescendance.

Dans ces moyens différents d'agir par l'instruction sur l'intelligence des enfants, qui touchent si inévitablement à leur éducation et qui doivent satisfaire les vues des parents, en leur permettant de choisir, selon leur religion, il y aurait, de la part du gouvernement d'un Etat civilisé, deux motifs principaux pour leur laisser la plus entière liberté : ce sont le respect des consciences pour se conformer aux plus secrets désirs des familles et le bien qui résulte toujours d'une sérieuse concurrence entre des professeurs n'employant pas les mêmes méthodes ou procédés. Les succès des uns et des autres dépendraient évidemment des dispositions natives et de l'application des élèves, et par conséquent, il y aurait des revers, mais cette alternative devrait être précisément le levier des attentions et des meilleurs enseignements des maîtres respectifs. Tranquille spectateur de ces rivalités scolaires, un gouvernement ne pourrait être juste et honnête qu'à la condition d'être impartial et de chercher à tourner la rivalité en émulation. Dans tous les cas, il y aurait pour lui le devoir strict d'empêcher qu'il y eût tension entre des maîtres qui, en remplissant des fonctions honorables, n'auraient pas devant leurs élèves, et même dans le monde, la réserve qui les oblige à ne point parler de leurs concurrents ; ils doivent se pénétrer de cette idée, hantant l'esprit des auditeurs adultes : « qu'il est toujours plus facile de critiquer que de faire mieux. » On n'a pas été sans remarquer que les hommes savants, éclairés et toujours pourvus d'une bonne éducation, maîtres dans l'enseignement supérieur, sont polis envers leurs adversaires et combattent leurs doctrines avec des armes courtoises, et que l'attitude contraire, étant uniquement le propre des malotrus, ne saurait être le partage, à aucun degré, des agents de l'instruction et de l'éducation.

Pour être loyalement favorisée dans son exercice, la liberté d'instruction, qu'il est si difficile de rendre absolument indépendante de l'éducation morale et religieuse, devrait être appliquée par le moyen d'érections d'écoles dans une parfaite proportion avec le nombre des édifices où se font les cérémonies de culte. En ayant des écoles et des maîtres pour chaque croyance, les parents ne pourraient pas dire que les gouvernants touchent abusivement à la liberté de conscience. Il est naturel de penser que les représentants d'un Etat vraiment civilisé auraient de telles idées s'ils avaient la facilité de partout les appliquer convenablement, mais l'empire des plus singulières exceptions, soutenu par des minorités turbulentes, a toujours été si grand et si néfaste qu'il ne faudrait guère compter sur un si désirable résultat, à moins qu'il ne s'agit de majorités fermes, ou de communes n'ayant que des élèves d'un même culte, car en ces cas il n'y aurait aucune raison pour motiver une résolution contraire aux aspirations des familles.

S'il ne réussissait pas par les mesures précédentes, cet Etat serait forcé *ou de ne pas* tenir compte du petit nombre des élèves d'un même culte pour ne pas sacrifier l'intérêt général à l'intérêt particulier, alors que pendant les enseignements de la théologie morale à la majorité, ces quelques élèves pourraient être gardés en spectateurs ou être renvoyés plus tôt, pour primer le lendemain et s'y soumettre à leur tour dans des conditions différentes ; *ou bien* de faire servir les mêmes bâtiments scolaires à des heures différentes et à des instituteurs de chaque religion, en imitant ce qui se passe à Jérusalem pour les cérémonies du culte chrétien, suivant les rites grecs ou romains ; *ou enfin* d'exclure la morale de l'enseignement laïque en l'abandonnant entièrement à la sollicitude des parents et des prêtres et en invoquant une espèce de neutralité pour justifier cette décision, ce qui constituerait une première étape dans la séparation de l'Eglise et de l'Etat, dont les conséquences seraient des plus fatales pour l'ordre public, la paix sociale et la durée du gouvernement qui la réaliserait sans réflexion.

Le correctif le plus efficace de ces situations respectives, qui sont le fait des déplorables antagonismes que crée partout la politique des partis, consisterait, du chef des populations déçues et malmenées, à fonder des écoles libres, partout où le besoin s'en ferait sentir, mais cette pratique ne serait pas possible dans le plus grand nombre des agglomérations où les fortunes sont rares et les ressources communales des plus exiguës. Cet état de choses serait rendu plus déplorable encore si les gouvernants poursuivaient sans mesure et sans en prévoir même les plus simples effets, la diffusion générale de l'instruction par les moyens révolutionnaires et funestes de la gratuité, de l'obligation et de la laïcité matérialiste et absolue.

La gratuité, en s'offrant à la totalité des enfants, et par conséquent aux pauvres comme aux riches, ne pourrait pas consister à employer des maîtres sans les rétribuer et elle constituerait dès lors un service entièrement payé par l'Etat. A ce titre, et en relevant du budget, elle n'exigerait rien de celui qui ne serait pas imposé ; mais tous les contribuables, c'est-à-dire tous ceux ayant travaillé et économisé par eux-mêmes ou par leurs auteurs pour se créer le capital imposable, seraient d'autant plus lourdement chargés que les constitués pouvoirs publics seraient plus disposés à faire des générosités à leurs dépens ; ce serait donc uniquement pour en agir ainsi qu'ils auraient la prétention de donner à une pareille mesure et mettraient en avant comme prétexte, une fausse couleur d'égalité entre tous les enfants, car au fond ils ne rechercheraient évidemment que les suffrages des pères satisfaits. Seulement pour pouvoir compter absolument sur une récompense de ce genre, il ne faudrait pas accoler l'obligation à la gratuité, car par l'obligation, légalement prescrite sous une sanction quelconque, il ne serait pas possible d'attenter plus ouvertement à la liberté qu'ont tous les pères de famille d'élever leurs enfants et de les faire instruire à leur gré et suivant les futures professions, dont ces derniers accusent eux-mêmes individuellement le choix, et par conséquent, de mécontenter à la fois un plus grand nombre d'électeurs présents et futurs.

Il est tellement bien reconnu aujourd'hui et propagé, dans toutes les positions sociales, que la double aristocratie d'instruction et d'éducation lutte avec de grands avantages, même contre la double aristocratie de naissance et de fortune, qui est souvent surpassée dans ses connaissances théoriques et pratiques et dont un grand nombre de ses membres, pris parmi les intelligents, se rabaissent volontairement par la mollesse, l'insouciance, le jeu ou les débauches qui entraînent fréquemment une double ruine financière et sanitaire, que l'excitation des masses populaires à soumettre leurs enfants à la pierre de touche de l'instruction et à croire présomptueusement qu'ils doivent être des phénix est de la plus réelle inutilité. Aussi, l'obligation scolaire, en une telle occurence, ne serait pas seulement impolitique au premier chef en blessant les amours-propres de l'immense majorité des pères de famille par la constatation du nombre et de l'individualité des intelligences bornées et rebelles, sans leur laisser la possibilité d'expliquer cet état désagréable par une durée d'enseignement assez limitée et en contrariant leurs vues particulières et les besoins d'apprendre à leurs enfants à travailler,' mais encore le flot des intelligences cultivées sans mesure durant ce septénaire apporterait dans l'économie sociale, et ferait naître, dans les têtes de ces privilégiés, un changement imprévu et funeste dans toutes leurs idées d'avenir. L'instruction en elle-même est une excellente chose ; mais dans les cas d'aptitude médiocre et ordinaire, il ne faudrait pas qu'elle devînt, en les dévoyant, un agent nuisible pour ceux qui en seraient l'objet, ce qui arriverait inévitablement si elle détournait des ouvrages manuels ceux qui y sont naturellement destinés, et leur donnait des aspirations irréalisables. Sur ces points, la seule compétence des parents est tellement indiscutable qu'un Etat, en décrétant une mesure obligatoire et générale, serait imprévoyant et responsable du mal qu'il ferait.

V

3ᵉ SEPTÉNAIRE, DE 14 A 21 ANS

§ Iᵉʳ. — Education pendant le 3ᵉ septénaire

Dans le 3ᵉ septénaire l'éducation acquiert une importance sans égale et décide toujours du sort de la généralité des filles et souvent de celui des garçons ; les mauvais penchants, qui se produisent de 14 à 21 ans, s'enracinent tellement dans le cœur et l'esprit, qu'on perd chaque jour l'espérance de pouvoir y apporter des remèdes salutaires. Tout le monde sait que si une fille n'est pas restée pure jusqu'à 21 ans révolus, il est à croire qu'il sera difficile de la tirer de la débauche par ce motif que la piété, la raison et l'honneur ont été par elle mis de côté, à peu près sans retour, et que le mariage, un des plus sûrs réhabilitants, est du chef même de l'existence d'une mauvaise réputation, devenu fort problématique. Il y a aussi une grande et funeste erreur, à l'usage des dissolus et de leurs parents indulgents, insouciants ou coupables, à supposer et à dire sans réflexion, presque par forme d'encouragement indirect, que l'inconduite d'un garçon n'emporte pas la perversion du cœur, alors que les moralistes considèrent ses débauches et ses infractions à la règle des mœurs comme entraînant les conséquences les plus graves. La seule différence à remarquer est celle qu'un homme peut plus facilement revenir à de bons sentiments, parce que, suivant le monde, il n'est pas déshonoré ; mais, en tout cas, ce langage qui fait si bon marché de l'honneur d'une fille séduite n'est point honnête.

Ce qui précède est de nature à faire proclamer la culpabilité des pères et mères, qui ne surveillent pas ou pas assez leurs filles et qui comptent sur ces dernières pour se défendre seules contre toutes les embûches dressées sous leurs pas ; cette confiance, toujours trop absolue, ne pourrait s'expliquer que par la certitude des principes solides de la religion, se retrempant souvent à la source de la foi divine ; ce qui ne devrait pas empêcher les parents de faire vibrer, en même temps, à leurs oreilles, les cordes de l'honneur et de la raison, c'est-à-dire la nécessité de rester honorable au lieu de courir après le mépris qui impose le célibat, puis aussi la raison de se bien conduire pour faire son salut comme pour arriver plus sûrement au mariage.

Après la sincérité des croyances religieuses, la meilleure sauvegarde de l'honneur des filles, est la modestie et l'amour du travail ; les occupations constantes ne leur laissent pas le temps de se montrer vaniteuses et d'avoir de mauvaises pensées ; c'est pourquoi les parents ne sauraient jamais mieux faire que de leur trouver toujours des travaux ; de les y intéresser par des récompenses, de les habituer à être surveillées, accompagnées, et à rendre compte de toutes leurs relations. Il ne faut pas perdre de vue que les jeunes filles se perdent entr'elles par des prêts de livres dangereux ou des conversations ou des excitations immorales ; il importe donc au premier chef, d'avoir des données certaines sur les bonnes idées et les bonnes habitudes des compagnes à leur laisser fréquenter.

Dans les temps où les garçons étaient eux-mêmes élevés moralement, il n'y avait peu d'inconvénients à les laisser promener avec les filles dans les lieux publics sous les regards des parents ou des étrangers, dont nul ne cherchait à se soustraire, parce que les cours avaient un but honnête ; mais désormais les garçons de 16 à 21 ans, sont devenus imitateurs, entreprenants, libertins ; ils ont quelquefois vu, dans un âge n'excitant guère la défiance, la corruption s'étalant sous leurs yeux ; ils ont pu entendre les stupides réflexions qui sont faites par les gens mal élevés, lorsqu'ils s'expliquent sur le compte des femmes ou des filles, et alors ils s'étudient, par fanfaronade, à se faire mauvais sujets en violant plutôt que séduisant les filles par de longs préliminaires de badinages, bousculades et luttes accablantes. Pendant que les choses se passent ainsi entre garçons et filles pauvres, ces dernières ont encore à se garder contre les intrigues et les séductions financières des hommes riches ou aisés, jeunes ou vieux, qui les considèrent comme des marchandises et les mettent à prix. Aussi, il n'a jamais été plus nécessaire de les protéger contre ces séducteurs et contre elles-mêmes et d'enrayer ainsi le progrès croissant de la corruption parvenue à l'état de commerce et d'industrie. A ce sujet, je ne reproduirai pas la démonstration de l'efficacité des moyens proposés pour y réussir ; elle est développée dans mon ouvrage : « *La Question du Paupérisme résoluble par un ensemble de moyens pratiques* » pages 6 à 45, 84 à 99 où je m'appuie sur les ouvrages de MM. Jules Simon, Leroy-Beaulieu, Fougerousse, Siegfried, Le Play, Léon Faucher et de nombreux économistes, pour dire que le moyen d'améliorer la situation des pauvres est de moraliser leurs personnes, et dans ma brochure ayant pour titre : « *Nécessité de substituer, à la recherche de la paternité, la répression de l'immoralité.* »

Seulement il est indispensable de résumer en quelques mots ces moyens consistant : 1° à étendre jusqu'à 21 ans, aux six plus proches parents ou alliés, les droits de surveillance et de répression attribués aux pères et mères sur leurs enfants mineurs ; 2° à dépouiller le mari convaincu d'adultère de certaines fonctions, notamment de celles exerçant une influence sur l'éducation ou sur les mœurs ; 3° à punir, tant par amende que par dommages-intérêts envers sa complice, tout célibataire, homme séparé de corps, ou veuf, convaincu du flagrant délit de relation immorale avec une fille, femme séparée de corps, ou veuve, non inscrite au registre des mœurs, ou n'ayant pas chez lui une habitation constante ; 4° à obliger le concubin à fournir les entretiens et aliments nécessaires aux enfants conçus durant un ménage illégal ; 5° à punir toute fille, femme séparée de corps, ou veuve, convaincue du flagrant délit de relation immorale avec un amant plus jeune qu'elle.

C'est précisément dans un temps où l'immoralité se généralise, que le mariage honnête et légal s'ajourne en dehors de son époque naturelle et qu'il tend à devenir presque partout rare et stérile ; une habitude, basée sur les plus faux calculs ou les plus tristes réflexions, a été prise, il y a longtemps, par la plupart des grands et des riches, de ne marier leurs fils que de 5 à 12 ans après l'âge de la puberté, en croyant alors plus ou moins sincèrement à leur continence ; mais ce funeste usage du grand monde qui a donné lieu aux plus déplorables conséquences sociales dont ses membres sont responsables, se montrant dans toute sa nudité, est descendu de proche en proche jusqu'au bas de l'échelle ; en sorte qu'aujourd'hui, dans la plupart des Etats européens, et dans toutes les positions où se font les mêmes calculs, les idées les plus malsaines ont un essor des plus contraires aux bonnes destinées des nations.

L'affection mutuelle étant le plus souvent bannie de l'acte de la paternité illégale, malgré tout ce que les romanciers mettent, dans les paroles de leurs personnages, de passion enflammée, outrée et interprêtée comme réclame pour se faire lire par les ingénues et les blasées, et la chasteté de la plus jeune fille qui se livre, en apparence pour la première fois, étant toujours à suspecter, les malheureux fruits de ces unions brutales, sont repoussés par les cœurs et par suite ils ne font pas connaître le plaisir inexprimable de posséder des enfants, de les soigner, deviner, surveiller, élever et aimer par dessus toute chose, au point d'exposer, spontanément pour eux et toujours avec une intime satisfaction, sa santé et sa vie ; de travailler avec la pensée de les placer au-dessus de leur condition originaire ; de leur donner de bons conseils, de les pétrir et disposer pour être heureux. Aussi, les adultes ne donnent carrière qu'à des instincts lorsqu'ils préfèrent voltiger vers les femmes faciles et souvent malsaines dès l'âge le plus tendre, et s'exposer à des maladies incurables, plutôt que se soumettre aux obligations et aux devoirs de la paternité légitime. En vérité, ce serait à croire, comme l'ont dit certains médecins, que parmi les hommes il y a plus de fous que de sensés.

Ce qui vient d'être dit pour les filles pauvres ne doit pas empêcher de faire sentir que l'habitude de l'oisiveté, chez une fille fortunée ou de condition élevée, lui serait de même extrêmement nuisible ; par conséquent, il incombe à toute mère de famille, digne de ce nom, le devoir absolu de donner ou faire donner à sa fille les leçons et les pratiques des ouvrages manuels dont elle serait susceptible de faire l'application durant sa vie de luxe ou dans l'adversité. Rien ne serait plus désirable que de la voir se passionner pour les travaux d'aiguille, à faire dans le but de les utiliser au profit des nécessiteux ou encore pour une ou plusieurs des spécialités des beaux-arts.

La fortune, comme la bonne éducation religieuse, en élevant le point d'honneur et fondant des espérances de mariage, préserve les filles des écarts de conduite ; le plus modeste capital donne le même résultat pour celles qui, dans le même but, comptent sur sa possession ; un moyen de moralité excellent serait donc de s'adresser à une bonne compagnie d'assurance sur la vie, pour faire établir à leur profit, sur leurs têtes et par des polices en règle, une somme à payer à chacune à l'époque de son mariage ; les pères, même les pauvres, pourraient avec ce qu'ils dépensent inutilement en ivrognerie, enrichir et sauvegarder ainsi leurs filles.

De 14 à 21 ans, le plus sûr moyen de bien diriger les garçons, est aussi de leur faire aimer le travail ; ceux fréquentant les écoles ont dû montrer des aptitudes pour les arts libéraux ou faire connaître qu'ils n'y étaient nullement prédestinés ; ils devraient être soumis aux exercices militaires et à ceux de la course, de la gymnastique, de l'escrime, du tir, de l'équitation ; ils arriveraient ainsi à l'époque de leur incorporation dans l'armée mieux façonnés que ne le seraient les soldats ordinaires ayant une année de casernement, ce qui permettrait de ne retenir la plupart d'entr'eux sous les drapeaux qu'un an au plus, pour les habituer aux manœuvres d'ensemble. Cette éducation militaire précoce et bien comprise aurait pour effet de pouvoir leur rendre la liberté le jour où, utilisée à propos, elle donnerait les meilleurs résultats, si on prenait le soin de favoriser les mariages, conservateurs de la santé, de la moralité, de la vie et par suite de l'humanité, et de faciliter, aux travailleurs intellectuels, la possibilité de se livrer, en temps opportun, aux études artistiques, scientifiques et littéraires. Il faudrait que dans ce but, la liberté du mariage fut toujours entière, même pendant le service militaire, et qu'il y eût, dans ce fait, une raison puissante d'abréger le plus possible la durée de ce service pour tous les mariés qui, d'ailleurs, se seraient faits distinguer par la discipline, la bonne tenue et le savoir militaire. Dans un temps où la mode générale est pour un militarisme ruineux, englobant tous les valides de chaque nation jusqu'à un âge avancé et prenant les mariés comme les célibataires, il n'y a plus à choisir, parmi les plus jeunes, les victimes possibles de la guerre, si elle se déclarait, quand tous sont exposés à le devenir. Il serait probable que la latitude de se marier jeune augmenterait les unions légales et donnerait les excellents résultats d'assurer aux familles et à la patrie des enfants sains ; d'empêcher l'inconduite des filles qui, en devenant mères, se dévoueraient, comme les femmes des marins, à leur postérité, et de ravir au célibat un grand nombre de jeunes gens ainsi heureusement détournés de la dépravation.

§ 2e. — Instruction pendant le troisième septénaire

A 14 ans, les enfants qui ont montré du goût pour l'instruction primaire supérieure sont bien près de l'avoir terminée ; ceux qui ont opté pour l'instruction secondaire spéciale, pour l'agronomie, peuvent encore avoir à passer des années pour s'y perfectionner. Pour les étudiants de langues mortes, de sciences et de lettres, comme pour les aspirants aux écoles supérieures, les difficultés à vaincre ne font que s'accroître. Les efforts de l'intelligence, l'assiduité à la besogne durant de longues années et la rareté des récréations équilibrantes sont devenus si compromettants qu'on a trop souvent constaté chez les élèves les plus travailleurs, des maladies causées par la fatigue. Cet état continu de lassitude influe même d'une manière si considérable sur tout l'organisme, que la plupart des sujets, c'est-à-dire ceux qui n'ont pas des aptitudes rares et spéciales, s'étiolent, réussissent difficilement et subissent des répercussions funestes qui se manifestent encore davantage chez leurs enfants. Aussi, cette application immodérée du cerveau est tellement contraire à la nature, que les intelligences trop précoces n'atteignent guère la maturité ; que la célébrité acquise par un immense travail dans l'âge du développement physique ne donne presque pas de rejetons. L'accroissement des idées creuses, absurdes, utopiques, malsaines, existant surtout dans les foyers les plus incandescents d'instruction, ne peuvent guère s'expliquer que par la surexcitation maladive du cerveau se portant trop attentivement sur des choses abstraites, mathématiques, transcendantes ou subtiles. Aussi, partout on se demande par suite de quelle aberration d'esprit certains Etats européens cherchent à s'imiter, à se surpasser, dans la réduction du temps des études, lorsqu'il s'agit précisément des élèves assidus qui ont le plus besoin d'être ménagés et qui, au détriment de leur santé et même au péril de leur vie, ont le courage de concourir pour l'entrée des écoles. Ils devraient au contraire augmenter de plusieurs années l'âge pour y être admis comme aussi pour être diplômé, en se pénétrant des sentiments humanitaires afin d'atténuer chez les parents le désir qui les pousse à surmener leurs enfants et chez ceux-ci l'ardeur de la rivalité.

Dans un passé lointain, le principal but de l'instruction était de familiariser les enfants avec les applications progressives des règles des grammaires et des principes des sciences; de les intéresser par de nouvelles et fréquentes explications et interrogations, afin de bien s'assurer qu'il ne s'agissait pas du jeu satisfaisant des mémoires fugaces, et que tout était bien compris et retenu; de faire appel à leur curiosité dans les enseignements de l'histoire, de la géographie, de la mythologie, de l'astronomie, de la philosophie, et enfin de les amuser, de les enflammer pour l'avenir en leur inculquant les connaissances indispensables pour développer chez eux l'amour d'un travail rétrospectif et ultérieur. Aujourd'hui, on bourre les élèves de choses si abondamment mêlées que chez la plupart elles ne se classent pas dans le cerveau et y demeurent fort indigestes ou confuses. C'est à ce propos que, dans certains Etats, les maîtres capables aimant les enfants se plaignent à juste raison des programmes officiels et accusent tristement la nécessité de s'y conformer ; c'est ce qui fait que beaucoup d'élèves prennent les livres d'instruction en horreur et ne lisent plus que les immoraux.

La cause de ce mal provient de la manie invétérée de tout réglementer dans l'espérance d'un ensemble de résultats qui n'est point obtenu et par conséquent du défaut de liberté laissée aux établissements scolaires et aux professeurs qui, dans le cas opposé, sauraient individuellement mettre plusieurs grains d'amour-propre à employer les meilleurs procédés et à se faire distinguer par leur saine application. Or, un Etat n'est réellement civilisé que s'il ajoute aux autres conditions lui méritant cette honorable qualification, celle de la liberté d'enseigner et celle de la liberté de l'enseignement ; ce qui doit naturellement s'entendre des leçons à recevoir à tous les degrés et dans toutes les écoles, notamment sur les sciences, lettres, droit et théologie, et des lieux où elles se donnent.

VI

4ᵉ SEPTÉNAIRE, DE 21 A 28 ANS

§ 1ᵉʳ. — Education pendant le quatrième septénaire

1. — *Garçons et Filles*

En parvenant à leur majorité, les jeunes gens ne sont souvent que trop préparés à mésuser de la liberté qui en est la conséquence ; ils ont, en général, fait des connaissances si entreprenantes (car il y a des meneurs partout), et ont été saturés si désagréablement de sciences et de lettres, qu'il faudrait avoir des principes religieux bien solides ou une volonté inébranlable de se bien conduire pour tenir tête aux suggestions de leurs prétendus amis. Si dans les premières années de ce quatrième septénaire, les parents cherchaient à leur faire admettre le bon sens qu'il y aurait à se marier et à suivre ainsi la condition naturelle de l'humanité, ils réussiraient le plus ordinairement en sauvegardant ainsi leur santé, leur honorabilité et leur fortune. Les attentions qu'ils auraient pour les épouses de leur choix, les voyages qu'ils pourraient faire avec elles ; les travaux auxquels ils se livreraient en commun ou individuellement dans l'intérêt de leur avenir et de leur postérité, leur feraient prendre de bonnes habitudes qui décideraient du bonheur de leur vie, comme il serait facile de s'en convaincre en cherchant de nombreux exemples parmi les époux qui se sont mariés jeunes, avant toute autre fréquentation, et ont vécu dans la plus parfaite harmonie.

Les premiers obstacles qui se dressent en pareil cas contre les vues des parents et les premières déterminations des jeunes gens, viennent des camarades plus ou moins exploiteurs qui, bien plus souvent qu'on ne le suppose, donnent dans le silence carrière à la haine ou à l'envie et veulent accaparer pour longtemps ceux avec lesquels ils ont des relations ; les seconds procèdent également de la haine et de l'envie des prétendus amis des parents des deux familles intéressées, qui couvent le plus souvent dans des confidences empreintes d'une apparente sincérité. Aussi, quand on a eu la révélation postérieure d'un grand nombre de procédés de cette nature, il y a charité à en signaler quelques-uns. C'est d'abord une personne qui cherche avec un air de bienveillance et de regret à faire croire qu'il y a une infirmité cachée ou un mauvais caractère chez l'un ou l'autre des prétendants supposés ou des futurs ; une autre qui informe, avec la demande du secret, d'un revers presque certain de fortune, ou qui la diminue intentionnellement; une troisième qui parle d'un voyage dont la cause n'a pas été trop bien définie; ce sont aussi les conseils d'ajournement d'une amie peu scrupuleuse qui pense à exploiter la jeunesse de l'épouseur ou même d'une femme survenante, humant avec plaisir les miasmes corrupteurs d'une grande ville; ce sont encore les banalités qui se débitent dans trop de salons par une habitude vicieuse et antisociale de beaucoup de femmes du monde, admettant les mariages disparates sans se douter du mal qui en découle et du tort qu'elles font à la moralité et à la société. Ceci est si vrai que c'est passé en proverbe : « Au mariage et à la mort, les caquets et les médisances vont leur train. » On pourrait y ajouter les calomnies. Comme il y aurait encore un grand nombre de ces procédés, trop souvent décisifs, à détailler, le meilleur parti à prendre est de poser le principe qu'en fait de mariages, les prétendants et les futurs époux n'ont d'amis véritables que leurs pères, mères et aïeuls, et que les renseignements les plus sûrs sont toujours donnés par les personnes entièrement indifférentes à leur accomplissement. La prudence veut d'ailleurs toujours que ces derniers soient eux-mêmes contrôlés.

De cette utilisation haineuse de l'envie gisant sous des fleurs, il résulte une certaine rareté dans les mariages; des refus successifs arrêtent de toutes parts les élans les mieux fondés et contribuent à faire accepter le célibat, à moins que les parents éclairés des filles, forcés de suivre un progrès admis et qui n'aurait désormais rien d'extraordinaire, ne soient les premiers à faire individuellement comprendre la bonne réception qui serait faite à un timide prétendant.

Les ministres de la religion qui sont chargés de l'éducation morale des humains, à tous les degrés et dans toutes les situations, ont bien à ce sujet un autre langage et d'autres idées que le monde, et conseillent bien sagement aux parents et aux enfants de se conformer aux devoirs sociaux, civils et religieux en se rapprochant aussi près que possible des données de la nature, qui prend soin d'indiquer elle-même les époques et les différences après lesquelles les mariages peuvent et devraient même s'accomplir pour sauvegarder la moralité, la santé ou la vie des filles et des garçons, notamment de certaines jeunes filles d'une constitution particulière, mais leur action ne saurait aller plus loin.

De ce qui précède, il ressort que le plus grand marieur, né et indiqué, ne saurait être autre que le gouvernement. Du moment que gouverner c'est régir, administrer, diriger, conduire un Etat avec autorité, enseigner ce qu'il faut faire ou ne pas faire comme père fictif d'une immense famille composée de tous ses nationaux, les ministres qui y sont employés accumulent sur leurs têtes une kyrielle de charges qu'ils exercent par des délégués ; or, la plus importante de toutes est celle de prendre au sérieux l'éducation morale de la nation suivant les plus honnêtes aspirations de l'élite de ses membres et d'appliquer les moyens propres à y réussir, et dans lesquels rentre précisément celui de favoriser le mariage en temps opportun des garçons et des filles comme devant relever la moralité générale. L'action gouvernementale sur ce point serait des plus efficaces tout en s'exerçant d'une manière indirecte et en laissant la plus entière liberté aux soupirants pour les choix à faire, et aux récalcitrants pour n'en faire aucuns; mais, de toute nécessité, il importerait que les dépositaires du pouvoir exécutif fussent eux-mêmes mariés, moraux, soucieux de l'avenir national, et secondés par un parlement animé en grande majorité du même esprit de moralité, sans quoi il n'y aurait pas de gouvernement, mais un fantôme représenté par des individualités ambitieuses, incapables ou criminelles, puisque par elles et sous leur responsabilité l'Etat irait à la dérive, entraîné par un courant le portant sur les écueils. En une telle conjoncture, il est donc naturel de supposer qu'il pourrait suffire de signaler les devoirs à remplir pour éviter les dangers d'une perte certaine, et donner à cet effet une saine idée des mesures à mettre en œuvre :

Une des premières devrait consister à faire disparaître de l'esprit des jeunes gens les craintes qui forment le fond de leurs conversations à partir de 18 ans, et qui sont alimentées par les révélations trop fréquentes qui se produisent et se publient, même dans les journaux, à l'occasion de l'inconduite de certaines femmes mariées. Dans leur candeur naturelle, ils s'indignent, suivant les cas, du fait lui-même qui aurait dû entraîner vis-à-vis des coupables des violences dont, à leur regret, il n'a pas été du tout ou suffisamment usé; du ridicule, journellement signalé, attaché à la position du mari ; de l'habitude sociale qui pousse ce dernier, dans son désir de vengeance légitime et sous prétexte de défendre son honneur, à se faire tuer en duel pour une femme indigne et par un spadassin séducteur et rassuré ; des sacrifices que les intérêts de ses enfants lui imposent douloureusement et que les futurs épouseurs n'admettent pas ; de l'adoucissement excessif et injustifiable des peines édictées contre l'adultère, ce qui est partout considéré comme un véritable encouragement à l'inconduite; de l'espèce de marché dégradant qui semble se faire depuis assez longtemps dans certaines régions pour autoriser soit l'immoralité corrélative des époux, soit uniquement celle du mari ; puis enfin de la tolérance coupable qui laisse corrompre les filles pauvres dès l'âge le plus tendre de la puberté et qui les élève, en quelque sorte, pour les dissolus riches ou aisés.

Ces jeunes gens, avant d'avoir subi les conseils néfastes des pervertis et de s'être laissés entraîner à des actes immoraux, seraient sincères et fidèles dans les engagements matrimoniaux ; mais une fois qu'ils ont répondu à l'aiguillon des tentations surexcitées et malsaines, ils abandonnent les idées salutaires du mariage et ils en viennent à bientôt répudier les bonnes inclinations inspirées par leurs parents et à faire sans scrupule et à leur tour des victimes, façonnés qu'ils sont promptement à croire, chacun individuellement, qu'il n'y a de vertueuses que sa mère et ses sœurs jusqu'à ce que, sur ce point, il lui arrive une cruelle déception. Aussi, il ne peut être douteux pour personne qu'un gouvernement honnête et sensé n'ait bien le devoir d'encourager les mariages, dans la période où il y aurait le plus possible de filles et garçons pudiques et sains; il ne serait même pas excusable s'il ne faisait pas rapporter ou rectifier les dispositions légales dont il dériverait, à ce sujet, des obstacles et sanctionner celles qui seraient de nature à favoriser et protéger les unions légitimes.

Parmi les articles à abroger ou à rectifier se trouveraient ceux supprimant la liberté de se marier avant ou durant l'incorporation réelle dans un service actif militaire pour admettre cette faculté sans aucune restriction, et ceux pouvant exciter à l'adultère ou atteignant l'inconduite des hommes et des femmes, uniquement dans des conditions exceptionnelles de jeunesse ou de violences pour rendre les pénalités à y opposer réellement sérieuses et sévères.

Les mariages seraient favorisés, multipliés et protégés dans les nombreux cas suivants :

1° Une nation ne peut pas raisonnablement incorporer au préjudice de son budget et de ses intérêts agricoles, commerciaux, industriels, artistiques, scientifiques et littéraires, tous les valides de ses contingents pendant le même nombre d'années. Or, le plus aveugle des moyens pour y faire des exceptions serait le tirage au sort, puisqu'il donnerait souvent pour résultat l'élimination de ceux qui auraient le plus d'aptitude à l'état militaire pour y garder ceux qui en auraient le moins, et le plus injustifiable serait celui qui procéderait de la faveur arbitraire et démoralisante du pouvoir ; tandis qu'en diminuant le temps du service actif au profit des jeunes mariés, et après les avoir suffisamment exercés, on serait à peu près sûr d'être à même d'en renvoyer normalement le nombre fixé, dût-on alors, et dans le cas de conditions égales et de surabondance, avoir besoin de recourir au tirage au sort.

2° Le duel, en cas d'adultère, étant devenu un moyen de se débarrasser des maris importuns ; une invite à tous les ferrailleurs, audacieux et libertins, à entourer d'obsessions continuelles les femmes, jeunes et belles, les plus disposées à rester fidèles, il n'est point étonnant que les hommes éprouvent de légitimes appréhensions à se marier quand ils ne sont nullement garantis contre de pareilles entreprises de la part du grand nombre des célibataires et redoutent les chûtes et les chagrins qui en sont trop fréquemment les suites et contre lesquels le duel permis est (1) la plus insensée des protections.

---

(1) Voici comment s'exprime Blackstone dans son commentaire sur les lois anglaises (t. 5. de la traduction de Champré, p. 515) : « La préméditation est évidemment expresse dans le cas d'un duel convenu où les deux adversaires se rencontrent au lieu du rendez-vous avec l'intention avouée de commettre un homicide, dans l'idée qu'ils agissent comme le doivent des gens d'honneur et qu'ils ont le droit de se jouer de leur propre

Dire à quelqu'un qui est l'offensé, comme par une provocation sous-entendue et méditée, succédant à la brutalité de la première : « Si vous n'êtes pas content de mes mauvais procédés, je me charge de vous tuer en présence de quatre témoins et en mettant en votre main transie ou vindicativement tremblante, par un effet du point d'honneur et par un simulacre de défense, une épée ou un sabre que vous ne savez ou ne pouvez pas tenir, ou un pistolet que vous ajustez fort mal, » c'est pire que seul et nuitamment dans un bois demander la bourse ou la vie, car, dans le premier cas, la presque certitude de l'extermination remplace et aggrave la préméditation du second. Et pourtant, s'il est une habitude invétérée en certains pays, c'est celle du duel ; les adroits

vie comme de celle de leurs semblables sans y être autorisés par aucune puissance divine ou humaine, et en offensant, au contraire, directement les lois de l'homme et de Dieu. Aussi, la législation anglaise les a-t-elle déclarés avec justice coupables de meurtre et punissables comme tels, ainsi que leurs seconds. »

Le duel n'ayant pas entraîné la mort étant considéré comme batterie accompagnée de circonstances aggravantes, Blackstone s'exprime ainsi, page 140 : « La punition pour les batteries est l'amende et l'emprisonnement ; elle doit se régler d'après les circonstances de l'affaire et croître en proportion, s'il en est de véritablement aggravantes. Si, par exemple, deux personnes s'engagent dans un duel, avec préméditation et de sang-froid, comme il s'ensuit qu'il y a intention apparente de tuer, qu'on en peut craindre l'effet, et que c'est une insulte grave à la justice nationale, c'est une circonstance très aggravante de la batterie, même quand il n'en résulterait pas un mal effectif.»

La loi anglaise regarde même comme une offense le simple cartel, même avant qu'on se soit battu, et par suite comme punissable, attendu que cet acte conduit à la perpétration du crime.

prévaricateurs, pour ne pas être poursuivis comme criminels ou pour se dérober à des excuses solennelles, sont parvenus, dans les temps modernes, à faire admettre par leurs victimes, poussées par la peur du ridicule et les préjugés en matière de couardise, qu'elles peuvent gagner dans leur honneur à se laisser immoler et à faire admirer leur courage par une galerie avide de scandale et complice d'une coupable et véritable lâcheté. Or, dans le monde des duellistes et des turbulents, c'est une amusante complicité qui entretient l'usage du duel, alors qu'il serait très facile de le faire perdre en punissant sévèrement les acteurs et les témoins au lieu de les approuver en silence.

3° La perpétuité d'une nation se confond tellement avec la pérennité des sociétés conjugales que ses supports doivent raisonnablement être pris parmi les sociétaires capables d'amour patriotique et remplissant les devoirs sociaux. Les célibataires qui cultivent exclusivement l'égoïsme, s'ils ne se consacrent pas entièrement à l'enseignement, à la religion, à la guerre ou à la marine, ne peuvent pas être considérés comme des citoyens utiles, en se conduisant d'une manière anti-sociale ; par conséquent, ce serait une erreur évidente que de leur accorder des fonctions publiques rétribuées par l'Etat ou les administrations subalternes, alors qu'ils vivent aux dépens de l'ordre social et travaillent sourdement à sa dissolution.

4° De nos jours la fortune concourt plus qu'autrefois à la fusion des classes dans les Etats, où ce mélange a été permis ; les mariages qui se font sous cette influence deviennent même très nombreux, mais il y a toujours, suivant les pays, une grande résistance qui contribue encore à maintenir le célibat, pour un grand nombre de filles des anciennes familles de moins en moins fortunées ; une première raison de cet état de choses, celle qui domine, vient de ce que la fille, en se mariant, n'anoblit pas, ne répare pas la dérogeance et suit au contraire la condition de son mari ; une deuxième, de ce qu'elle perd son nom patronymique ; une troisième, de ce que le titre, s'il en existe un dans la famille, passe à la descendance masculine ; que la fille ne profite pas, à cet égard, de l'égalité dans la division de l'héritage paternel et ne jouit pas de sa part d'une distinction accordée aux éclatants travaux ou services d'un père ou d'un ancêtre illustre : une quatrième, de ce qu'il y a toujours chez les épouseurs une présomption plus ou moins mal fondée, mais insurmontable de leur part, qu'ils peuvent n'être pas accueillis, malgré leur fortune ou leur mérite personnel, comme n'ayant à offrir ni titre, ni particule. Il semble qu'il serait très facile de triompher de ces obstacles, surtout dans un Etat où les privilèges attachés à la noblesse et la noblesse elle-même seraient abolis; il paraîtrait d'abord naturel d'ajouter au nom du mari celui de la femme pour les transmettre ainsi réunis à leurs enfants comme cela se pratique dans un grand Etat européen ; d'un autre côté et par motif d'égalité promise aux filles, le titre immuable du pourvu acquis à sa famille par droit d'héritage, devrait appartenir aux filles aussi bien qu'aux garçons et pouvoir se transmettre aux maris, ce qui, dans certains Etats, est appliqué pour des filles uniques. Dans un cas pareil, les filles des anciennes familles ne se résigneraient plus au célibat.

5° Les tendances et vues générales des célibataires endurcis après l'âge ordinaire des unions légales sont tellement en désaccord avec les idées des hommes mariés, des pères de famille, des jeunes gens, qu'il s'agisse des affaires d'une nation, d'une société ou d'une famille ; de l'avenir ou du présent, de théorie ou de pratique, qu'il est toujours facile de constater, d'après leurs conversations ou leurs agissements, l'époque où ils ont renoncé au mariage. Suivant eux, les lois et décisions devraient respecter tout ce qui se rapporte à la liberté, voire même à la licence du célibat, le favoriser, lui maintenir des immunités, même lui en accorder de nouvelles, sans se préoccuper si la généralisation d'une telle habitude n'amènerait pas inévitablement la décadence d'une nation. Aussi il est bon de se demander plus tôt que trop tard, s'il ne serait pas prudent, au point de vue de l'accroissement du nombre et de ses conséquences politiques, comme à celui de la moralité préservatrice de la ruine sociale, de supprimer pour les célibataires certains droits électoraux et d'éligibilité.

Après avoir parlé du mariage comme étant la plus importante des mesures éducatrices à favoriser de la part d'un gouvernement, il y a lieu de s'occuper des autres devoirs qui s'imposent aux adultes des deux sexes dans le 4° septénaire et des moyens à prendre pour en assurer l'accomplissement. Il a été dit plus haut que la sévérité des lois devait protéger les garçons et les filles contre la corruption, non seulement jusqu'à l'âge de 21 ans, mais encore après cet âge et pendant leur célibat.

Une fois que les filles ont 21 ans, elles doivent avoir la maturité suffisante pour se bien conduire ; si elles ont été charitablement et religieusement convaincues, que l'ordre, le travail, l'économie et les bonnes inclinations leur assureront le meilleur avenir, elles attendront avec confiance le mariage qui, pour celles le désirant, leur apparaîtra certain. Malheureusement le gouvernement ne peut pas imposer sa protection aux filles majeures qui habitent constamment et volontiers, au titre de gagistes ou à tout autre, avec des célibataires, hommes séparés de corps ou veufs, ni entièrement à celles qui, par une réelle volonté, entrent dans des maisons de prostitution ; tout ce qu'il y aurait à faire, pour ce dernier cas, devrait consister à n'en pas laisser une franchir le seuil d'un de ces lieux de corruption pour y rester ou pour une rencontre sans que sa volonté fut bien libre ; sans savoir si sa détermination ne serait point une conséquence de la fainéantise, de la misère, d'un coup de tête, de l'abandon ou du proxénétisme; sans qu'elle produisit sa photographie émaillée de la légende de ses nom, prénoms, lieu de naissance et demeure, et laissât son portrait au moins plusieurs jours à la disposition de la police chargée d'en constater la véridicité. Une pareille mesure, légalement inaugurée et suffisamment étendue, aurait pour but et pour résultat d'amoindrir le commerce infâme des racoleurs et souteneurs de filles, et de mettre le gouvernement en position de parer à des situations très dignes d'intérêt, de pouvoir les exciter à se confier à des sociétés privées de préservation ou de réhabilitation, se chargeant des filles chez lesquelles il y aurait encore quelques sentiments de pudeur et de tenue. Le bien qui en résulterait serait considérable, tant pour les filles entraînées pour la première fois, que pour celles rompues à l'immoralité, mais commençant à perdre l'éclat de la fraîcheur.

En lisant des livres qui se sont occupés des maisons de débauches et dans lesquelles les auteurs, pour en savamment parler, ont dû s'introduire, on apprendrait que c'est dans ces lieux de tolérance que se réfugie la beauté ignominieusement recrutée ; qu'il y entre nombre de filles pauvres, issues de parents distingués ou n'en ayant aucun, pourvues d'une instruction supérieure, mais chez lesquelles les éducations morales et religieuses ont été nulles, les travaux manuels délaissés et les bons conseils absents ; par lesquelles, aussi et en raison d'une espèce de fierté mal comprise et momentanée, l'inconduite est regardée comme une condition supérieure à celle de l'ouvrière honnête et morale ; ce qui invite à croire fermement que l'instruction sans l'éducation est plus nuisible que profitable.

A part les exceptions relatives aux habitations constantes et aux lieux de prostitution, le nombre des grandes comme des petites coquettes peut être amoindri par les mesures signalées ici et dans le troisième septénaire et même si considérablement qu'il faudrait avoir la volonté formelle d'en entretenir le scandale épidémique et le contagieux exemple pour qu'elles ne fussent pas mises en œuvre. Le tourbillon d'une agitation fébrile qui entraîne les filles pauvres et les place temporairement si haut, à l'égal de leurs riches et passionnés admirateurs, pour les faire tomber si bas, au niveau des plus misérables, serait probablement arrêté par les appréhensions de ces derniers et par les espérances de ces mêmes filles à pouvoir s'enrichir spontanément du gros prix de leurs faiblesses, en faisant alors des dupes légales et salutaires des dissolus qui aujourd'hui passent leur vie à les tromper impunément et qui finiraient par devenir de plus en plus rares.

Dans l'adoption des moyens exposés, il est facile de discerner qu'il adviendrait promptement pour la femme, une amélioration générale de sa condition sociale si, au lieu de penser à l'émanciper pour le désordre, on prenait sérieusement à tâche d'assurer sa félicité actuelle et future ; ce succès ne serait même pas obtenu sans qu'il en résultât un bien immense pour le changement moral des hommes riches qui, n'étant plus entièrement libres de faire la chasse aux filles jeunes et belles, se marieraient pour vivre honnêtement et se livreraient aux occupations attachantes et lucratives des grands commerces, des grandes industries, des grandes exploitations agricoles, des grands et absorbants travaux artistiques, scientifiques et littéraires. La nation devrait à des résolutions pareilles des progrès sérieux, une prospérité incontestable. On ne verrait plus si fréquemment les fils gâtés par la fortune péniblement acquise par leurs pères ou leurs aïeux, la sacrifier niaisement sous l'influence des passions, des débauches, des vanités, des excentricités, des excitations envieuses et perfides des prétendus amis ou des complices, pour finir dans la ruine, les actes criminels, les maladies honteuses et la mort prématurée. Il y aurait d'ailleurs, pour ceux qui continueraient à se faire distinguer par le désordre, la dilapidation et l'inconduite, d'autres procédés à appliquer et qui s'adresseraient aux adultes célibataires comme aux mariés. Ces procédés, des plus anciennement appliqués et consistant à conserver dans les familles certains biens par les majorats, les substitutions, la dotalité et les meilleures assistances pour en empêcher l'aliénation, remontent à des époques différentes. Les majorats, dont l'origine est fixée au temps de Charlemagne, époque où ils prirent naissance en Italie, pour de là passer en Espagne, étaient inconnus aux Romains ; ceux-ci y suppléaient par les substitutions à l'infini jusqu'au moment où la novelle 159 défendit de les étendre au-delà du 4ᵉ degré. Les majorats, en constituant une puissante aristocratie autour d'un pouvoir soutenu par le privilège des grandes et inaliénables fortunes foncières, n'ont pas partout résisté au courant subversif dirigé par ceux qui, malgré toutes précautions prises pour entretenir la normalité d'un Etat florissant, avaient pu déchoir et se ruiner.

Les substitutions ont également été réprouvées, au point de vue agricole, comme favorisant le marasme ou la détérioration des immeubles ; entravant la bonne culture des grandes terres, leurs transformations utiles et faisant escompter par les grevés les produits des biens substitués sans égard aux dégradations faites au préjudice des appelés ; au point de vue industriel, comme empêchant la transmission des propriétés et le changement des propriétaires inactifs en de nouveaux plus entreprenants, plus capables de fonder des industries; au point de vue commercial, comme paralysant le mouvement des transactions, les spéculations, le morcellement et la division des patrimoines ; au point de vue politique, comme ne multipliant pas les intéressés à l'accroissement du crédit public et de la sécurité générale. Du moment que ces institutions, ayant pour but la conservation des mêmes biens dans les familles (Montesquieu, *esprit des lois*, l. v.

ch. 9.) et étant considérées comme le principal instrument de l'inégalité dans les partages, un germe de discorde et de procès, ne sont condamnées qu'en raison de leurs effets entraînant l'intransmissibilité des immeubles et l'improportionnalité de la division des héritages, il est facile d'en faire découler la possibilité de satisfaire en même temps à des besoins et à des vues qui paraissent en antagonisme.

Lorsque des précautions conservatrices sont à prendre vis-à-vis de jeunes gens le plus souvent orphelins qui se sont déjà révélés comme dissipateurs, il se présente à l'esprit des moyens sûrs pour les arrêter : le premier pourrait consister à faire dépendre la majorité du mineur d'une délibération de famille venant constater, comme pour le cas d'émancipation, que le sujet offre des garanties de bonne conduite et de sage administration. Si, au contraire, un législateur fixait de plein droit la majorité à un âge déterminé, le débauché ne pourrait être retenu, dans ses prodigalités, que par l'assistance d'une personne ferme et sensée, nommée par un tribunal et sans laquelle il ne serait pas reçu à faire des actes de nature à compromettre la moindre partie du capital de sa fortune.

Dans ce dernier cas de dissipation, connue ou possible, d'un jeune homme envisageant inconsidérément la face d'une liberté dont il n'aperçoit que le revers, le mariage serait le plus ordinairement préservatif; les parents qui s'y opposeraient ou s'y montreraient indifférents au lieu de le suggérer, accepteraient dès lors la plus grave des responsabilités en n'utilisant pas à propos cette ressource en même temps que celle de l'adoption du régime dotal qui a pour but et pour effet de sauvegarder une partie ou la totalité des biens de la femme. Toute leur tactique devrait consister, au contraire, à lui trouver une jeune personne ayant une bonne tête, issue d'une famille sensée, capable de dominer imperceptiblement dans le ménage.

Quand il s'agirait des préoccupations des pères et mères de famille, en contemplation des inclinations déréglées, plus ou moins héréditaires, de leurs enfants, il paraîtrait politique et sage d'autoriser les ascendants à charger un ou plusieurs de leurs enfants de conserver pendant leur vie et de rendre à leurs petits enfants les biens meubles et immeubles par eux régulièrement donnés ou légués à cette condition, ou à placer sur l'Etat national, en rentes inaliénables, sinon à l'infini, au moins pour un bon nombre de degrés génératifs, la portion disponible de leurs successions dans lesquelles chaque héritier de toutes les générations aurait sa part afférente. Les déductions dans lesquelles il va être entré sont capables d'imposer la conviction que des placements pareils faits par la volonté des collatéraux en exécution de leurs dispositions entre vifs ou testamentaires, surtout par des frères et sœurs ou des oncles et tantes, seraient favorables à l'Etat et aux familles; les avantages offerts par ces rentes temporairement inaliénables seraient même nombreux et considérables.

D'abord, l'Etat trouverait, à une telle consolidation, celui de ne leur attribuer, en échange d'une prévoyante sécurité, qu'un intérêt minime et annuel, ce qui lui permettrait de rembourser par des achats à concurrence celles dont le taux serait le plus élevé ; puis il arrêterait sur la pente fatale beaucoup de jeunes et riches écervelés qui, après leur ruine, sont incapables de tirer parti de leurs mains et de leur intelligence pour se créer des situations lucratives ou rétribuées et deviennent les ennemis d'un gouvernement dont ils accusent alors la sollicitude pour en poursuivre le renversement, tant il est vrai de dire qu'il n'y a pas de pires révolutionnaires que ceux qui ont perdu ou gâté leur position ; enfin, la faculté accordée aux parents de pouvoir assurer pour de longues années, à leurs descendants, une existence honorable, en leur enlevant la possibilité de faire un mauvais usage d'une portion de leur fortune et en les obligeant à modérer leurs dépenses, alors que des ressources seraient irrévocablement garanties à leurs héritiers, serviraient à divulguer des idées saines, à faire prendre, avant la ruine, des habitudes laborieuses et à compter sur la sécurité de l'Etat pour le paiement de ces rentes inaliénables. Des avantages bien plus grands encore militeraient à son profit en étendant aux collatéraux la faculté d'imposer la conservation et de placer en rentes inaliénables le prix des biens transmis à cette condition ; il devrait lui être facile de voir qu'une telle mesure contribuerait à multiplier l'aliénation des immeubles.

En regard des intérêts évidents et publics de l'Etat à faire sanctionner par des lois les idées plus haut formulées, il y aurait ceux privés des familles et des individus; parmi ces derniers, beaucoup pourraient bien n'être pas assez bons juges pour les reconnaître, surtout dans les moments de la fermentation des idées creuses et des passions aveugles et surexcitées, mais le temps et la raison, en faisant leur œuvre, finiraient toujours par les leur faire apprécier. Il n'y aurait donc pas lieu d'avoir égard aux désirs des prodigues et des libertins, mais uniquement à ceux des homme sages, sensés, laborieux, économes.

Une législation qui entrerait dans les vues de ces derniers et se fixerait d'après les idées précédentes, n'offrirait aucun des inconvénients des législations anciennes ; elle n'existerait pas aux dépens de l'égalité des partages ; elle ne protégerait pas exclusivement le fils aîné, mais au contraire tous les présomptifs héritiers qui auraient besoin de l'être ; elle activerait la vente des immeubles au lieu de la paralyser; elle favoriserait le morcellement des grandes terres; elle permettrait de faire tout ce qui, anciennement, était défendu en matière d'aliénabilité immobilière et d'atteindre à la conservation financière la plus large, la plus longue, la plus enviable, la plus salutaire, en établissant une bonne mesure d'économie politique et en sauvegardant l'égalité entre co-partageants. Pourtant, ce serait peut-être aller trop loin que de compter sur l'approbation des hommes qui voudraient maintenir ou restaurer les majorats, les substitutions à plusieurs degrés, les droits d'aînesse, la possibilité de déshériter ses enfants.

La partie des jeunes gens la plus turbulente et la plus difficile à diriger pour un gouvernement et pour les familles qui, tous, y ont pourtant un intérêt considérable, est celle des élèves des écoles supérieures, qui ne sont pas limitées dans leur recrutement ; si tous avaient la bonne ambition de se créer des professions et par suite l'amour du travail, les difficultés seraient de beaucoup aplanies ; mais il se glisse dans ces écoles un grand nombre de sujets qui ne cherchent qu'à passer pour étudiant, et à tromper, à cette faveur, leurs familles sur le véritable but qu'ils poursuivent ; des élèves pareils deviennent promptement des piliers des cafés, des maisons de prostitution et de jeux clandestins ; des habitués de théâtre et des suborneurs de filles ; en sorte que dans leur existence de chaque jour, ils n'ont pas une minute consacrée au travail. Dans le même temps, ils se font un envieux plaisir de taquiner leurs camarades studieux, de les détourner de leurs devoirs et de les enrôler dans leurs débauches ; puis ils étendent leurs connaissances et font des prosélytes qui tournent en fruits secs.

Inculquer le respect d'eux-mêmes et des autres aux élèves des écoles supérieures qui ne sont pas influencés d'avance par les douces satisfactions de la morale religieuse ; arrêter la licence qui est dans leurs inclinations, ce serait une grande tâche ; elle serait même très aggravée par une mauvaise éducation première ; un gouvernement qui ne préparerait pas de longue haleine, dès la plus tendre enfance et sous l'influence de la crainte divine, inspiratrice des retours les plus honorables et les plus inattendus, aux devoirs d'obéissance, de bonne conduite, de travail et de circonspection que les jeunes gens auront à remplir durant leurs études supérieures et dans la société, agirait aussi niaisement qu'un père élevant son fils à lui dire des injures et à ne rien faire de ce qui lui serait commandé. Ce même gouvernement, chargé de faire enseigner et observer les meilleures règles des mœurs, serait d'une extrême imprudence, pour ne pas dire impudence, si dans ce but il ne mettait pas des obstacles invincibles à ce que les images pornographiques, les choses obscènes ne fussent pas à la portée de la vue ou de la tentation des étudiants.

Les théories absurdes qui consisteraient à ne parler aux enfants et à ceux-ci devenus adultes, que d'indépendance et de liberté, de licence, d'insubordination dont ils apportent une notion plus que suffisante en venant au monde ; à ne pas les humilier dans leurs multiples défauts et à croire qu'il naissent parfaits, seraient les enseignements les plus funestes et les plus hypocrites qui se pussent imaginer, car ceux-là mêmes qui les proclameraient dans des buts connus mais inavoués, ne les préconiseraient pas devant leurs enfants, à moins qu'ils n'eussent entièrement perdu la dernière dose de raison; ils seraient même les premiers à rire et se moquer de la crédulité de ceux qui, par bêtise, seraient dupes de leurs exposés.

Pour un gouvernement qui serait réellement criminel, s'il n'était pas doué d'expérience et ne savait pas profiter de celle des siècles passés, il serait inouï qu'il pût se laisser prendre aux pièges des personnages cherchant à le supplanter avec l'appoint de ces prétendus étudiants, de ces orateurs de clubs et de mauvais lieux, en marchant, par la démoralisation calculée, à la conquête d'une situation qui enfanterait le despotisme et ferait reculer la civilisation. Comme il n'y aurait pas le moindre bon sens à vouloir fonder un gouvernement sur la corruption et la dépravation des sentiments, il serait de toute nécessité d'abandonner les idées révolutionnaires en arrivant au pouvoir, et par conséquent il serait d'une sagesse absolue et indiscutable pour ceux qui y parviendraient et voudraient gouverner honorablement, au lieu d'y grimper et d'y passer comme des voleurs en train de dévaliser une maison, d'élever les enfants dans la moralité religieuse qui, seule conforme aux aspirations de la conscience, peut leur laisser assez de trace dans le cœur et l'esprit pour leur suggérer la résignation dans toutes les circonstances de contrariété sociale.

Cette nécessité de changement subit, en accédant à la stabilité du pouvoir, quand on n'a pas été imbu des bons principes de la morale procédant de la foi divine, fixe sur les règles à faire observer dans l'éducation des hommes pour les bien préparer à être de bons citoyens, une fois parvenus à l'âge d'en exercer les devoirs. Il faudrait que tous les gouvernants sussent imperturbablement que le souvenir des heureux temps de la morale religieuse amende tôt ou tard ceux qui n'ont pas perdu tout sentiment d'honnêteté, et que même les pervertis nourrissent le désir de sauvegarder leurs enfants des souillures dont ils ont été atteints.

Ce qui précède étant dit pour faire comprendre à tout gouvernement établi que les fainéants très instruits sont toujours plus dangereux que les ignorants, puisqu'ils peuvent entraîner ces derniers; il y a lieu de se demander comment s'y prendre pour en atténuer le nombre ou les rendre utiles à la société.

D'abord, il serait convenable que les écoles supérieures ne servissent pas de prétexte pour le rassemblement des étudiants qui n'ont pas l'intention de profiter sérieusement des leçons qui s'y donnent; pour réagir contre ces rendez-vous généraux pris pour se dérober quelques années à la surveillance paternelle et mener, comme on dit dans le monde, la vie de garçon, et à l'encontre desquels il y aurait plusieurs mesures à prescrire.

Une des plus morales et des meilleures favoriserait les études particulières et les travaux constants et assidus chez les praticiens, par la facilité des dispenses de présence aux leçons publiques, et, dans ce but, laisserait prendre les inscriptions par des mandataires spéciaux par procuration authentique semestrielle où interviendrait le père, et sans autres déplacements que ceux nécessaires pour les examens. Dans un cas pareil, l'étudiant serait obligé de travailler et de lire des ouvrages multiples sur les mêmes matières et dans lesquels il trouverait des explications qui vaudraient bien les enseignements oraux, à moins que ceux-ci ne fussent pratiques comme il en existe pour la science médicale ou pharmaceutique.

Une autre s'appliquerait aux étudiants fréquentant les écoles et consisterait à entrer dans les secrets désirs des parents qui ne sont sûrs de la conduite et du travail de leurs enfants que quand ces derniers sont claquemurés en pension, et à créer des établissements surveillés pour les y caser à demeure. Ce régime de la pension, accueilli d'emblée par les parents, le serait certainement aussi par les étudiants, s'il devait leur en revenir des plaisirs de voyages à l'étranger pendant les vacances.

Ensuite, des préposés à la règle de présence aux écoles, indépendants des professeurs, devraient être tenus de faire recueillir chaque jour et à chaque séance un bulletin uniforme et individuel de présence remis en entrant par chaque élève, condamné dès lors à ne plus sortir de l'établissement qu'à l'expiration de la leçon. Après l'heure fixée pour l'entrée, le bulletin ne serait plus reçu. L'absence, ainsi constatée, motiverait une demande de justification ; il en serait de même pour tous les renouvellements d'absence ; les parents de l'étudiant seraient prévenus par lettre recommandée et pourraient intervenir utilement ; l'étudiant qui, sans raison légitime, aurait manqué les cours un nombre déterminé de fois, devrait être placé d'office, mais au su de sa famille, dans la condition des dispensés de présence.

Enfin, les mauvais élèves pourraient être éliminés par la nécessité de passer des examens annuels, et même par un concours entre les candidats et une limitation du nombre des élèves assidus, basée sur la superficie du local et sur les heures des cours.

II. — *Ouvriers*

Entre les devoirs des ouvriers et ceux des patrons, il y aura toujours une parfaite corrélation ; leurs éducations sont à faire dans des conditions identiques et par suite le gouvernement, à qui en incombe tout particulièrement le soin, ne pourrait pas, en état de sanité d'esprit, enseigner aux ouvriers la révolte contre les vues et offres du patron, et au patron la résistance contre les aspirations et les exigences des ouvriers, ou seulement devenir partial s'il s'élevait un conflit. Dans cette commune éducation, il faut se bien pénétrer des principes de l'économie sociale et s'efforcer, par le raisonnement et les explications, de les faire comprendre et prévaloir, Ce n'est pas seulement dans le 4e septénaire qu'un gouvernement prévoyant a le devoir de s'en préoccuper sérieusement ; il entre dans la prudence la plus vulgaire de s'adresser, pour cet objet si important, aux enfants, surtout aux garçons, durant le précédent, afin de les initier de bonne heure à tout ce qui est possible et acceptable pour la situation ouvrière.

Il y a des données si satisfaisantes et si généralement répandues sur la liberté de choisir une profession, d'en acquérir les connaissances et de l'exercer utilement, que ce serait absurde de chercher à l'entraver. D'un autre côté, la liberté pour l'élite des ouvriers de s'établir comme patrons est tellement dans la nature de la domination nécessaire et artistique des supériorités technologiques, qu'il n'y a pas d'objection raisonnable à y faire ; puis, un atelier se fonde et son personnel se recrute par des accords mutuels ; il se dissout par la liberté pure, c'est-à-dire par la volonté seule du patron, ou il chôme par celle de tous les ouvriers s'entendant pour l'abandonner, sauf la faculté, pour ce même patron, d'en recruter d'autres ou de réembaucher une partie ou la totalité des premiers, ou de cesser sa profession.

Ces agissements, qui s'expliquent par l'indépendance individuelle, laissent le patron seul arbitre des salaires qu'il peut offrir et les ouvriers seuls appréciateurs de ceux qu'ils peuvent demander ; l'intérêt du patron à voir fonctionner son atelier, qui est son instrument de réussite, à conserver sa clientèle par un travail continu, et l'intérêt des ouvriers à travailler en se servant de ce même instrument, commandent un rapprochement, une entente réciproque ; aussi, pour un gouvernement, vouloir contrarier dans un sens ou dans l'autre, le principe de l'offre et de la demande, c'est-à-dire la tendance à la réunion de deux actions convergentes en un point intermédiaire, ce serait tomber dans un arbitraire par lui-même destructif de l'industrie, puisqu'il conduirait à la ruine du patron ou à la misère des ouvriers ; mais, malgré la sagesse d'un gouvernement sur ce point, une opposition flagrante et spontanée se manifeste trop souvent de la part des ouvriers, soit qu'en majorité ils ne comprennent pas leurs véritables intérêts pour cause d'utopie, d'incapacité réelle ou d'aveuglement passionné ; soit qu'ils se laissent entraîner à se mettre en grève par des révoltés politiques mal équilibrés ou par des meneurs poussés et payés par des industriels concurrents indigènes ou étrangers ; soit qu'ils n'aient pas une idée juste de l'état des affaires.

De ce qui précède, il se déduit que les ouvriers n'étant pas journellement au courant des causes de l'activité ou du ralentissement des débouchés commerciaux, des progrès industriels, des concurrences indigènes et étrangères, sont appelés à mal juger les situations faites aux patrons dans les crises plus ou moins intenses et fréquentes qui surviennent et qu'ils cherchent toujours à surmonter au risque de leur ruine. C'est quelquefois dans les moments où ils font en ce sens les plus grands efforts que les ouvriers demandent inconsidérément des augmentations de salaire et se mettent en grève comme s'ils voulaient absolument la chute des industries qui assurent leur existence. Pour atténuer les conséquences de ce fol esprit destructeur, il y a quelques moyens à employer :

Le plus sûr et le premier consisterait à élever, dès la plus tendre enfance, les garçons et les filles dans la moralité la plus sévère et la plus exclusive des grandes dépenses et dans un esprit de soumission religieuse qui prépare à discuter sans se fâcher ni se mettre en grève, sans avoir la mauvaise pensée de peser, par la pression collective et par l'inspiration calculée de la crainte d'une interruption de travail, sur la résolution d'un patron et à le quitter sans esclandre, s'il était injuste ou par trop égoïste.

En second lieu, il faudrait (comme je l'ai exposé dans *la Question du Paupérisme*, pages 74 et 75) disposer le patron à rémunérer ses ouvriers, sinon tous, du moins une partie très notable, par un salaire fixe, plus une part proportionnelle dans une partie ou la totalité des profits réels, devenue, *elle*, un capital d'épargne, incessible et insaisissable, confié à une caisse publique ; des biens de plusieurs sortes résulteraient de cette participation. « Par ce procédé, les ouvriers, une fois éprouvés sous les rapports prescrits, se feraient volontairement associer et se lieraient par intérêt à l'établissement ; ainsi embrigadés dans la prospérité de la maison, ils travailleraient mieux et avec plus de zèle ; ils se surveilleraient mutuellement sous les divers points de vue du temps utilisé, du matériel conservé, des matières premières ménagées, de la qualité et de l'écoulement des produits ; considérant en quelque sorte la maison comme leur chose, ils se trouveraient rehaussés dans leur propre estime et le sentiment de leur dignité personnelle vis-à-vis du monde ; enfin, ils n'auraient pas de goût à suivre et beaucoup au contraire à repousser les fâcheuses incitations des meneurs qui sont presque toujours des artisans cosmopolites du désordre. »

« Cette participation aurait le sort favorable de faire comprendre aux ouvriers qui en profiteraient qu'un capital entre les mains d'un homme intelligent, actif, économe, d'un administrateur consommé, ayant de grandes relations, se répand en bien-être sur tous ceux qui travaillent à sa mise en œuvre, et que ce même capital, entre les mains du meilleur quart de ses auxiliaires, laisserait très probablement ceux-ci dans des affaires à devenir tôt ou tard véreuses, et les autres dans la misère. »

Un troisième moyen aurait pour but de ramener les grévistes par le raisonnement, en discutant avec eux les intérêts mutuels, et en les fixant sur le fonctionnement possible de l'industrie, sur ses produits nets ; pour dissiper les suppositions de gains fantastiques qui hantent leur imagination et forment le thème des déclamations coupables et envieuses qui ordinairement les égarent ; mais avant tout, il importerait de les avoir rendus capables de raisonner de bonne foi.

Un point scabreux et des plus importants consisterait aussi à leur démontrer que les associations ou les syndicats avec les cotisations qu'ils entraîneraient seraient, par la nature même de leurs institutions, une constante menace contre les patrons et que les ouvriers prudents et travailleurs ne devraient pas s'associer aux engagements imposés par des majorités factices, oppressives et turbulentes. La formation des syndicats et des associations, autres que celles pour exploiter des industries, n'aurait pas pour résultat d'améliorer le sort des ouvriers, mais d'entretenir entre eux et leurs patrons des ferments de continuels désaccords, tous devant sûrement aboutir à la ruine des maîtres et au chômage des travailleurs. Un gouvernement qui comprendrait le véritable intérêt des ouvriers et des patrons, et qui désirerait la paix intérieure, devrait donc refuser ou restreindre les coalitions permanentes pour agir par des faveurs ou des réductions d'impôts auprès de tous les chefs d'établissement qui admettraient la participation de leurs ouvriers.

Enfin, un vrai gouvernement aurait toujours la charge d'empêcher que les grèves ne fussent fomentées par des meneurs politiques ou révoltés nationaux ou étrangers, et par conséquent autres que des ouvriers intéressés à la surélévation du salaire, et que les coalitions fortuites ne dégénérassent pas en violences, voies de fait ou menaces, vis-à-vis de ceux qui ne voudraient pas y participer ; puis de protéger la liberté de ces derniers, et avant même qu'elle fût méconnue ; son devoir serait, non pas de temporiser, mais d'appeler toujours la force armée dès le premier jour et sans attendre aucun événement. Il y aurait dix fois plus de raison d'en agir ainsi par prévision que par habitude dans les réunions, foires et marchés, où cette précaution n'est pas toujours inutile.

D'un autre côté, il ne serait pas sage de souffrir qu'un meneur (*fût-il représentant du peuple dans l'une des Chambres, comme tel légalement chargé de contribuer à maintenir l'ordre et y contrevenant pour faire retentir la tribune d'une de ses doléances ?*) pût s'arroger le droit d'encourager les grévistes par sa présence, parce qu'avec un pareil système on agirait contre celui du gouvernement qui est de rester impassible et de maintenir l'ordre ; s'il était légal et honnête de procéder ainsi à l'encontre du gouvernement, il n'y aurait pas de motifs pour qu'on ne se faufilât pas, avec le même sans gêne, dans les écoles pour attenter, de la même façon et contrairement à ce qui s'y passerait de par une volonté supérieure, au droit du gouvernement de faire donner aux enfants, en la matière même des grèves, une bonne éducation.

Les ouvriers installés en grand nombre sur un même point, trouveraient de grands avantages à créer entr'eux une société coopérative de consommation ; ils pourraient aussi constituer des sociétés coopératives de production et de crédit qui demandent, pour être bien gérées, des hommes capables, troquant le titre de patron pour celui de directeur. (*La Question du Paupérisme* p. 128 et s.)

Quoiqu'il ne soit parlé dans les périodes précédentes que des travailleurs de l'industrie, il va sans dire que les mêmes moyens et principes s'appliqueraient aux ouvriers du commerce et de l'agriculture. Il ne faut pas non plus perdre de vue que dans l'activité des affaires il y a des employés qui, par suite de leur agglomération dans des maisons importantes, seraient également susceptibles de s'entendre pour faire grève et d'entraîner à leur encontre la mise en pratique des procédés signalés.

III. — *Industriels, commerçants, agriculteurs.*

Il y a, entre l'industrie, le commerce et l'agriculture, des rapports communs, continuels et nécessaires, mais il y a aussi, pour chacune de ces branches de l'activité sociale, une éducation particulière aux industriels, aux commerçants et aux agriculteurs; tous ont besoin d'ouvriers pour les travaux de leurs exploitations; tous sont perpétuellement en crainte que ces derniers ne se mettent en grève à des époques où précisément ils leur seraient indispensables. L'Etat, de son côté, est intéressé à ce que l'esprit de coalition ne se propage pas avec la seule pensée de nuire aux patrons, ou de les exploiter, et encore moins avec des intentions subversives de l'ordre social; tous les patrons doivent donc avoir l'ardent désir de prendre les mesures les plus sûres pour s'attacher leurs ouvriers et leurs employés.

L'expérience a déjà démontré que les patrons n'obtiennent pas toujours et absolument ce résultat, par la générosité et notamment par la gratuité des crèches, des asiles, des écoles, des bains, des secours médicaux, chirurgicaux et pharmaceutiques ; par la modicité des prix de location et des substances alimentaires ; par l'attrait de la propriété immobilière à prix réduit. Après plusieurs années d'un pareil régime des plus avantageux, mais trop tôt passé à l'état de chose habituelle ou à la monotonie, on a vu les grèves les plus folles surgir à la voix de quelques envieux ou jaloux révolutionnaires. Aussi, les patrons ne pourraient compter sur une continuelle sécurité qu'en intéressant à leurs affaires, dans des conditions méditées à ce point de ne rien laisser à l'imprévu, la majorité de leurs ouvriers par le moyen de la participation aux bénéfices. Il importe que cette majorité soit mise en devoir de tenir son patron au courant de la moindre fermentation, de lui signaler les ouvriers débauchés, de le soutenir dans des attaques injustes ; puis de tenir à distance les vagabonds ou artisans du désordre ; ce qui serait facile disent les ouvriers rangés, si « nous avions la permission dès leur arrivée ou dès leur première communication de donner une râclée à ces bavards paresseux et lâches. » Cette manière de dire qui est dans l'esprit de tous les laborieux, faisant supposer que la moindre protection contre des incitations commandées qui finissent par se transformer en menaces vis-à-vis des véritables travailleurs, suffirait pour empêcher une coalition sans fondement, il serait toujours possible à un gouvernement de faire interroger, un à un et à huis clos, les ouvriers pour distinguer ceux qui veulent ou non la grève et il arriverait facilement à connaître la futilité qui lui a servi de prétexte et à protéger le travail dans la triple liberté du patron, de l'ouvrier satisfait et de l'ouvrier mécontent. L'intervention du gouvernement, dans une telle occurence, ne priverait pas les ouvriers continuant leurs travaux et montrant par là qu'ils s'inspirent uniquement de l'insuffisance de leurs salaires, du droit de faire discuter, par de sages délégués, leurs intérêts vis-à-vis du patron ; un des avantages de la participation serait de faire désigner par les bons ouvriers participants, ceux qui, dans l'épreuve de quelques années, ne rempliraient pas les conditions d'un programme, ce qui enlèverait au patron une de ses plus continuelles et de ses plus ingrates préoccupations. La société qui se formerait ainsi entre un patron et ses ouvriers réunirait toutes les meilleures chances de la prospérité désirée.

Pour que les choses se passassent constamment à la satisfaction réciproque des ouvriers et du patron, il importerait que tous fussent animés des meilleures sentiments les uns à l'égard des autres ; il faudrait que le patron vit dans ses ouvriers des aides, des artisans de sa fortune, à considérer comme formant auprès de lui une famille livrée à sa protection. Il est certain que si, à la place de l'amour du prochain enseigné par la religion, et dont les effets seraient encore meilleurs, il les entourait seulement d'une affectueuse sympathie, il recevrait au moins en retour une affection respectueuse et pareille ; de cet attachement partagé et flatteur pour tous, il résulterait des rapports excellents, des échanges de communications utiles, une confiance durable, des dévouements qui excluraient toute idée d'hostilité ou de grève.

Il faudrait être aveugle pour ne pas comprendre les avantages que tous les patrons auraient à trouver dans leurs ouvriers, la soumission à leurs ordres, le désir et l'intelligence de bien faire, l'assiduité à leurs travaux, la constance dans leurs habitudes morales, la fermeté de leurs principes honnêtes contre des insinuations perfides ; ils le seraient encore bien plus ceux qui croiraient niaisement que les bonnes qualités des ouvriers peuvent être obtenues par une éducation qui consisterait à nier l'existence et la toute-puissance d'un Créateur du monde, alors qu'il s'est révélé aux yeux de tous et qu'il a mis dans chaque individu une conscience lui faisant éprouver un contentement quand il fait bien, et redouter un châtiment quand il fait mal ; à leur enseigner, à la place de la crainte de Dieu, celle de la perte de l'honneur ou de la considération ; des gendarmes et des juges pour les cas où leurs méfaits seraient prouvés, toutes choses bien insuffisantes, pour rendre soumis et honnêtes en comparaison des admirables effets du moindre germe de l'amour divin.

Les patrons qui ont le plus grand intérêt à commander des ouvriers dociles, laborieux et probes, devraient être convaincus que pour les avoir tels, il ne serait pas trop qu'ils se montrassent favorables, sinon par conviction, au moins par un calcul pouvant rentrer, comme ruse admissible, dans les opinions sans scrupule, à la religion qui seule instruit les humains dans les perfections qu'il y aurait possibilité d'atteindre sur la terre avec la pensée d'en être récompensé dans le ciel. Pour ne pas attribuer le plus grand mérite et les meilleurs effets à l'éducation morale et religieuse, il faudrait être sûr que la crainte de Dieu pût porter au mal et par conséquent à faire tout le contraire de ce qui est enseigné en son nom.

S'il est au monde un étonnement à déconcerter, c'est celui de voir agir, depuis trop longtemps et en plusieurs pays, à l'inverse de l'intérêt général et constant de la société et de tous ceux qui commandent à un titre quelconque ; cet intérêt voudrait que l'obéissance fut inculquée dès le premier âge dans l'esprit et les habitudes des enfants, que le respect des parents, des supérieurs et des égaux leur fût inoculé de bonne heure, que la morale leur fût imposée au nom d'une autorité immuable et incontestable, et cependant beaucoup de ces supérieurs sont les premiers à montrer à cet endroit, quelques-uns de l'hostilité, d'autres une indifférence coupable, et à ne rien faire pour empêcher une indiscipline et une immoralité dont ils peuvent être appelés à souffrir ou bien à combattre et à déplorer les funestes effets. Dans certains pays, il semblerait vraiment que les enfants du peuple, objet des tendresses menteuses des révolutionnaires, fussent élevés pour le désordre ou pour le crime.

Il est par trop évident qu'un grand nombre de patrons ont pris une part dans un trop général affaissement des consciences et des conduites, en donnant des exemples d'irréligion et d'immoralité ; leur intérêt personnel et le danger qu'ils courreraient par leur faute dans des crises à prévoir devraient les inviter à réfléchir, et les amener à comprendre qu'ils ont inconsidérément rejeté les moyens qui seuls pouvaient les en préserver. Ils sont d'autant mieux à même de juger de cet état déplorable des choses, qu'eux-mêmes n'auraient aucune confiance dans la probité d'un ouvrier qui se ferait distinguer à la fois par un athéisme exclusif de tout scrupule, et par le dérèglement de ses mœurs, car ils savent bien que la confiance est le nerf des relations journalières comme des transactions commerciales.

Tout ce qui vient d'être dit des patrons s'applique évidemment aux directeurs des sociétés industrielles, commerciales et agricoles des grandes exploitations ; de la part de ces directeurs ou patrons, la sécurité des tiers traitant avec eux n'est réelle qu'à la condition que l'ordre le plus parfait se révèle dans la tenue des livres, et qu'à la fin de chaque année, il soit dressé un inventaire certifié véritable et déposé dans un lieu spécial, non pas pour qu'il soit à la disposition du public, mais pour que le gérant certificateur soit sévèrement puni pour n'avoir pas été sincère, ou ne s'être pas arrêté à temps. Un second exemplaire visé par le dépositaire comme conforme à celui déposé, resterait entre les mains du gérant qui, au besoin, pourrait volontairement le montrer, comme justificatif de solvabilité. Plus on avance dans la civilisation, plus il y a de précautions à prendre pour déjouer l'astuce des incapables devenant malfaiteurs.

Il est reconnu que les hommes à initiative ne sont pas toujours saturés de bon sens ; ils s'imaginent que, pour réussir à la tête d'une société, il faut s'installer dans un appartement somptueux et des bureaux superbes, en y dépensant une partie très importante du capital social, et ils s'aperçoivent promptement que le luxe et l'exagération des traitements ont compromis l'entreprise. Des faits pareils qui frisent souvent l'escroquerie, comme laissant soupçonner la réalité d'un coupable calcul, deviendraient plus rares si la loi limitait à un tant pour cent les frais d'installation et de gestion, dont les actionnaires seraient les premières victimes.

Une autre grande préoccupation des industriels, commerçants et agriculteurs, est celle qui a sa source dans les lois et traités réglant la condition économique et politique de leur nation vis-à-vis des autres. Les effets de ces lois et traités, qui autrefois se diversifiaient à l'infini, tendent aujourd'hui à s'uniformiser par une clause qui, étant dans la plupart des conventions diplomatiques, fait profiter chaque Etat des avantages présents et futurs assurés au pays le plus favorisé. Un gouvernement prévoyant a le devoir de faire décider au mieux de l'intérêt perpétuel et général de ses nationaux ; de ne jamais caresser l'instabilité, fille de l'inexpérience, et de les fixer longtemps à l'avance sur leur soumission au libre échange, c'est-à-dire à la liberté d'une concurrence plus ou moins grande, ou à la prohibition, ou sur le tarif plus ou moins modéré d'une simple protection. Ces trois manières d'envisager économiquement les choses ont donné lieu à des déceptions qui tendent à s'éterniser, parce que, s'étalant dans les journaux et les revues périodiques, elles fournissent aux partis politiques les moyens de les remplir de leurs lamentations différentes.

Depuis que le libre échange a été érigé en système par les économistes, comme conséquence d'une science (*l'économie politique*) assise sur un principe, ses partisans ont proclamé qu'il fallait jouir de son invention. Nul ne contredirait, à vrai dire, ce système comme mauvais à pratiquer si, dans la suite des temps, il pouvait être admis sans causer la ruine trop évidente et trop profonde des indigènes industriels et agriculteurs d'une nation, pour enrichir ceux d'une ou de plusieurs autres. Aussi, Dieu seul peut savoir s'il sera jamais possible d'appliquer justement et absolument un principe par lui-même si contingent.

Le célèbre économiste Bastiat, qui a préconisé certains avantages du libre échange en souhaitant son établissement, a déclaré qu'une loi n'engendre pas seulement un effet se manifestant avec sa cause : *on le voit*, mais une série d'autres effets se déroulant successivement : *on ne le voit pas;* heureux, dit-il, *si on le prévoit*. Il ajoute : « cette différence est énorme, car il arrive presque toujours que lorsque la conséquence immédiate est favorable, les conséquences ultérieures sont funestes *et vice versâ* » d'où il suivrait, considère-t-il, qu'un mauvais économiste préférerait un petit bien actuel à un grand mal à venir; tandis que le bon économiste risquerait un petit mal actuel pour un grand bien à venir; ce qui n'implique rien pour le cas où le risque d'un changement radical serait d'un grand mal actuel pour un petit mal à venir. Il est regrettable qu'au sujet du libre échange, Bastiat n'ait pas dit, intentionnellement ou non, comme pour d'autres cas infiniment moins importants, *ce qu'on voit et ce qu'on ne voit pas*. Il est nécessaire de suppléer à son silence.

En *protégeant* l'industrie et l'agriculture d'une nation pour cause de surélévation du prix des mains-d'œuvre et des matières premières (*car il faut une cause de cette nature, autrement ce serait un impôt arbitraire*), *ce qu'on voit* c'est que les prix des produits doivent pouvoir supporter la concurrence étrangère, entretenir la réussite des industriels et agriculteurs, et maintenir la hauteur des salaires de leurs ouvriers composant l'immense majorité de la population ; *ce qu'on ne voit pas* ou plutôt *ce qu'on est soupçonné de ne pas voir*, c'est que les indigènes ne profitent pas du bon marché qu'ils obtiendraient des étrangers pour tous les produits de l'industrie et de l'agriculture des pays où les salaires sont bas ; qu'ils sont obligés de payer les produits nationaux un quart plus cher et qu'ils sont, de ce chef, privés de ce quart avec lequel ils achèteraient une autre chose et se procureraient ainsi deux jouissances pour une ; il y a bien là les trois personnages mis en cause par Bastiat ; le producteur, le consommateur, et celui qui aurait vendu à concurrence du quart économisé sur l'achat unique.

Mais qu'est-ce qui arrive dans l'autre cas, celui du libre échange : *ce qu'on voit*, c'est que les habitants de la nation payent un quart moins cher tous les produits importés ; que les agriculteurs et les industriels du pays sont forcément entraînés à diminuer les prix des produits indigènes ; qu'on supprime la criminalité légale de la contrebande, et le besoin du service des douanes ; *ce que voit et ressent* l'esprit démocratique passé à l'état de système aveugle, c'est le plaisir d'abaisser les revenus des propriétaires fonciers et des grands industriels en croyant favoriser les salariés, comme si les impôts, formant la richesse d'un Etat, n'étaient pas eux-mêmes solidaires de l'importance de ces mêmes revenus particuliers, comme si la diminution des produits et revenus ne devait pas entraîner celle des salaires ; *ce qu'on ne voit pas,* ou plutôt, *ce qu'on ne veut pas avoir l'air de voir*, c'est que les industriels et agriculteurs nationaux ne pourraient soutenir la concurrence étrangère et prospérer, que si leurs ouvriers travaillaient à moitié de leurs salaires actuels ; qu'en achetant à meilleur marché les denrées alimentaires et vétissantes, ces derniers se trouveraient avoir beaucoup perdu par l'application d'un système qui ferait toujours pencher le plateau lucratif de la balance du côté des pays à salaires inférieurs jusqu'au temps très lointain où, tous les salaires auraient pu se niveler (1); *ce qu'on ne voit pas,* ce sont les conséquences de tout ce qui se décide par faiblesse, sympathie ou philanthropie pour une classe, pour des individualités ou pour des besoins présentant l'apparence d'une relation exclusive, alors que seul le sentiment de l'impartialité, entre plusieurs intérêts opposés, pourrait donner une juste perception de l'avenir ; *ce qu'on ne voit pas non plus*, c'est une nation pouvant être trompée par l'esprit philanthropique, ruinée par un principe appliqué au prix d'une imprévoyance plus ou moins

(1) Le parti opposé mettrait en corrélation le prix des substances alimentaires et vétissantes et la nécessité d'élever les salaires comme si la cause de la protection ne gisait pas dans le désir de les maintenir au même taux ; comme si la baisse du prix de ces substances ne devait pas entraîner celle des salaires.

consciente ; rabaissée en devenant tributaire de l'étranger ; ses habitants risquant de mourir de la famine quand les autres pays cesseraient de vouloir l'alimenter ; c'est un Etat laissant périr des industries qui lui seraient indispensables pendant la guerre ; s'aliénant bénévolement, par calcul ou sans souci, des populations stupéfaites de son incurie, de son ineptie ; accusé alors, à droit ou à tort, de toutes les infamies ; *ce qu'on ne voit pas enfin*, c'est que, dans un intérêt par trop réel, l'idée du libre échange est acceptée sans réserve par les Etats qui en doivent tirer des profits immédiats ; qui n'ont pas à se préoccuper si leurs adversaires sacrifient brusquement les avantages nationaux à un principe subversif et destructeur par le fait de sa prématurité ; qui souhaitent l'abaissement du prix de toutes marchandises, la désorganisation et la ruine de toutes industries concurrentes pour accaparer définitivement la fourniture générale des besoins des Etats rivaux, ce qui arriverait puisque le libre échange, appliqué sans restriction, mettrait les ouvriers de l'industrie et de la culture d'une nation à salaires élevés, promptement sans ouvrage en les plongeant dans la plus affreuse misère, ce qui serait évidemment prévu par les hommes d'Etat, s'ils se donnaient la peine de pousser l'examen du système à toutes les extrémités de ses conséquences supposables.

Ce qui a pu empêcher Bastiat de saisir le taureau par les cornes, c'est qu'il aurait été nécessairement amené à reconnaître que le principe du libre échange, bon en lui-même, en toutes circonstances égales, ne peut recevoir son application qu'à la faveur du nivellement universel des salaires, puis de toutes les autres causes du renchérissement des produits d'une nation, ce qui présente une difficulté des plus considérables à résoudre. Aussi c'est pour le légitimer qu'il y a des rêveurs de la possibilité d'une république universelle et de la fraternité des peuples, alors que cette possibilité est contestée par les faits les plus évidents de l'expérience et les raisonnements les plus généraux et les plus solides.

Le grand économiste J.-B. Say, tout en proclamant le principe du libre échange, admet au moins la difficulté de son établissement en ces termes (*traité d'économie politique*, p. 196) : « Malgré les inconvénients que j'ai signalés dans les prohibitions des denrées étrangères, il serait sans doute téméraire de les abolir brusquement. Un malade ne se guérit pas dans un jour. Une nation veut être traitée avec de semblables ménagements, même dans le bien qu'on lui fait. Que de capitaux, que de mains industrielles employées dans des fabrications monopoles, qu'il faut dès lors ménager, quoi qu'elles soient des abus ! Ce n'est que peu à peu que ces capitaux et cette main-d'œuvre peuvent trouver des emplois plus avantageusement productifs pour la nation. Peut-être n'est-ce pas trop de toute l'habileté d'un grand homme d'Etat pour cicatriser les plaies qu'occasionne l'extirpation de cette loupe dévorante du système réglementaire et exclusif ; et quand on considère mûrement le tort qu'il cause quand il est établi, et les maux auxquels on peut être exposé en l'abolissant, on est conduit naturellement à cette réflexion : s'il est difficile de rendre la liberté à l'industrie, combien ne doit-on pas être réservé lorsqu'il s'agit de l'ôter. »

Il est fâcheux que J.-B. Say, de son côté, ne soit pas descendu des hauteurs de la théorie pour arriver à la réalité d'une pratique dont il voyait et signalait les avantages et les inconvénients, et n'ait pas indiqué et énuméré les *emplois plus avantageusement productifs* qu'il rêvait pour les capitaux et la main-d'œuvre d'une nation travaillée par la dangereuse épreuve du libre échange. Il n'entrevoyait certainement point alors, pour l'Europe, les différences actuelles des prix de la main-d'œuvre des travaux dans les diverses nationalités qui la composent et de la valeur de leurs matières premières, et encore moins pour le monde entier, les énormités concurrentes et accablantes que les blés et bestiaux étrangers, les matières premières et les manufacturés exotiques viendraient faire aux produits indigènes, autrement il n'eut pas manqué d'ajourner, encore pour bien plus longtemps, l'établissement de la liberté des échanges.

En affaires industrielles et agricoles, pour une nation comme pour un individu, c'est l'intérêt qui est le moteur. On ne chercherait pas à se ruiner pour l'honneur d'un principe sans passer pour fou. Cette doctrine de l'intérêt est tellement fondée, que des

Etats, pour avoir l'écoulement de certains de leurs produits, accordent à leurs nationaux des primes d'encouragement pour ventes à l'étranger quand, par toutes sortes d'autres moyens moins onéreux, ils ne peuvent pas obtenir des conditions favorables.

Ce qui rend la position des industriels et des agriculteurs des plus critiques, c'est que dans un Etat à salaires élevés, ils sont naturellement en divergence économique avec les commerçants ; pour ceux-ci l'adoption du libre échange permet d'étendre leurs relations commerciales ; l'industrie et l'agriculture devraient immédiatement en périr que, sans reproche de conscience, ils en soutiendraient encore les avantages ; par conséquent il y a lieu de se défier de leur partialité dans ce grand débat ; du moment que le devoir national est d'équilibrer les intérêts des producteurs et des consommateurs et que le commerce d'importation peut nuire aussi bien à ces derniers qu'aux premiers, on se rendrait injuste en acceptant le poids de leur intervention. Il ne faut pas oublier que dans un cas comme dans l'autre, le commerçant prudent n'est jamais appelé à perdre, mais à plus ou moins gagner.

D'un autre côté, il y a des produits de la terre ou de l'industrie qui, par leur nature, sont propres à avoir le monopole dans le monde entier et, par suite les producteurs se trouvent à leur égard en opposition d'intérêt avec les consommateurs, leurs compatriotes, parce qu'ils ne veulent pas être circonscrits dans un modeste écoulement national par des droits qui, en représailles, pourraient les frapper à leur arrivée en pays étrangers et faire même accepter des succédanés.

Ces données rendent épineux le problème à résoudre, mais ce n'est pas une raison pour lui donner une solution qui se baserait uniquement sur la facilité d'admettre, sans répugnance et sans réflexion, le libre échange. Pour y parvenir, il importerait de fixer, eu égard à toutes causes de surélévation de prix de revient des produits industriels et agricoles d'une nation et le prix de revient de ces mêmes produits dans les pays concurrents ; une fois ces prix bien déterminés, un gouvernement sage et prévoyant serait en mesure de faire accepter, au nom de l'équité, le degré de protection ou de compensation qui serait de nature à conjurer l'injustice de la différence des situations des producteurs indigènes et de ceux étrangers.

Dans cette circonstance, comme en toutes autres, il importerait aux commerçants de ne pas croupir dans l'égoïsme et de se prêter, au contraire, à l'application de la maxime, toujours excellente, de ne pas faire aux industriels et agriculteurs autrement qu'ils voudraient qu'il fût fait à eux-mêmes s'ils exerçaient leurs professions. C'est toujours vers ce point d'une règle divine que l'éducation générale doit converger. Les membres des sociétés ou syndicats qui se forment par branche entre les divers intéressés devraient donc discuter le pour et le contre et prendre des résolutions impartiales ; au contraire, partout, les commerçants ne signalent que leur intérêt personnel comme si la vérité ne se dégageait plus de la contradiction. Dans tous les cas, il est indispensable que les industriels et agriculteurs soient toujours appelés à délibérer officiellement dans les mêmes conditions et avec les mêmes garanties que les commerçants.

Les agriculteurs, s'appliquant à un art qui se pratique dans l'isolement et dont les produits sont soumis à toutes les variations du temps et à bien des sinistres, ne peuvent compter sur les expositions d'animaux et d'instruments agricoles perfectionnés, et les engrais artificiels, comme de nature à améliorer quelque peu le rendement de leurs travaux. Les expériences des plus savants agriculteurs donnent si souvent des démentis à l'affirmation théorique qu'ils sont partout assez méfiants pour ne se décider à abandonner la routine qu'en imitant des procédés qui ont successivement réussi dans leur voisinage. D'un autre côté, les primes ou prix, baptisés d'encouragement comme par antiphrase, s'adressent partout et toujours aux mêmes éleveurs exploitant des fermes exceptionnelles ou à des cultivateurs pleins de vanité, faisant des sacrifices ruineux ; en telle sorte que des exemples pareils sont plus dangereux à suivre qu'à repousser. Les progrès agricoles deviendraient, au contraire, sensibles, si des comités d'agriculteurs intelligents et actifs étaient appelés à visiter des domaines en retard de culture et à signaler à leurs propriétaires, en présence des exploitants, les améliorations à y faire ; c'est dans un concours d'application des partis à tirer d'un bon nombre de fermes qu'il pourrait y avoir une bonne émulation dans des conditions véritablement équitables ; c'est en primant l'étendue relative des prairies artificielles et des nouveaux prés naturels, la quantité des enfouissements de plantes fourragères, l'importance et la nature des élevages, qu'on augmenterait le stock du bétail et qu'on remédierait, par l'accroissement des engrais, à l'appauvrissement des terres provenant du fait d'une culture épuisante.

IV. — *Pauvres et Riches*

Dans une société, si bien organisée qu'elle soit, il y aura toujours des riches et des pauvres, par le fait des infirmités morales et matérielles des humains ; ceux qui pensent sincèrement le contraire sont tellement aveuglés par l'amour immodéré de leur prochain, ou par leur ambition subversive et hypocrite, ou par leur paresse coupable, qu'ils souhaitent ou poursuivent des changements qui entraîneraient un cataclysme plongeant la société actuelle dans un état infiniment pire que celui existant, pour la voir, comme le phénix et par la force de l'esprit européen, renaître de ses cendres avec sa physionomie d'aujourd'hui ; ils oublient ou feignent d'ignorer que la condition des hommes est de se livrer au travail et que si, du fait de la civilisation, les intelligents et les courageux sont devenus riches ou aisés par le travail et l'économie, comme cela arrive encore tous les jours, les pauvres ont précisément beaucoup gagné à la survenance de l'inégalité des fortunes et des conditions sociales. C'est en effet celui qui a beaucoup qui peut secourir son prochain, et ce ne sont pas les hommes de mêmes conditions précaires qui auraient assez pour s'entr'aider.

Ce qui a été remarqué depuis fort longtemps, c'est que ce ne sont pas les ambitieux et les irréligieux, riches ou aisés, qui font travailler, encouragent ou assistent les pauvres ; leur doctrine consiste, au contraire, à les capter par des paroles insidieuses, à les décourager, à leur donner les fausses idées d'un bien-être possible et spontané, à les façonner pour le crime, à soulever des indignations qui naturellement n'existent pas contre les riches charitables et faisant travailler, comme pour se dispenser de les imiter, et à faire regarder comme avilissante l'aumône particulière, avec l'intention de la transformer en assistance publique, ce qui leur paraît un excellent moyen de passer pour être généreux en ne payant ou ne donnant presque rien, mais aussi ce qui peut faire croire abusivement aux assistés que la société les fera vivre et qu'ils ne sont pas obligés de travailler.

Cette interprétation malveillante et dangereuse des devoirs sociaux et du sentiment qui porte à assister les pauvres se trouve réfutée par les termes suivants, figurant dans *la Question du Paupérisme*

(p. 136, 137) : « Les travailleurs, même les plus pauvres, n'ont pas envisagé les bienfaits de la caisse des retraites (en France), comme ceux qui s'étaient constitué d'autorité leurs défenseurs ; ils ont compris qu'en pouvant compter sur une égale sécurité, une égale protection, ils profiteraient, par leur fait ou par le secours de leurs amis, d'une institution fondée dans leur intérêt et destinée à améliorer leur sort. Le bon sens leur disait que la société ne peut pas affranchir les familles de leurs devoirs, dispenser l'homme de s'aider et d'aider tous les siens ; qu'il doit être lui-même son principal bienfaiteur, et qu'une dotation émanant de la généralité des membres du corps social, par l'entremise de l'Etat, a le besoin plus grand d'être épurée, pour être agréée par une conscience fière, exposée à devenir ainsi l'*obligée de tous*, que celle qui provient de la générosité privée, de la fraternité pratiquée sans contrainte. Est-ce que l'aumône publique, sous n'importe quelle forme, alors qu'elle est acceptée sans esprit de restitution et constatée par des états nominatifs, n'est pas plus humiliante que celle privée, qui ne laisse aucune trace et qui peut être glorifiée par la reconnaissance ou acquittée par des services ultérieurement rendus ? La fierté, celle qui n'est pas le partage des gens d'un petit esprit ou d'une sotte éducation, consiste précisément à ne rien recevoir gratuitement ni de l'Etat ni de personne, à ne pas convoiter le bien d'autrui par des moyens socialistes ou collectivistes plus ou moins sincères qui, mis à exécution, ne pourraient jamais s'épurer, comme aussi à se fonder sur son travail, son intelligence, sa conduite, sa probité, et ce qui a toujours été considéré comme des vertus publiques et privées pour se tirer d'une condition précaire, ce qui est beaucoup plus facile que ne le pensent les fainéants ou ceux qui les exaltent.»

De ce même ouvrage, *la Question du Paupérisme*, où sont développés les moyens pratiques d'améliorer la condition des pauvres, sont extraits les passages suivants, se rapportant à l'éducation de ces derniers :

« Au degré supérieur de l'instruction, les idées saines et pratiques sont encore plus indispensables; tous ses enseignements doivent avoir ce but; il importe en effet que dans le monde et dans toutes les occasions, les pourvus de grades supérieurs et de connaissances économiques puissent démontrer notamment, par les exemples les plus palpables, les raisonnements les plus serrés et les arguments les moins réfutables, aux esprits prévenus et faussés; que le capital est loin d'être antipathique aux honnêtes aspirations du prolétariat ; que c'est à la faveur du meilleur emploi du plus gros capital que l'élite de ses membres peut sortir le plus glorieusement de cet état, et que le commun des prolétaires peut assurer sa meilleure existence ; de même que c'est par l'abus de l'emploi de ce même capital que ses possesseurs sont souvent plongés dans le prolétariat, système de bascule à l'usage de notre société, ce dont nous avons déjà eu des millions d'exemples.

Ces gradués prouveraient encore avec facilité aux prolétaires qu'il y aurait une erreur grossière de leur part à jalouser la richesse, puisque plus une personne est fortunée, plus elle augmente son budget pour les pauvres, en même temps que par ses dépenses considérables et annuelles, elle paie en *impôts volontaires* des sommes qui atteignent le total de ses revenus et souvent les dépassent ; ils mettraient de la sorte ces prolétaires en mesure de réfléchir que le travail général de la confection des fortunes entrepris et poursuivi par l'intérêt personnel, et en fait pour l'intérêt de tous, s'épure par la réalisation même de la propriété individuelle qui, à tous les degrés, constitue *la ressource ou la réserve du pauvre se répandant pour lui en travail ou en secours*. Ils devraient n'avoir pas de peine à convaincre, parmi les simples égarés, les hommes de sens et de bonne foi, que les membres tombés du haut de la richesse ou de l'aisance, par leur faute ou par accidents, comme tous ceux qui manquent de courage au point d'insulter, par calcul ou ingratitude, une société qui ne demande qu'à les soutenir et à les élever, s'ils sont capables de l'être, ne peuvent pas être crus dans leurs insanités quand ils l'accusent d'injustice (1) envers tous les infortunés dont ils par-

(1) M. Frédéric Passy, membre de l'Académie des sciences morales et politiques de France, s'exprime, à ce sujet, de la manière suivante : « Nous nous révoltons, nous qui savons comment la richesse s'est formée peu à peu de science, d'activité, de prévoyance et de vertu, quand nous entendons crier autour de nous que la richesse n'est qu'une proie ravie par la

tagent la condition et qu'ils conspirent pour amener son bouleversement, alors que leur devoir serait de se livrer à un travail honnête et d'arriver, par ce moyen, à se tirer de la misère (p. 117, 118).»

« Le travail, du reste, entretient et développe en famille les meilleures affections ; dans son énergie, il exalte le devoir jusqu'à l'héroïsme ; générateur de l'économie, il conjure la misère en assurant le présent et sauvegardant l'avenir ; il rend honorable les vêtements les plus simples, les plus rapés et les mieux appropriés à l'ouvrage, tandis que la paresse dissout la famille et l'état social, escompte, éparpille et détruit les plus belles espérances présentes et futures, et montre l'immoralité des haillons comme des plus beaux atours (p. 111).»

« La thèse du *développement du travail au moyen de l'organisation du crédit étendu à toutes les classes de la société* pour lui faire jouer un rôle important dans le grand problème de l'anéantissement du paupérisme est des plus intéressantes, et pour mieux en faire saisir la complexité, nous allons en diviser le sujet. Nous parlerons d'abord du *travail*. Il est évident que si son développement, qui est le

---

force ou par la ruse à la simplicité ou à la faiblesse, et réclamer, au nom de la primitive égalité, contre l'usurpation coupable qui a substitué à la commune jouissance des premiers jours la propriété exclusive de nos sociétés civilisées.»

De son côté, M. Jules Simon nous donne en ces termes, dans l'*Ouvrière*, une des conséquences des idées socialistes et collectivistes : « Les théories communistes, en tarifant les salaires et ôtant à l'ouvrier la libre disposition de sa force, qui est son apport social, remontent le courant et nous ramènent au travail esclave.»

but à atteindre, pouvait être porté à son apogée sans avoir besoin d'étendre le crédit à toutes les classes de la société, on n'aurait pas à s'occuper de cette organisation. Dans tous les cas, il est certain que le crédit ouvert à tout le monde, au point de mettre l'abondance de l'argent dans toutes les poches, ne favoriserait pas le développement du travail, ne ferait qu'amener l'oisiveté et prouverait matériellement que la richesse ou l'aisance générale équivaudrait à la pauvreté et à la destruction de tout, si tant était que sur le globe la majorité de ses habitants ne voulût plus alors travailler comme les nécessiteux d'aujourd'hui et produire ce qui formerait le besoin de tous. Nous concluons de ceci que le crédit n'est qu'un accessoire dans l'activité et le développement du travail, et que la nécessité de travailler pour vivre, pour élever sa famille, est un agent essentiel à l'économie générale du monde et à la perpétuelle existence des humains.»

« Ceci étant énoncé, nous disons que le développement, soit en quantité, soit en qualité, du travail dans une nation, ne peut être atteint que par la mise en activité du plus grand nombre d'ouvriers, puis du talent de ceux qui en sont l'élite, et par la diffusion corrélative de l'écoulement des produits de cette prodigieuse main-d'œuvre, sans quoi un pareil travail deviendrait frustratoire et s'anéantirait promptement de lui-même. Aussi, parmi les consommateurs des fruits du travail, qui deviendraient ainsi à leur tour nécessaires dans la société, il faut classer ces riches qui, par leur faste, leur luxe et leurs largesses, favorisent ceux qui travaillent pour s'enrichir, (1) vivre ou améliorer leurs positions ; ces bourgeois, nés dans la fortune parce qu'ils ont eu des auteurs économes, qui emploient des ouvriers en si grand nombre et les aident si puissamment à réussir ; ces cultivateurs, marchands, industriels et ouvriers rangés, rétirés dans l'aisance par eux désirée et acquise au prix d'un travail persévérant, excessif, d'une épargne étendue à toutes les choses ne rentrant pas dans un besoin absolu, qui dépensent leurs revenus au profit de la société et dans un repos mérité. L'existence de ces consommateurs, aussi indispensable que celle des producteurs, empêche que chaque membre du corps social ne soit obligé de se suffire à lui-même, comme cela existerait sur un sol également et erronément partagé par un aveugle procédé de l'envie ou de recourir à des échanges incommodes de produits grossiers, ce qui nous ramènerait à l'enfance de l'univers et enrayerait le fonctionnement des industries, la fondation des monuments et habitations, les commerces terrestres et maritimes, les progrès agricoles, toutes créations occupant des millions d'ouvriers suivant leurs goûts et leurs facultés morales, physiques et intellectuelles, créations qui ne peuvent pas être contemporaines des temps primitifs et barbares où nous reculerions par le renversement insensé de l'état étonnant et

(1) C'est la juste appréciation d'un pareil fait qui a été l'origine du proverbe : *On ne s'enrichit pas à la porte d'un gueux.*

progressif des choses de ce monde et du temps actuel, et qui ne sont dues qu'à l'admirable et incessante activité de l'intérêt personnel réalisant pour soi des prodiges et pour l'humanité des bienfaits, des merveilles et des splendeurs.»

Après avoir donné, dans *la Question du Paupérisme*, les conseils que les pauvres auraient à suivre pour améliorer leur condition et tracé les devoirs de solidarité sociale qui s'imposent aux riches, il paraît inutile de les reproduire ici.

V. — *Grands et petits Ecrivains*

Les pauvres, dont il vient d'être parlé, ne sont pas naturellement revêches aux bons conseils qui leur sont donnés et qui forment une très utile suite de leur première éducation ; mais, malheureusement pour eux et pour la nation qui est leur patrie, un trop grand nombre se laissent entraîner par de dangereuses excitations et les mauvais exemples par lesquels ils peuvent être directement ou indirectement influencés. C'est surtout par l'action du ridicule qui est un fléau dans les sociétés civilisées, que les provocateurs réussissent ; les pauvres ne réfléchissent pas assez pour comprendre que vis-à-vis d'eux, gens des plus intéressés à être parcimonieux et à mener une conduite régulière et honnête, la moquerie est la raison des sots, et ils n'acquièrent pas la force de se mettre au-dessus de l'opinion exprimée par ces derniers en restant insensibles à leur raillerie. Outre les exemples funestes s'étalant aux regards et les causes les plus diverses d'immoralité, c'est principalement par les moyens de la parole et de la presse que les suggestions se produisent ; un langage plus ou moins insinuant et persuasif dans le mal qu'il peut faire, est uniquement repoussable par le bon sens de ceux auxquels il est tenu ; de là naît la nécessité pour les parents de mettre leurs enfants continuellement en garde contre toutes les tentatives des pervers cosmopolites, des paresseux et envieux. Les hommes si nombreux, même parmi les lettrés, qui cèdent à de périlleuses manières d'agir passées à l'état d'habitude, ne s'aperçoivent pas qu'ils font un excessif bon marché de leur *liberté morale* qui, par une volonté réfléchie, les porterait consciencieusement à mieux faire. Non-seulement cette liberté consiste à choisir entre les impressions des désirs et des appétits, les idées de la raison et les calculs de l'intérêt, mais elle est susceptible de degrés divers et de modifications importantes, selon qu'elle procède des principes de la vertu ou de ceux du vice. La liberté morale enfante pour l'homme des devoirs qui sont prohibitifs, comme ceux de s'abstenir de ce qui dégraderait ses facultés morales, de ne pas dérober le bien d'autrui, de ne pas faire aux autres autrement que si le fait s'adressait à soi-même, et affirmatifs comme celui d'employer tous les moyens propres à développer *pour le bien* ses mêmes facultés morales s'exerçant envers soi-même, envers ses semblables et envers Dieu.

A côté de la liberté morale, il y a la *liberté civile*, comprenant l'ensemble des droits naturels que l'homme exerce dans la société, et notamment la *liberté du travail* permettant la pratique d'une industrie sans entrave ; la *liberté d'action* laissant faire ce qui n'est pas défendu ; la *liberté de penser* sur laquelle on se fonde pour traiter avec la plus entière indépendance les matières religieuses, philosophiques et politiques ; la *liberté de conscience* autorisant à professer les plus diverses opinions ; la *liberté politique* accordant à chaque citoyen d'une nation la jouissance de droits fixés par une constitution et des lois. Ces libertés viennent aboutir à la *liberté de la presse* qui, étant celle de mettre au jour, par le moyen de l'impression, ses idées, ses opinions, ses utopies, sur toutes sortes de matières, sans être obligé de les soumettre à la censure, assume sur elle les torts et dommages qu'elle peut causer aux individus et aux sociétés en n'observant pas les dispositions des lois ; on peut, par cette voie, se livrer à des immoralités et des excentricités si déplorables qu'il serait insensé pour un Etat de l'accorder exclusive de répression.

La censure des livres et journaux qui, longtemps, a eu pour but d'arrêter des emportements prêts à se répandre en invectives, est à supprimer comme susceptible d'entretenir une constante colère chez les écrivains passionnés. La répression postérieure, en frappant alors des nerfs relâchés ne produit jamais l'effet de les remonter au même diapason.

On appelle *roman* (1) toute histoire inventée à plaisir, écrite en prose, où l'auteur cherche à surpasser ses devanciers par la singularité des aventures imaginaires qu'il rapporte, des relations morales ou immorales dont il suit les fils et des paroles échangées entre les personnages mis en action. Les narrations des romans, en affectant une grande variété dans la chaîne et la trame, en captivant l'intérêt par le style, les belles descriptions, les côtés comiques ou satiriques, l'enchevêtrement des situations émouvantes, le curieux des dénouements, laissent, même dans ce qu'il y a de meilleur parmi eux, beaucoup à désirer au point de vue des effets qu'ils produisent sur leurs lecteurs et surtout sur leurs impressionnables lectrices. Il y a certainement beaucoup de romanciers qui écrivent avec l'intention de ne pas livrer au public des ouvrages pernicieux, mais il en est qui spéculent sur les dangereux attraits dont ils parsèment leurs œuvres pour en assurer le débit aux risques de corrompre et perdre la jeunesse durant plusieurs générations ; ils réussissent d'autant plus facilement que les filles lisent davantage que les garçons et savent mieux persuader à leurs parents illettrés que les livres sont approuvés par le silence d'un gouvernement qui les laisse colporter librement ; ces derniers ne sont dès lors nullement avertis des périls qu'ils font courir à leurs enfants ; cette situation apparaissait si triste, qu'elle a été

(1) Tout ce qui va être dit pour les romans s'appliquerait aux contes licencieux.

cause de la découverte d'un moyen bien simple qui qui serait de nature à les éclairer et peut-être aussi à amener les auteurs à plus de réserve.

Il conviendrait d'imposer aux éditeurs de romans l'obligation de faire imprimer en tête du *début narratif*, et en gros caractères, la mention suivante : « Le gouvernement ne garantit pas la moralité du présent roman ayant tel titre. Une mention ou une critique sera remise à l'éditeur pour être imprimée à la fin de la seconde et des subséquentes éditions ; cette mention ou cette critique, aussitôt remise, sera imprimée séparément en un nombre suffisant d'exemplaires d'un format semblable à celui de l'ouvrage, aux frais du même éditeur, pour être remis gratis et par unité à chaque acheteur d'un volume de la 1re édition. » Il va sans dire que ces prescriptions seraient observées sous des peines sévères et qu'un examen attentif du roman pourrait motiver des poursuites s'il y avait contravention à des lois de l'Etat. L'habitude d'observer une règle si simple n'aurait pas l'effet d'appeler l'attention sur l'ouvrage comme un procès désiré pour le scandale.

Certains écrits, de certains et nouveaux philosophes, ont pris des caractères particuliers qui, comme certains romans, peuvent être classés parmi les faits littéraires les plus funestes et les plus absolument nihilistes. Il est par trop évident que les romanciers, en se faisant un lucre et un plaisir de détruire la morale, et ces philosophes, en niant l'existence de Dieu, principe de cette morale, dont la présence dans les consciences s'accuse continuellement par la loi, divinement imposée, de connaître le bien et le mal, cherchent non-seulement à remonter contre le plus vulgaire bon sens, le courant des acquisitions intellectuelles antérieures, mais à faire disparaître une croyance qui serait encore la meilleure comme agent ici-bas du bonheur des humains, et invention du génie terrestre émanant de la suprême puissance intellectuelle, pour bien inspirer les esprits et les cœurs, puisque Voltaire lui-même proclame l'excellence d'une telle hypothèse comme une réalité à considérer et celle de sa réfutation doctrinale comme n'étant plus à ressasser en disant: *si Dieu n'existait pas, il faudrait l'inventer*.

Pourtant se déclarer philosophe c'est se donner comme ami de la sagesse et par conséquent comme ne devant rien faire qui mette les hommes dans une voie mauvaise ou seulement incertaine ou dans une erreur absolument nuisible; comme ayant aussi assez de force d'âme pour mépriser les richesses et les honneurs pour s'élever au-dessus des opinions et des passions des mortels ordinaires dans le but de leur assurer presque malgré eux, la félicité individuelle que donne une conscience pure durant la vie et une bonne espérance à savourer jusqu'à la mort. Même dans l'antiquité, c'était une fin honorable et consolante que les philosophes les plus imbus de la sagesse, et par cela même restés célèbres, faisaient entrevoir à ceux qui se signaleraient par une conduite irréprochable.

Socrate donnant l'exemple de toutes les vertus publiques et privées et croyant avoir reçu la mission spéciale de réformer ce qui était mauvais dans la conduite, les opinions et les habitudes de ses compatriotes, a créé la science de la morale, fixé la *prudence,* la *justice,* la *force* et la *tempérance* comme vertus principales ; a recommandé la pratique du bien comme le plus sûr moyen de parvenir au bonheur et démontré par des arguments nouveaux et à lui propres, l'existence de Dieu, de la Providence et de l'Immortalité de l'âme. Aristote et Cicéron ont, dans leurs ouvrages, confirmé et étendu, dans le sens le plus scrupuleusement honnête cette doctrine philosophique des *esprits.* A partir de la fondation du christianisme, le spiritualisme a été enseigné non-seulement par tous les docteurs de l'Eglise, mais par Descartes, Malebranche, Fontenelle, Royer-Collard, Maine de Biran, Jouffroy, Cousin, pris comme défunts parmi un nombre considérable de savants.

Tous les philosophes considéraient surtout la philosophie, eu égard aux bons effets qu'elle devait produire par son enseignement, mais il est fâcheux d'avoir à faire remarquer que, soit dans les temps anciens, soit de nos jours, il y a eu des écrits tellement excentriques et d'une absurdité si grande qu'il faut en avoir lu des passages pour croire à l'audace de leur émission. Beaucoup parmi eux se réfutent pour ainsi d'eux-mêmes vis-à-vis des hommes bien pourvus de la raison ; d'autres au contraire sont présentés avec un réel talent mis au service de la perfidie et peuvent exercer une influence néfaste sur le bonheur et la destinée d'une quantité de dupes et sur l'avenir des nations.

Dans ce dernier cas, de pareils écarts de bon sens et de raison auraient besoin d'être morigénés par le moyen qui est plus haut indiqué pour les romans ; il en devrait être de même pour tous les livres traitant d'économie politique et sociale où les utopies radicales visent au bouleversement des sociétés.

Il se produit journellement et partout d'autres publications qui sont encore bien plus pernicieuses, c'est-à-dire des écrits périodiques.

Depuis longtemps, chacun est impressionné par cette idée souvent exprimée dans les conversations, qu'il est dans la nature de la liberté de la presse d'entraîner tôt ou tard la chute des gouvernements. En réfléchissant à ce sujet, il semble que cette liberté entendue et appliquée comme elle l'est et l'a été, constitue le plus singulier et le plus exorbitant des privilèges ; car ce privilège consiste à pouvoir créer des instruments destinés à flatter ou à fouetter, tous les jours, les délégués légaux du peuple, et à combattre ou à vanter les idées les plus subversives, les plus anti-sociales, les plus immorales, les plus éhontées, et cela, sans distinction, au profit des hommes de lettres les moins capables ou les plus tarés, comme des plus savants et des plus honnêtes ; ce privilège se montre encore dans une réalité plus grande quand l'on sait que chacun de ces instruments appelés journaux, est exclusivement affecté à recevoir la prose d'une pléiade particulière d'écrivains ; à soutenir systématiquement des idées préconçues ; à frapper toujours dans les mêmes conditions l'esprit des mêmes lecteurs. Un tel privilège mis en action comme un énorme marteau fonctionnant sans relâche pour démolir, doit être réglé de manière à être rendu moins offensif. Il ne serait pas prudent de lui laisser la liberté de ne produire que le mal ; n'étant en rien retenu, il serait d'autant plus dangereux que la discussion de ses écarts par des journaux sévères et justes, rédigés pour d'autres catégories de lecteurs, se trompant par cela même d'adresse, est à son tour exposée à nuire sans raisonnablement espérer faire du bien.

La liberté de la presse étant presque passée en habitude, il faut se demander ce qu'on doit entendre par là et comment cette liberté doit être exercée ; comme elle se confond avec la liberté de discussion, il y aurait *liberté absolue* si la *presse-journal* était un appareil qu'une personne quelconque pût créer et dans lequel journal n'importe qui pût écrire; comprise et exercée comme de nos jours, la presse-journal est fondée sur des privilèges multiples, des catégories de monopoles dans la production des œuvres intellectuelles et périodiquement publiées. Aussi elle a, suivant ses organes, pour but et pour effet, non pas d'éclairer les masses par des exposés véridiques, des contradictions sérieuses et sensées d'où jaillirait la lumière, mais de les abreuver d'illusions, de les pousser à l'oisiveté, de les fanatiser dans les idées les plus irréalisables, quelquefois les plus criminelles; dans les utopies les plus grossièrement conçues, les plus nuisibles au bien-être de ceux qui les gobent; c'est pour répondre au fond même de toutes les théories antiques et malsaines des fainéants, que le républicain Franklin a dit dans la collection de ses maximes de bons sens répandues dans son ouvrage : *La science du bonhomme Richard;* « *Mes amis, si quelqu'un vous dit que vous pouvez vous enrichir autrement que par le travail et l'économie ne l'écoutez pas; c'est un empoisonneur !* » D'autres traduisent : *un coquin qui vous trompe et veut vous exploiter !* c'est pour justifier ce qui est sus-énoncé que le passage suivant d'un article du journal français le *National* va être ici copié : « Les révolutionnaires veulent renverser la constitution, bouleverser toutes les lois, modifier l'état social, c'est-à-dire apparemment l'organisation de la propriété. Eh bien ! nous demandons à connaître le plan de ces infatigables réformateurs; nous demandons la carte du pays où l'on prétend nous mener; l'indication de la route à parcourir, des stations à visiter, du temps qu'exigera cette marche. Nous demandons à voir clair dans le chaos des revendications dont on nous rompt la tête. Jusque-là nous ne considérons nos contradicteurs que comme des gens qui ont pour doctrine des utopies confuses, pour moyen l'agitation stérile, pour but une popularité acquise aux dépens du repos public, de la prospérité et de la sécurité nationale. »

En citant ce jugement du *National* sur les radicaux utopistes et leurs agitations funestes, j'ai l'idée de faire mieux comprendre qu'un tel article, trônant dans les colonnes de ce journal, ne peut produire aucun bien, n'étant pas destiné à servir d'antidote pour les citoyens empoisonnés, et qu'au contraire, mis dans le journal contenant les théories ridiculisées, il aurait de bons résultats : un des premiers serait d'obliger les farceurs qui exploitent les absurdités les plus incroyables à mettre plus de réserve et de maturité dans leurs écrits, pour ne pas s'attirer, à la face de leurs lecteurs ordinaires, de trop forts camouflets ; ensuite, de pouvoir convaincre de crédulité et de niaiserie ceux qui n'auraient pas encore donné dans l'exaltation des systèmes proclamés ; enfin les discussions entre adversaires allégeraient de beaucoup le gouvernement du lourd fardeau de se défendre lui-même, quand, en fait de justice et de moralité, il n'aurait rien à se reprocher.

Je ne me dissimule pas que cette *faculté absolue d'insertion* offrirait, à côté de grands avantages, de graves inconvénients ; c'est pour arriver à découvrir et signaler les moyens qu'il y aurait à prendre, pour éviter les inconvénients et profiter des avantages, que je vais les décrire. Je n'en trouverais pas que la *faculté absolue d'insertion* me paraîtrait préférable à l'état général, privilégié et actuel.

Pour qu'il y ait *liberté absolue*, il faut qu'il y ait

réciprocité, et par conséquent les rédacteurs actuels des feuilles accusées pourraient naturellement en jouir ; d'une part, ils ne demanderaient pas mieux que d'étaler leurs doctrines dans les journaux qui ont pour eux le sérieux et l'antiquité ; ils chercheraient même volontiers à les souiller de leurs articles les plus immondes ; d'autre part, ces mêmes journaux seraient inondés des productions les plus indigestes, à tel point que cette liberté absolue deviendrait alors la pire des tyrannies. Ce sont là les conséquences fâcheuses de la *liberté absolue*.

Entre le *privilège* qui consiste à laisser servir presque sans surveillance les tartines les plus répugnantes à des convives avides de les avaler et d'avance condamnés à en souffrir, et la *liberté absolue d'insertion* qui les offrirait sur des tables plus grandes à l'appétit d'une immensité de curieux plus ou moins écœurés, il conviendrait d'aviser et appliquer un système mitoyen qui rentrerait dans les conditions ordinaires des pratiques raisonnables.

Mon procédé consisterait à créer, dans les villes où il y aurait au moins trois journaux quotidiens, un syndicat de la presse qui aurait pour devoir de décider, entre plusieurs réponses faites par des journaux à des articles insérés dans d'autres feuilles, celles qui devraient être reproduites sans retard, entièrement ou partiellement, dans ces dernières, et prises comme présentant les nouvelles les plus certaines, les vérités les plus incontestables, les arguments les plus solides contre les doctrines émises en matières politique, morale ou religieuse, comme en toutes autres. La juridiction du syndicat de la ville chef-lieu s'étendrait à toute une circonscription en cas de nécessité. Tous les syndicats fonctionneraient à première réquisition, après examen comparatif des articles signalés et déposés ou même d'office. Les ordres d'insertion de leur part seraient exécutés sous des peines même pour le simple retard ; ils ne seraient pas donnés, si les articles étaient diffamatoires, injurieux ou préjudiciables à des tiers ou contraires aux bases constitutives de la société ou aux bonnes mœurs. Enfin, pour mettre tous les journaux sur le même pied d'égalité, entre l'attaque et la défense, les journaux agresseurs ne pourraient répondre aux articles de réplique qu'après l'écoulement d'un ou de deux jours depuis les insertions.

Le but de cette création serait de convertir les journaux en tribunes où seraient discutés successivement, par des adversaires et dans une même feuille, le *pour* et le *contre*, tels qu'ils sont débattus aujourd'hui isolément, comme si chacun des champions ne voulait plus se prévaloir de cet aphorisme: « *On a toujours raison devant un auditoire sympathique quand on n'a pas de contradicteur.* » Ces discussions fréquentes finiraient par s'épurer au fond comme dans la forme, à l'instar des discours prononcés devant des personnes susceptibles de les éplucher. Les répétitions d'articles assourdissants et nauséabonds pour les délicats, pourraient devenir plus rares à la faveur de la reproduction inévitable des thèses opposées.

Ces polémiques continuelles sur les sujets les plus variés auraient encore un nouvel et excellent résultat, si elles avaient pour effet d'expurger, par la prolixité des discussions ou l'abondance des matières, les remplissages qui s'appellent : les romans-feuilletons, les faits et procès scandaleux, et les crimes abominables. Cet étalage des misères humaines ne contribue pas peu à l'accroissement de l'immoralité et de la criminalité.

VI. — *Ministres de culte, Religieux et Religieuses*

Les remèdes proposés dans la section précédente et bons en eux-mêmes en agissant comme répressifs ne sont pas entièrement suffisants pour être seuls constitutifs d'un état normal durable et satisfaisant. Le principe de la moralité ne peut venir que de la bonne éducation première dans la famille et de sa préservation dans la société contre toutes les embûches capables de la fausser. A ce dernier point il n'y a que la religion qui puisse être assez active et assez constamment prévoyante, à tous les âges, pour réussir à les contrecarrer. Aussi, il est indispensable que ses ministres se recommandent à la confiance de tous les fidèles et de tous les humains par leur édifiante conduite et par la prudence de leur enseignement. Il y a lieu de dire ici dans quelles conditions ils sont investis d'une mission sacrée.

C'est dans le 4ᵉ septénaire que se place la partie la plus importante de l'éducation des clercs destinés à devenir curés, évêques, archevêques ou religieux réguliers. Le nom de *prêtres* s'applique dans la religion catholique aux membres les plus élevés des trois ordres majeurs ; il se dit en général de tous ministres de culte. Dans l'église chrétienne d'Orient les ministres du culte portent le nom de *popes*. Les religions réformées appellent leurs ministres des *pasteurs*.

Pour être ordonné prêtre dans le catholicisme, il faut avoir 25 ans révolus et s'astreindre au perpétuel célibat ; la première de ces conditions est facile à observer ; la seconde ne l'est pas moins, parce que les candidats, pour avoir l'idée d'embrasser l'état ecclésiastique, sont animés d'une vocation particulière par laquelle Dieu les invite d'une manière toute spéciale à la pratique de son culte. Aussi, c'est à s'assurer que les aspirants à la prêtrise sont pardessus tout pénétrés de l'amour de Dieu en qui la raison conçoit un ensemble de perfections infinies dont les autres êtres sont de faibles images ; à découvrir que chez eux le sentiment de la persévérance est assez énergique pour les mettre à l'abri des tentations et des regrets qui affectent les humains ne sachant pas vivre dans la dignité de leurs devoirs, et qu'ils ne sont pas accessibles à des idées d'ambition et d'orgueil ; que leurs éducateurs doivent exercer le meilleur diagnostic de leur sagacité. Il a été reconnu dans tous les temps que, parmi les rares prêtres qui n'ont pas accompli les engagements par eux solennement pris, la luxure n'a été souvent que la suite d'une première infraction due à l'orgueilleuse ambition d'être placés dans des postes supérieurs avant l'heure convenable, ou contrairement à l'infériorité de leurs mérites ou à l'insuffisance des garanties par eux offertes à la chrétienté.

Dans les 25 ans d'âge qui sont prescrits, il y en a le plus ordinairement 12 qui sont consacrés aux sages et fructueuses épreuves de la réalité des vocations individuelles ; aussi, personne n'a encore accusé l'Eglise de ne pas apporter un grand discernement dans les choix qu'elle fait ; ses ennemis, injustement irréconciliables, aimeraient mieux qu'elle fut déchirée par de nombreuses déchéances ou apostasies, tandis que, comme l'a dit Bossuet, il entre dans son giron quelquefois de mauvais prêtres, mais les bons n'en sortent jamais.

De ce que le clergé se conduit moralement, il n'en faut pas conclure que, du chef même de l'immoralité, il ne soit pas attaqué (1) ; les intempérants, sachant que

(1) Ce qui domine dans les multiples écrits lancés sur ce point et en tous les genres contre le clergé, par des ennemis déclarés, c'est que, dans les temps où le mensonge et la calomnie sont à l'ordre du jour ; où, pour se sauver ou se blanchir, les voleurs consommés ou apprentis, incriminent les volés et les volables ; où les assassins dénoncent les innocents ; où les prétendus athées voient partout hypocrisie, il n'est point étonnant que les prêtres soient traqués par des moyens perfides ; si l'on croyait même certains énergumènes d'immo-

les prêtres sont susceptibles de recevoir la confidence des grossesses de contrebande et jugeant les choses de la vie d'après leurs inclinations, soutiennent naturellement que le célibat des prêtres et la confession auriculaire sont deux sources de désordre se complétant l'une par l'autre et qu'il est impossible qu'il en soit autrement. Ces incontinents devraient au moins pousser les affirmations calomnieuses ou les suppositions malveillantes beaucoup plus loin et ajouter un troisième point absolument nécessaire qui serait la fréquentation habituelle des prêtres et des femmes dans les maisons de ces dernières ou dans les presbytères ; il faudrait encore que leurs relations n'eussent pas de témoins, car en les temps actuels, les moindres actions ou démarches sont mal interprétées et à plus forte raison, les scandaleuses; les servantes de curé ne seraient point secrètes ; celles des femmes manquant à la moralité, de même que les voisines, ne se feraient pas non plus remarquer par la discrétion.

D'un autre côté, il suffit de réfléchir, pour se convaincre, que des relations coupables ne sont même

---

ralité les accusations ne seraient même pas poussées assez loin, parce que, suivant eux, elles devraient affliger tous les hommes recevant, même accidentellement, des prêtres chez eux, comme autant de dupes de leurs procédés ; puis les agressions et dénonciations de ces vengeurs improvisés de la vertu n'auraient pour mobile que la charité de vouloir les préserver, comme si la plus pernicieuse de toutes les immoralités n'était pas celle qui conterait de telles misères, fausses ou vraies, sous des noms particuliers et sous le couvert de l'impunité.

pas faciles pour les prêtres et les femmes en état de complicité. D'une part le costume du prêtre tranche avec les vêtements ordinaires; sa tournure et sa tonsure le font reconnaître en cas de déguisement; d'autre part, il ne peut guère sortir de chez lui sans qu'il y ait quelqu'un à s'en apercevoir et souvent sans être filé. Si, au lieu de passer ses soirées chez lui ou chez des confrères ou dans des maisons habitées par des familles nombreuses, il affectait d'aller chez une veuve ou une célibataire ou de se présenter en l'absence d'un mari, croit-on que le fait ne serait pas connu dès le lendemain? Il n'est donc pas si commode pour un prêtre de se conduire mal sans qu'on le sache, et d'entraîner dans sa chute une femme chrétienne qu'il aurait convertie à l'immoralité, comme aussi d'encourager, par son horrible complicité, l'inconduite d'une fille cherchant au confessionnal une consolation dans le repentir.

Mais ce n'est pas tout; il faudrait encore que le prêtre eût rompu avec ses bonnes habitudes de chasteté; qu'il eût renié sa vocation et ses devoirs; qu'il n'eût pas calculé la portée de ses dérèglements, et que la continence lui fût impossible. Or, la chasteté est un état tout aussi facile à garder que celui contraire; outre que les animaux domestiques les plus ardents peuvent sans danger d'aucune sorte être sevré de copulation et que les humains sont absolument dans le même cas, les marins embarqués pendant des années si nombreuses en fournissent des preuves irréfragables. Il est donc physiquement incontestable que les actes d'immoralité ne sont nullement commandés par les prétendus besoins proclamés par les impudiques, qui n'ont jamais cherché à se rendre compte de leur stupide frénésie. Ils comprendraient, d'ailleurs difficilement, que la passion de courir les aventures galantes, est comme celles de chasser, de boire, de fumer ; d'aller au café, au cercle, au jeu ou au cabaret ; toutes ces passions se doublent par le fait de l'imagination, par l'habitude des succès, de la fanfaronade ; celle des intrigues satisfaites développe promptement un état maladif, qui emporte dans la tombe les tristes sujets qui s'y livrent sans frein.

Il suit de là que la confession auriculaire ne présente pas les inconvénients que les mal intentionnés veulent en tirer ; elle est même regardée par les prêtres comme le plus ennuyeux de tous les devoirs qu'ils ont à remplir. Ecouter, avec patience et onction, presque dans l'immobilité et pendant de longues heures, au travers de la petite haie d'une cloison, entre deux cellules, en présence des pénitents qui attendent leur tour, des confidences interminables qui peuvent infiniment se ressembler, doit être autrement insipide que d'entendre des plaidoiries, souvent intéressantes, par le talent des avocats, et cependant ces plaidoieries produisent sur bon nombre de juges des effets narcotiques. Comment croirait-on alors que les confessions, insupportables si non par devoir, dans leur ensemble journalier, pour des laïques sous le nom de plaidoyers, fussent agréables sous le nom de confidences pour les prêtres qui ne les recevraient pas dans un esprit religieux et auraient pour but de capter quelque jolie personne au milieu de tant d'autres vilaines ou repoussantes, qu'il faudrait confesser? Aussi, lorsqu'un prêtre est subitement tourmenté de la mondanité autrement que par les plaisirs de l'esprit, il est en même temps disposé à déserter le sacerdoce et à devenir apostat ; il manque rarement de se faire très vite remarquer par ses excès ou par ses crimes. De tels faits sont assurément déplorables, mais ce qu'on peut rapporter pour en atténuer la portée, c'est que de toutes les classes de la société, le clergé est celle qui fournit proportionnellement le moins d'individus à la statistique du désordre comme à celle de la criminalité ; puis enfin l'excellence de la religion ne peut pas dépendre des fautes de quelques-uns de ses ministres.

En retour, c'est certainement le clergé qui peut rendre à la société les offices les plus efficaces ; élevé dans le plus pur esprit de foi, d'espérance et de charité, après y avoir été naturellement disposé par de louables antécédents, il est impossible qu'il ne trouve pas en lui-même des ressources de paroles et d'exemples capables de bien inspirer les enfants et les adultes dont il aurait la direction. Le plus sûr moyen d'y réussir est l'emploi de la douceur ; les sermons qui ne tendent pas à faire aimer Dieu, le prochain, la religion, la vertu, pour les plaisirs intimes qui en découlent, risquent de ne pas produire de bons effets ; sur ce point, les recommandations des évêques et archevêques ne sauraient être trop impératives. De même ces derniers ne sauraient mieux faire que de prescrire le devoir pour les ecclésiastiques de se désintéresser des choses politiques, afin de leur conserver dans les paroisses la confiance et le respect qu'ils perdraient par leur intervention dans la mêlée des partis.

Etant bien établi que la société n'a qu'à gagner à ce que l'éducation, à tous les âges, ressorte de la religion, il importe de signaler des cas où elle seule est appelée à produire les plus salutaires résultats. Il n'est que trop vrai que, dans les temps de corruption, l'enfance est promptement souillée ou pervertie par les dangereuses paroles et les mauvais modèles ; il y a à cela les plus graves inconvénients physiques au point de vue de la santé, et moraux, au point de vue de la conduite présente et future ; dans ces agissements qui peuvent relever de la certitude par l'aveu et de l'incertitude et de la supposition par l'aspect des pénitents, les confesseurs ont à mettre en œuvre la plus grande circonspection pour faire comprendre, sans être d'une clarté trop explicite, combien Dieu, qui voit tout, serait offensé par des habitudes pernicieuses survenues en grandissant ; ils doivent s'efforcer d'être assez persuasifs de la crainte divine, dans notre temps où, au seul point de vue social, elle est plus nécessaire que jamais, pour réussir à détourner adroitement leurs pénitentes de l'emploi des substances abortives ainsi que de toute idée de suicide. De même, ils ont une mission extrêmement délicate à l'égard des époux ; en donnant à ces derniers, à l'occasion de leur mariage, les conseils de vivre fidèlement et saintement, ils ne cessent pas d'avoir à renouveler à chacun d'eux de pareilles recommandations si des confidences leur sont faites et si les cas y échoient. Il n'est point sans de fréquents exemples que des époux, de tempéraments différents, aient eu besoin des mêmes avis étrangers pour apporter des ménagements dans la frénésie de la passion qui procède du mariage. C'est pour mettre les ecclésiastiques en mesure de s'expliquer discrètement sur ces points, sur les cas de conscience et les divers péchés dont les fidèles peuvent se confesser, qu'il est mis entre leurs mains des ouvrages qui traitent de toutes sortes de matières et qui ont été cause que des ignorants, d'une bonne foi plus ou moins réelle, ont accusé calomnieusement l'Eglise d'enseigner l'immoralité.

D'ailleurs, l'inconduite est une suite de l'oisiveté et une occupation pour tous les propres à rien. Or, les évêques et archevêques qui sont absorbés par les soins divers de tout ce qui regarde leurs diocèses et l'Eglise en général, et par des travaux littéraires pour lesquels ils ont tous des aptitudes spéciales, ne laissent pas leurs subordonnés dans l'inaction. Aux devoirs du sacerdoce, ils savent leur en adjoindre d'autres, notamment ceux de se réunir fréquemment en conférences religieuses, et de les rendre instructives et attrayantes par l'étude préalable de questions posées et la lecture des travaux faits en conséquence, puis par leur discussion ; ils étendent également leurs fonctions sacerdotales en les invitant à former des sociétés libres de personnes pieuses ou confréries de charité, de dévotion et de bonnes œuvres. Ce serait créer un passe-temps très agréable, pour les prêtres ayant des loisirs, que de les lancer à s'occuper les uns d'archéologie, d'autres de botanique ou de minéralogie, ou d'entomologie ; toutes sciences qui leur procureraient des satisfactions infinies et de nouvelles occasions de faire glorifier la toute puissance divine.

Les prêtres séculiers ont des auxiliaires excellents pour venir à leurs secours dans l'accomplissement du devoir d'assurer le plus possible, à tous les âges, la moralité, l'honnêteté, la croyance en Dieu, dans les prêtres réguliers ; ces derniers sont si pénétrés de leur mission religieuse et se conforment si exactement à des règles morales et sévères, qu'ils sont plus persuasifs vis-à-vis de leurs auditeurs et obtiennent de plus abondants résultats, comme arrivant avec l'attrait du nouveau et la variété d'un talent particulier. Ces religieux, vivant en congrégation, se fortifiant les uns les autres, sont, pour contribuer à la tranquillité publique et à la stabilité des Etats, un des meilleurs fondements sur lesquels ces États aient raison de s'appuyer. Il serait dangereux de ne pas reconnaître que les enseignements par lesquels ils disposent les enfants et les adultes à obéir, à être soumis et respectueux envers l'autorité et à se bien conduire, sont par dessus tout les meilleurs. La perfection à laquelle ils visent et atteignent par amour pour l'Eternel et les succès qu'ils obtiennent, dans l'application de leurs moyens d'éducation, les font remarquer et préférer par les hommes réfléchis, mais ils déchainent contre eux les passions et les armes de la haine et de l'envie de la plupart de ceux avec lesquels ils sont, par leur conduite exemplaire, d'une dissemblance incomparable ; de plus les journaux qui chantent inutilement leurs louanges, et proclament leurs constantes ou progressives réussites, leurs valent des persécutions ; l'ostracisme historique d'Aristide n'a pas servi de leçon à ces trop zélés agents de publicité ; ils ne comprennent pas qu'il faut se montrer humble et petit quand il y a lieu de se faire pardonner quelque chose et surtout sa supériorité.

L'éducation primaire des garçons, due au catholicisme, s'exerce sous la surveillance ecclésiastique, et par des confréries d'hommes pieux sous le nom de frères ; c'est encore l'esprit religieux qui agit dans les plus salutaires conditions.

La morale de l'Eglise catholique est enseignée aux filles par des religieuses congréganistes dont les bons principes ne laissent rien à désirer ; leurs élèves se font surtout et grandement distinguer par leur modestie, leur bonne conduite et leur tenue dans le monde.

Parmi les femmes qui se consacrent en premier

lieu à la pratique de la religion et se retirent de la société pour entrer au couvent, beaucoup apportent tant de douceur, de zèle et d'abnégation, que les médecins les plus sceptiques de plusieurs continents les protègent et les recommandent aux administrations hospitalières comme seules bonnes à mettre auprès des malades et capables de remplir les conditions exigées par la nécessité du plus absolu dévouement. Non-seulement les femmes laïques en général n'ont pas montré, dans de fréquents essais, ces qualités qui procèdent uniquement de l'esprit divin, mais au moindre vent d'une épidémie faisant des victimes, elles résignent leurs fonctions.

A sainement envisager tout ce qui est dit ici du clergé et des personnes qui sont heureuses de pratiquer son enseignement, il paraît indiscutable que les Etats ont le plus grand intérêt à asseoir leurs fondements sur les principes invariables de la religion et que, de leur côté, ses ministres n'ont qu'à gagner à ne pas être obligés de se mettre en opposition avec les gouvernants; si tant était pourtant qu'un accord n'existât point entre un Etat et le clergé, l'esprit religieux pourchassé par les impies ou les athées, contre le sens le plus vulgairement commun, et grandissant par la persécution, finirait toujours, au prix des plus sinistres bouleversements, par avoir le dessus. Ce n'est pas en niant ce que chacun trouve au fond de sa conscience depuis la création du monde et ce que les négateurs eux-mêmes finissent par reconnaître publiquement, si Dieu les avertit et leur on donne le temps, qu'il faut espérer bâtir solidement. Ce n'est pas non plus par des impertinences qu'on fait aimer un gouvernement et qu'on se classe honorablement dans l'esprit des hommes tolérants et distingués ; on n'a pas encore perdu le dégoût inspiré par le colloque suivant : *Que faites-vous donc* (désignant le Christ placé dans une salle) *de ce grand pendard ?* disait un préfet en tournée à une religieuse ; — *Il nous apprend,* M. le Préfet, *à supporter les injures.*

Les pasteurs des cultes réformés n'admettent pas non plus qu'un gouvernement soit sage en ne s'appuyant pas sur la religion pour entretenir la morale dans l'Etat ; ils savent qu'elle oppose un frein puissant à des passions coupables, sauvegarde les sociétés et les individus, soutient et console l'homme dans l'adversité.

VII. — Médecins, Chirurgiens, Officiers de santé, Pharmaciens, Vétérinaires.

Les pauvres sont généralement moins affectés de maladies internes que les riches ; en revanche, et en travaillant manuellement, ils sont plus exposés que ces derniers aux maladies se manifestant extérieurement, qui exigent des traitements différends et souvent des procédés chirurgicaux faisant un art de leur guérison. La science qui a pour but de conserver la santé et de guérir les maladies est du domaine des médecins ou officiers de santé. Lorsqu'il s'agit de retrancher ce qui est nuisible à l'économie ou seulement incommode ; de réunir des parties qui se trouvent divisées contre nature ou dans le cas opposé, de séparer des parties malencontreusement réunies ; d'extraire des parties du corps devenues étrangères ou des corps étrangers et de ramener à sa position normale une partie du corps, les opérations à faire sont du ressort de la chirurgie, qui est une spécialité de la médecine dérivant d'une aptitude particulière et d'un fréquent exercice. Dans ce dernier cas, l'éducation des chirurgiens a moins d'importance, car, sans être les divulgateurs des secrets de certaines maladies héréditaires relevant de leur profession, il est rare que, par les serviteurs ou les intimes, elles ne soient pas toujours connues ; mais en clinique, au contraire, les médecins sont destinés à posséder les confidences les plus générales ; évidemment, ils doivent les garder, mais sans nullement et individuellement compromettre leurs clients, il serait de la plus grande importance que les connaissances par eux acquises sur le degré d'immoralité des enfants et des adultes des deux sexes fussent utilisées pour en préserver les nouvelles générations, ainsi que le désir en a été exprimé par des docteurs en médecine dans des ouvrages spéciaux, sans quoi une nation se déprime de plus en plus pour tomber dans un état général d'avilissement, comme certaines sociétés célèbres et décrépites de l'antiquité.

Plus il y aura dans une nation d'individus, repoussant de l'éducation des enfants l'idée divine, en faisant ainsi bon marché de leur honneur, de leur bonheur, et plus il sera nécessaire de faire jouer aux médecins le rôle de confesseur quand, dans les familles, on verra s'étioler de jeunes existences, qui auparavant présentaient tous les symptômes de la meilleure santé. La cumulation de ce devoir avec la pratique de la médecine et de la chirurgie ne serait pas nouvelle puisque, en Egypte, en Chaldée, chez les Juifs, enfin dans tout l'Orient, elle existait pour les ministres de la religion, de même qu'en Grèce pour les prêtres d'Esculape. En Europe, au Moyen-Age, la médecine et la chirurgie furent exercées par les ecclésiastiques jusqu'à l'interdiction qui leur en fût faite par le concile de Tours. La fondation à Paris et à Montpellier des chaires de médecine qui s'y trouvent, date du XIIIe siècle ; ce sont les papes qui ont institué la collation des grades et créé le titre de *docteur*. Lorsqu'ils jugèrent la scission opportune et cantonnèrent leur clergé dans ses seules attributions religieuses, la médecine et la chirurgie étaient déjà dignement pratiquées ; il fallut évidemment qu'ils en eussent la conviction.

Mais il se présente la question de savoir si les insinuations des médecins et officiers de santé provoqueraient les bons effets que la religion obtient des révélations qui lui sont faites ou des craintes qu'elle peut inspirer pour la moindre des obscénités. La coutume de voir un médecin assez rarement et le souvenir de ses médicaments désagréables à prendre ne déterminent pas les enfants à s'y confier ; un adulte s'ouvrirait lui-même plus volontiers à son curé ou à son pasteur ; en sorte que le secours du médecin n'arrivant qu'avec l'acuité d'une maladie, facile à éviter dès le principe par des conseils ou par des moyens préventifs, est souvent impuissant à sauver des sujets victimes des plus honteuses habitudes. Les médecins sont également privés du pouvoir de guérir quand les phthisies, si nombreuses de nos jours et ayant une pareille cause, se développent dans l'état du mariage et sont parvenues au point où les avis ne prolongent guère la vie.

Les médecins ont des tâches très délicates dans les prescriptions à faire à des filles qui sont ou peuvent être enceintes ; ils ont la priorité des confidences à révéler aux curés, en ce qui aurait pour but de les débarrasser d'un embryon gênant pour leur honneur ; bien évidemment, ils ne doivent pas les aider dans leur désir d'une élimination ; ils les renvoient, les uns, en leur disant que le fœtus est trop avancé pour que la vie de la mère, comme celle de l'enfant, ne soit pas compromise ; les autres, en les repoussant avec indignation ; les officiers de santé, les sages-femmes, les vétérinaires, les herboristes, les pharmaciens et tous les dépositaires de drogues, ne sont pas sans avoir à faire des réponses pareilles. C'est après des refus successifs que certaines d'entr'elles arrivent aux curés avec la pensée du suicide et l'idée préalable de se réconcilier avec Dieu ; il va sans dire que les prêtres conseillent à chacune de ces pénitentes, de vivre, d'aimer, garder et élever l'enfant, qui deviendra une consolation et qu'à la condition d'agir ainsi et sur leurs recommandations, elles trouveraient des secours chez les personnes charitables. Des secrets sont encore confiés aux médecins lorsqu'il s'agit des maladies vénériennes, qui se propagent dans les villes, comme dans les campagnes, avec la plus effrayante intensité. Un gouvernement qui ne voudrait pas que son Etat périt lui-même de consomption, devrait appliquer promptement les moyens dont il a été parlé plus haut. Si les médecins, officiers de santé, pharmaciens et empiriques, produisaient la statistique des sujets contaminés, le nombre en serait épouvantable. Les spectateurs, de leur côté, pourraient, en s'entendant, faire la liste générale des individus des deux sexes, qui, de ce chef, deviennent malingres, infirmes, et donnent naissance à des enfants phthisiques, c'est-à-dire atteints de cette maladie incurable qui, par plusieurs causes procédant de l'immoralité, compte déjà pour près d'un cinquième dans la mortalité européenne.

Il y a des médecins qui figurent dans les états-majors de la marine et de la guerre, suivant une hiérarchie dont le dernier échelon s'assimilerait au grade de général; les talents qui sont exigés d'eux pour entrer dans ces carrières et qui s'augmentent constamment par des études tendant à réussir dans des concours, en font des hommes d'élite et de dévouement rivalisant par l'abnégation avec les zélés qui, comme eux, ont choisi l'état militaire ou la marine. Ils doivent surveiller dans les régiments la moralité des soldats, se préoccuper des causes de leurs maladies et signaler tous les préservatifs de nature à constituer une bonne hygiène. Les plus attentionnés porteront souvent à la connaissance de l'autorité supérieure l'absurdité et l'inhumanité de l'agglomération des hommes dans d'immenses casernes, difficiles à tenir salubres et à sauvegarder des épidémies et des insectes, leurs manières d'envisager la santé des serviteurs de l'Etat ne devant point être accueillies du premier coup. Le désir de posséder des bâtiments bien hauts, percés de nombreuses ouvertures et se faisant remarquer par leur aspect architectural, l'emporte partout sur l'intérêt du soldat à voir édifier de petites casernes, bien saines, ayant un étage au dessus d'un rez-de-chaussée, placées autant que possible en dehors des villes et imitatrices d'un campement à demeure.

L'art de recueillir des substances médicamenteuses, de les préparer, composer et conserver, exige des connaissances chimiques et pharmaceutiques ; si de telles substances étaient entièrement inoffensives on pourrait en abandonner le commerce à la concurrence, mais la plupart sont plus ou moins contaminées de principes toxiques ; de là vient la nécessité d'avoir un corps de pharmaciens, de lui imposer des règlements et des devoirs et d'en limiter le nombre. On a même trouvé un avantage de sécurité à ne pas laisser aux médecins le droit de préparer eux-mêmes les médicaments comme cela existait chez les anciens, puis d'enlever aux épiciers, droguistes et herboristes, la vente des substances médicinales. Dès le XIIe siècle, nul ne pouvait à Naples s'établir pharmacien sans qu'il eût obtenu un brevet de capacité et prêté serment de ne préparer les médicaments que d'après les formules consignées dans l'*Antidotaire* de l'école de Salerne. Depuis, les pharmaciens ont été partout soumis à des conditions de capacité, à des prescriptions sévères pour assurer la bonne composition, la conservation et le débit intelligent des substances pharmaceutiques; mais on a constaté, à l'occasion de beaucoup d'empoisonnements, que des matières plus ou moins toxiques et nombreuses seraient encore laissées à la liberté de leur dangereux commerce, ce qui dans l'intérêt général, devrait amener les gouvernements à restreindre cette liberté, à ne confier ce commerce qu'à des hommes présentant les meilleures conditions de sécurité particulière et sociale.

S'agissant dans la présente section du devoir général de préserver et de guérir, il importe de ne pas négliger celui qui s'appliquerait au traitement des maladies attaquant les animaux domestiques; les médecins vétérinaires qui en sont chargés contribuent par leurs connaissances anatomiques et physiologiques à l'amélioration des bestiaux, à leur éducation, à leur conservation et par suite à la prospérité de l'élevage agricole. Seulement la santé des animaux est si continuellement altérée dans un ou plusieurs de ceux garnissant une ferme, et une indisposition subite même légère inspire tant d'appréhension que l'expérience des voisins, des amis ou des anciens est constamment mise à contribution et fait souvent et heureusement concurrence à la science représentée par les diplômés, habitant toujours trop loin des multiples foyers de la maladie. L'agriculture aurait beaucoup à gagner à ce que des aspirants praticiens, ayant la vocation vétérinaire et absolument destinés à résider au fond des campagnes, pussent être admis à suivre les cours pratiques des écoles spéciales en possédant simplement des connaissances primaires.

VIII. — *Fonctionnaires*

Un Etat qui aurait le souci de son avenir et de sa dignité ne saurait exiger des fonctionnaires, pour les nommer, trop de garantie de moralité, d'honnêteté, de capacité et de bons sens; plus il serait clairvoyant, sévère et impartial sur tous ces points, moins il aurait à ses trousses de solliciteurs dépourvus de ces qualités essentielles; plus il astreindrait les aspirants à passer un assez long temps sous les drapeaux en les faisant ou laissant instruire en même temps pour chaque spécialité de ses services administratifs, et plus il en verrait diminuer le nombre, au point de n'avoir plus les tourments causés par de multiples candidatures apostillées, souvent aussi dangereuses à satisfaire qu'à négliger. La raison qui fait préférer les places officielles est que, pour la plupart, elles sont considérées comme des espèces de sinécures à pratiquer la valeur générale d'assez peu d'heures par jour, et des moyens presque certains, pour ceux qui arrivent à la hauteur de quelques degrés hiérarchiques, de se faire décorer sans avoir produit des travaux bien éclatants. La cause de cette préférence devrait être un motif de plus pour organiser tous les services en administrations ayant chacune des règles invariables pour son recrutement ; les avantages de ces constitutions particulières seraient d'entraîner des émulations, des concours, des surnumérariats, et de donner à toutes ces administrations des reliefs qu'elles pourraient n'avoir point sans cela ; puis de rendre disponible pour chaque ministre le temps consacré à la composition et au maintien numérique de son personnel, alors qu'il serait plus fructueusement employé à le surveiller, à prescrire des mesures nécessaires et à s'assurer qu'elles reçoivent une bonne exécution. Il importerait surtout qu'il ne fût pas indifférent à leur bonne éducation pour empêcher que ses administrés fussent mal accueillis et pour être sûrs qu'ils le fussent au contraire toujours bien, même dans les cas où leurs réclamations ne seraient pas fondées.

Si les ministres d'un pouvoir exécutif avaient constamment devant les yeux tout ce qu'un gouvernement perd peu à peu du fait de ses suppôts inférieurs, et tout ce qui dégoûte une nation de le posséder en voyant accepter des incapables obligés de se faire aider, des célibataires d'une moralité équivoque faisant mal augurer de celle des gouvernants ; retenir par des moyens détournés des reliquats de pensions, des proratas d'intérêts, des impôts avancés, sous les prétextes les plus divers, ou les interprétations les plus partialement fausses, et des exigences de pièces à fournir dont les frais seraient de beaucoup plus élevés que les fonds à recevoir ; négliger de rendre faciles et sans frais des paiements qui seraient au-dessous de cent francs ; donner, les places bien rétribuées au mépris de la hiérarchie ; puis en ne voyant prendre aucun moyen préventif contre le retour des catastrophes financières qui ruinent tant de pauvres gens à la fois, ils comprendraient le besoin et la sagesse d'agir autrement sans compter que mon énumération est terriblement incomplète.

Les fonctionnaires qui s'occupent des hypothèques, de l'enregistrement, du timbre et des domaines devraient être tenus d'avoir des connaissances très étendues pour remplir utilement leurs fonctions, et faire le moins possible de perceptions erronées. Parmi eux, les conservateurs d'hypothèques sont exposés à de graves responsabilités, qui les mettent dans des inquiétudes continuelles et qui sont causes des difficultés entourant les radiations d'inscriptions à moins que ces fonctionnaires ne soient extrêmement versés dans la science du droit. Dans ces diverses matières, les discussions qui ont lieu sont toujours mal interprétées par les contribuables, qui ne peuvent pas se rendre compte du fondement plus ou moins réel des réclamations faites ; un gouvervement serait très intéressé à ne pas laisser multiplier les cas où les perceptions sont incertaines, d'autant plus que dans un litige, l'Etat jouerait sur le velours et garderait, pour un procès par lui perdu, un quantum de frais plus ou moins équivalent à la somme indûment perçue ; cette dernière lui resterait même en entier, à défaut de poursuite, du chef de la crainte qu'il inspirerait. Il vaudrait évidemment mieux qu'il se fît aimer et estimer et pour cela il serait bon qu'au lieu de mettre un trop grand zèle à faire interpréter par les tribunaux des lois fiscales contrairement à l'esprit dans lequel elles ont été votées, il commandât la sévère application du principe qui veut que le doute profite aux contribuables, en attendant que par des lois nouvelles, il eût fait modifier les existantes. La facilité pour lui d'en agir ainsi, lui permettrait de ne pas se faire bénévolement des ennemis indignés de son injustice et qui deviendraient implacables s'ils avaient tous la pensée qu'il voulût faire rendre à l'impôt de l'enregistrement, par des droits incertains et des amendes, bien au-delà des intentions du législateur, en excitant le zèle fiscal par des avancements. Une preuve que ce serait bien l'iniquité qui indisposerait plus que le fait d'avoir à verser de l'argent résulterait parfaitement de l'exactitude mise partout, à payer sans aigreur les contributions nominativement et directement établies. A ce sujet il a été reconnu qu'un défaut de péréquation ne rendait même pas les contribuables récalcitrants.

L'étude continuelle que les employés des contributions directes ont à faire par devoir fonctionnel dans le but d'assurer la péréquation de l'impôt des patentes, les conduirait à déplorer les concurrences effroyables, s'établissant au grand détriment du petit commerce et des modestes industries, par de colossales sociétés commerciales, visant à tout détruire et causant autour d'elles des désolations et des faillites. Cette disproportion dans la fixation des patentes, qui pourtant ont pris leur origine, dans le désir de maintenir une concurrence loyale entre les petits et les grands industriels et commerçants, par la distinction des ventes en gros, demi-gros et détail, ne pourrait disparaître que par l'adjonction, aux règles tarifantes basées sur la nature de la profession et la population de l'endroit, de celles qui établiraient ces patentes en proportion du cube des lieux occupés, de la valeur du loyer, du cumul des commerces et industries, du nombre des associés, du montant des capitaux sociaux ; aussi il serait fort inique de modérer les droits à payer par ces sociétés en raison inverse de ce qui devrait être une surélévation qui seule serait de nature à restreindre le monopole.

D'après ce qui vient d'être dit et sous prétexte de liberté absolue, tournant à l'animosité, des sociétaires en nombre immense pourraient prendre à tâche de ruiner leurs rivaux qui ne devraient plus compter sur la protection des gouvernants si ces derniers ne pouvaient pas avoir raison de ces dangereux monopoleurs. Quand un Etat établit des douanes et des tarifs, pour ne pas favoriser, au profit des étrangers, les pareilles ruines de ses industries de toutes importances, bien évidemment il a raison, car sans cela et si les salaires de ses ouvriers s'étaient élevés pour leur bien-être à la faveur de la prospérité nationale, cet avantage disparaîtrait promptement si ces mêmes ouvriers étaient sacrifiés à une baisse de prix illusoire et temporaire éreintant les patrons et à la réalité d'une hausse future des prix des produits astucieusement et temporairement déprimés qui se produirait après l'écrasement des industries concurrentes, en les laissant en même temps sans ouvrage.

Ce sont aussi des raisons à la fois fiscales et d'économie politique qui ont fait créer des agents pour la perception des contributions indirectes et des droits d'octroi qui se paient pour vendre ou seulement déplacer les vins, alcools et liquides; pour introduire dans les villes les combustibles, fourrages, matériaux, boissons et commestibles destinés à y rester; les sommes reçues constituent bien les revenus de ces villes, à concurrence de ce que l'Etat ne garde pas, le surplus devenant le prix de l'octroi du droit de tarifer les entrées, mais il est incontestable que, si les agglomérations de personnes n'augmentaient pas le prix des loyers de l'alimentation et du vêtement des individus, les villes se peupleraient encore davantage au grand délaissement des campagnes et au grand préjudice des émigrants. Aussi il n'est guère possible d'améliorer le sort des travailleurs et des malheureux entassés dans des maisons exiguës, ou dans des combles, si on n'arrive pas à leur faire comprendre que de toutes manières ils seraient mieux pour vivre convenablement et élever leurs familles, s'ils restaient ou revenaient dans des lieux où l'agriculture aurait toujours des travaux à leur donner et emploierait leurs enfants à des besognes amusantes comme celle de conduire et garder le bétail.

Les professeurs qui font les cours dans les écoles supérieures et les hautes études, devraient jouir d'une grande liberté d'enseignement, mais cette liberté ne peut pas consister à se mettre en travers de la morale religieuse par leurs actions ou par leurs paroles; chargés de maintenir l'ordre dans les esprits, il ne peuvent espérer y réussir qu'en s'efforçant de ne pas blesser les sentiments de leurs auditeurs; en beaucoup de cas cette tâche devient difficile, mais en restant dans les justes bornes des convenances, s'adaptant à leurs sujets, ils seront sûrs d'avoir l'approbation des pouvoirs et du public lettré; c'est en pareil cas que l'autorité a le devoir de ne pas les sacrifier, d'intervenir carrément, et d'user de sévérité envers les meneurs en expulsant ces derniers, surtout s'il était reconnu qu'ils suivissent les cours et obsédassent les étudiants uniquement pour les entraîner au désordre. Il a déjà été parlé plus haut d'un autre moyen à mettre en œuvre pour s'en débarrasser.

Une nation qui entend rester à tout venant en mesure de se défendre en cas de guerre et avoir sans interruption ses budgets en équilibre, ne se livre pas en toute confiance et sans de profonds examens à l'exécution des projets d'un bon nombre de ses ingénieurs et architectes ; ces agents principaux de ses grands travaux étant plus pénétrés de leurs aspirations artistiques que des principes d'une sage administration de la fortune publique, entraîneraient, en croyant faire pour le mieux, les premiers symptômes d'une ruine future. L'exécution des travaux votés, dans des pays divers, donnent de si cruels démentis à leurs prévisions, que le public est douloureusement mis à même de se demander s'ils sont réellement inhabiles ou intentionnellement fautifs. Le contraste qui se remarque entre les prix de revient et la solidité des constructions privées et ceux des constructions faites pour un État ou pour un Établissement public est quelquefois si palpable qu'il faudrait tendre à le faire disparaître par le contrôle sérieux de savants ingénieurs ou architectes qui ne seraient pas des confrères, ou des camarades de la même école, et par la création de la plus sérieuse responsabilité. Ces mesures seraient d'autant mieux justifiées que des travaux faits en régie avec des dépenses énormes et au-delà de toute proportion avec celles qui seraient résultées des adjudications ne recevraient plus à cette faveur une telle destinée.

D'un autre côté, l'habitude de décider de tout par des calculs ne laisse apparemment pas assez de temps pour la réflexion, et alors on voit que certains ingénieurs conseillent en même temps le reboisement des montagnes pour arrêter les eaux de pluie découlant par ce fait moins rapidement sur les versants de tous les bassins fluviaux, pour empêcher les inondations, et le curage des ruisseaux qui accélère cette rapidité ; qu'en même temps aussi, ils nuisent par le curage à la fertilité de beaucoup de prairies dont la submersion donne souvent de bons résultats, et rendent la condition des usiniers placés sur ces ruisseaux curés pire qu'auparavant, parce qu'au grand étonnement de ces derniers, ils ont alors moins d'eau dans les temps de sécheresse, où elle se perd dans des lits qui n'en sont plus saturés, qu'avant cette opération par eux inconsidérément demandée. Cette innovation serait très aggravante dans ses effets si, par le règlement des usines, on les obligeait à baisser leurs déversoirs sous prétexte de favoriser l'abondance des fourrages par un dessèchement qui, en bon nombre de cas, serait plus nuisible que profitable.

C'est aussi à la funeste habitude de tailler en grand et de considérer un État comme inépuisable, que sont encore dus les agissements signalés ; car là où la coutume contraire règne, c'est-à-dire chez les agents de la voirie inférieure, des travaux solides et équivalents sont faits avec des fonds de beaucoup moins considérables. Ces derniers ayant des ressources très limitées, sont obligés de compter, de vérifier et revérifier leurs projets, et ils arrivent ainsi à ménager les deniers publics et à faire apprécier leur prudence. Là où ils sont moins heureux et font cause commune avec les ingénieurs, c'est quand ils espèrent servir utilement un Etat en appliquant judaïquement ou à la lettre des règlements trop sévères et faits pour atteindre les incorrigibles.

Les officiers du ministère public qui composent les parquets devraient remplir les meilleures conditions de capacité ; comme ils agiraient au nom de l'Etat, celui-ci n'aurait qu'à gagner à se faire dignement représenter, d'autant plus qu'ils sont jugés très promptement comme ayant constamment à prendre la parole en public, à donner des conclusions et à prononcer des réquisitoires. Quoi qu'il soit prudent de les garder amovibles, il serait convenable d'en former une administration hiérarchisée.

L'existence des tribunaux militaires et maritimes, jugeant toutes les contraventions à la discipline de la part des individus dépendant de la guerre ou de la marine, ou soumis à leur surveillance, s'expliquerait d'elle-même par la nécessité de maintenir l'obéissance passive.

Les magistrats de l'ordre administratif, à tous les degrés, devraient n'avoir jamais à juger que le gouvernement et ses agents, et pour des faits relatifs aux irrégularités de leurs services. Il saute aux yeux des moins clairvoyants qu'une loi, en déférant aux tribunaux administratifs, qui sont une partie de la grande administration du pouvoir exécutif, les affaires contentieuses entre l'Etat et les particuliers, commettrait la violation la plus patente d'un excellent principe du droit public. Le gouvernement aurait beau commander, comme cela a été soupçonné sous une monarchie et à une époque où un Conseil d'Etat passait pour être entièrement impartial, de ne lui être favorable que quand il aurait absolument raison, qu'un tribunal administratif quelconque n'en serait pas pour cela plus correctement légal.

Là où il y aurait des Conseils de préfecture, un Conseil d'Etat, un Tribunal des conflits, la position des justiciables, qui seraient exceptionnellement enlevés aux tribunaux ordinaires, serait aggravée non-seulement parce qu'ayant des difficultés avec l'Etat, elles seraient soumises à la décision de cet Etat lui-même (*ou à ses représentants ou conseillers, ce qui serait tout un*) qui serait alors juge et partie dans sa propre cause, mais encore les nuances d'attribution seraient si inconnues de ces téméraires et candides discuteurs, et même si élastiques, qu'ils n'arriveraient à voir repousser leurs prétentions qu'après avoir fait beaucoup de frais inutiles et frustratoires.

Il est vrai qu'en général les gouvernants (pouvoir exécutif) ont, de sens intime et accaparant, la volonté de dominer les pouvoirs législatif et judiciaire par imitation de la toute puissance divine et par application d'un absolutisme intégral ou mitigé, mais ils devraient le faire moins voir, surtout dans un cas où cela n'est aucunement nécessaire, par la conservation des juridictions exceptionnelles et administratives où les décisions définitives n'emportent pas le caractère judiciaire, impartial et implicite, d'un réel engagement de conscience. C'est pour ne pas se conformer strictement au principe de la division des pouvoirs publics qu'un État est travaillé par les plus graves et les plus continuelles difficultés intérieures.

IX. — *Conseils élus*

L'éducation des Conseils élus qui, dans les grandes villes, sont souvent des émanations des clubs ou réunions tumultueuses de personnes aux aspirations les plus diverses, aux idées les plus discordantes, n'est pas facile à faire ; cela ne peut pas empêcher de dire ce qui rentrerait dans leurs devoirs et ce qui les arrêterait dans leur turbulence.

Il est d'abord constant que rien n'est plus pernicieux à la condition des pauvres, que de compter sur des écarts de paroles, de promesses et d'actions pour l'amélioration de leur sort. A la campagne, où les gens ne sont pas grisés par les folles espérances des meneurs malintentionnés, on ne croit pas qu'il soit possible de devenir riche ou aisé, du soir au matin, autrement que par le vol, et que le partage des biens, la collectivité et les autres procédés socialistes, inventés par les fainéants et proclamés pour entraîner les badauds, soient des moyens honnêtes, ni même de nature à produire, dans leurs essais, le bonheur qu'on feint d'y entrevoir. Ceux qui convoitent le bien d'autrui ne sont même pas des gens intelligents (car autrement ils réussiraient infiniment mieux en utilisant leurs facultés d'une façon honnête, en suivant les règles de la probité); ils ne voient pas que le fait, pour eux, de posséder le peu qui reviendrait à chacun par la stupidité d'un partage ou d'une collectivité ne serait qu'éphémère et ne produirait qu'un cataclysme ruineux pour tout le monde pendant le temps que la société antérieure mettrait à se rasseoir dans les conditions actuelles. Eux-mêmes, les voleurs, sous n'importe quelle dénomination que ce fût, devraient comprendre que le vol prétendu légal ne serait pas un état durable puisqu'il autoriserait à voler son voleur, provoquerait des querelles, des coups, des guet-à-pens et des batailles, et constituerait l'anarchie et la guerre civile entre des armées qui se formeraient au sein d'une nation. Ce serait certainement mal interpréter leurs intentions si on pensait qu'ils volâssent sans avoir la ferme volonté de garder et par conséquent admettre et défendre pour eux le droit de propriété individuelle.

L'éducation devrait donc consister à convaincre les enfants, puis les adultes, puis ceux susceptibles de briguer la direction des affaires municipales, que le bien-être du peuple dépend individuellement et uniquement du degré d'amour du travail qu'il aura, du talent qu'il mettra à travailler, et de la sagesse qu'il contractera à se conduire moralement et à épargner.

Les délibérants sur des choses de la commune,

qu'on appelle en certains pays conseillers, ont en sus de ceux imposés à leurs électeurs et qui s'étendent à tous ceux qui ont à émettre des votes, des devoirs naissant de leurs situations. Avant d'être pourvus du titre, ils sont candidats, et mettent en œuvre tout ce qui peut assurer leurs nominations et certains d'entre eux, sans trop se préoccuper de la qualité des moyens employés et pour raison desquels il serait dès lors nécessaire de fixer des répressions tant par annulation des élections que par des peines individuelles.

Supposant les conseils des communes constitués et les conseillers animés des esprits les plus divers, il faut aviser aux précautions à prendre pour les obliger à ne s'occuper que des intérêts municipaux. L'expérience a démontré que les agitateurs de ces corps cherchent à étendre leurs attributions au-delà de celles déterminées par les lois. En sorte que là où ils sont en majorité d'une opinion révolutionnaire, ils ont la prétention de mettre, suivant leur bon plaisir, l'administration supérieure en échec. Les prétextes pour exercer des attaques violentes ne leur manquent pas ; il y a souvent aussi, pour eux, des raisons sérieuses qui procèdent des contraventions aux lois les plus évidentes.

J'ai dit plus haut que tout ce qui est administration publique doit constituer le pouvoir exécutif; or, l'administration dans toutes ses ramifications et notamment dans celles dites provinciales, départementales et communales, ne peut pas être amoindrie par la perte d'une de ses attributions au profit d'un autre pouvoir sans qu'il y ait violation du principe de la division des pouvoirs publics ; ce serait, aux points de vue de la légalité et de la tranquillité publique, une hérésie d'économie politique que de sacrifier cet excellent principe à l'idée de la décentralisation, c'est-à-dire de la désorganisation du pouvoir exécutif. Que cette décentralisation consiste à donner aux préfets, commissaires, délégués ou proconsuls et aux sous-préfets, sous-commissaires ou subdélégués, la décision d'un grand nombre d'affaires qui pourraient être réservées aux ministres ou au chef de l'Etat ; à élargir les attributions des conseils généraux et des conseils communaux à l'encontre du corps législatif, il n'y aurait là rien à redire, mais qu'elle s'étende jusqu'à laisser nommer les maires par les conseillers municipaux, cette pratique ne saurait être raisonnablement légale comme contraire au droit public et constituant une infinité d'Etats minuscules dans un grand Etat ; celui-ci serait avide d'avoir des difficultés constantes, qu'il ne serait pas possible de le satisfaire plus à souhait. Ce droit ne veut pas en effet qu'un maire, chef de l'administration communale, faisant dès lors partie du pouvoir exécutif, soit une émanation du corps municipal, ramification dernière du pouvoir législatif et soit même pris dans son sein, sans quoi ces deux pouvoirs opéreraient une confusion regrettable dont les conséquences seraient des plus importantes.

Ceci étant, les conseils municipaux devraient être indépendants des autorités communales et pourvus chacun de président et secrétaire par eux élus ; les décisions prises seraient exécutées par le pouvoir exécutif de chaque commune, de lui-même ou par ordre supérieur, à moins qu'elles ne fussent désapprouvées par décision du préfet, sauf recours devant le conseil général ; afin de rendre ces cas extrêmement rares, tous les conseillers portés dans les délibérations comme ayant voté contrairement aux observations du représentant de l'autorité administrative, seraient virtuellement déchus de leurs titres pour le seul fait d'une seconde désapprobation d'une délibération prise en contravention d'une loi de l'Etat. Il en serait de même si, par deux fois, ils avaient, plusieurs collectivement, signé des adresses en dehors de l'exercice de leurs attributions ou protesté contre des mesures relevant, pour leur censure, uniquement du corps législatif ; tous ces mêmes faits se produisant dans les six mois antérieurs à une réélection, comme par électoralisme, rendraient ces mêmes conseillers non rééligibles. Ces conseils municipaux seraient dissous par le Ministre, représentant le Chef de l'Etat, s'ils ne remplissaient pas les devoirs de leurs attributions et se mettaient en hostilité systématique contre l'administration.

Les municipalités à pourvoir d'administration et de conseil, ne peuvent pas se constituer toutes avec les mêmes facilités ; lorsque les sièges sont des capitales excessivement populeuses, il y a même de très grandes difficultés que les gouvernements cherchent à résoudre par des exceptions. Rien ne serait le sujet de plus grandes et de plus persévérantes réclamations, bien que tombant sous le coup des pénalités précédentes, si on ne faisait pas disparaître les anomalies par la plus générale régularité.

Comme on vient de le voir, l'administration est *une*, quoique se ramifiant, et par conséquent elle s'exerce par des ministres, des préfets, des sous-préfets et des maires; cette hiérarchie se fonde sur l'importance des lieux; un maire qui suffit pour une commune ordinaire doit être remplacé par un sous-préfet à la tête de chaque chef-lieu d'arrondissement ainsi qu'au chef-lieu du département. Un préfet préside aux destinées générale et départementale.

Si on appliquait cette combinaison naturelle, légale et nécessaire aux divisions d'une ville ayant, par exemple, 25 arrondissements communaux (ou sections communales), il n'y aurait qu'à les pourvoir de 25 sous-préfets et à faire élire 25 conseils d'arrondissements communaux pour délibérer chacun avec président et secrétaire en présence du sous-préfet; les villes chefs-lieux de département ou d'arrondissement, ayant une commune (ou arrondissement communal) ou deux arrondissements et plus, auraient une semblable autonomie; les conseils de ces arrondissements communaux ayant voté leurs budgets comme les autres conseils de commune, leurs délibérations seraient d'office et dans les mêmes conditions que les autres, s'il y avait lieu, soumises aux conseils généraux leurs supérieurs qui concilieraient les votes respectifs, avec les ressources entières de chaque ville, ainsi divisée ; les préfets étant à la tête des services généraux et communaux, seraient en mesure de bien connaître les aspirations de chaque arrondissement communal et de ne pas laisser sacrifier l'un à la prépondérance de son voisin.

Les conseils généraux seraient institués d'après des règles conformes au droit public de la stricte division des pouvoirs ; étant eux-mêmes enclins à faire ce qui est défendu, il serait raisonnablement légal de déférer leurs délibérations illégales à la désapprobation du ministre, sauf recours au corps législatif, et leurs membres à la déchéance, dans les cas prévus pour les conseillers municipaux. Le droit départi au Chef de l'Etat, comme supérieur à tous les pouvoirs, de dissoudre les conseils généraux, forcerait ce dernier à assumer une responsabilité morale, doublée de celle réelle de l'un ou de plusieurs de ses ministres, ce qui le rendrait toujours réservé.

L'annulation intégrale des opérations d'un collège électoral équivalant à une dissolution, ce même chef aurait le droit de la prononcer par son ministre ou par son préfet, mais s'il s'agissait d'une invalidation individuelle, elle devrait être l'objet d'un renvoi devant le pouvoir judiciaire qui, seul, aurait qualité suivant le droit public, puis suivant la raison, l'impartialité nécessaire, pour décider équitablement.

Par suite, tous les élus qui ne seraient pas exposés, dans un délai déterminé, à l'invalidation par un tel renvoi, seraient admis de plein droit. Non seulement cette manière d'opérer présenterait les avantages de ne pas faire de nombreuses victimes des passions politiques, mais encore les tribunaux seraient ainsi mis en demeure de démêler et punir les agissements et intrigues coupables, et d'assurer pour l'avenir un meilleur exercice des droits électoraux ; puis, enfin le public, stupéfait par des pratiques plus ou moins intéressées, n'aurait pas à déplorer des enquêtes parlementaires et passionnées, des invalidations scandaleuses ; en ne violant pas ainsi le droit public par la création d'une juridiction exceptionnelle, on rentrerait dans la bonne application de la justice ordinaire aux contestations qui ont le plus besoin d'être sainement jugées. Les élus siègeraient d'ailleurs dans les conseils jusqu'à l'invalidation définitive.

X. — *Electeurs*

La plupart des Etats européens, grands ou petits, ont fixé un âge révolu et requis pour remplir le rôle d'électeur ; dix-sept ont exigé 25 ans ; douze ont préféré 21 ans ; deux ont choisi 20 ans ; un a adopté 24 ans ; un a opté pour 23 ans et un s'est décidé pour 30 ans ; en comparant cette condition de capacité supposée pour exercer le droit électoral, dans les Etats votants du monde entier, on arriverait à une variété bien plus grande ; par suite du résumé qui précède, c'est bien du 4ᵉ septénaire que relèvent les devoirs qui incombent aux électeurs; ce qui invite naturellement un pouvoir exécutif soucieux de les voir scrupuleusement accomplir, à les faire enseigner dans les deux précédents septénaires ainsi que les peines attachées à leurs infractions.

Un certain nombre des Etats européens ont abandonné le cens électoral; les autres, par des amoindrissements successifs déjà pratiqués, seront tôt ou tard entraînés à en faire autant; par conséquent l'Etat civilisé qui est l'objectif de cet ouvrage serait obligé de le rejeter; en retour et par un louable esprit d'épuration nécessaire il imposerait, à l'instar de différents Etats, les meilleures conditions à remplir pour être électeur:

Il faudrait, notamment, être aborigène ou naturalisé; avoir son domicile dans le lieu de l'élection; n'avoir pas à se reprocher la faute de sa faillite ou de son insolvabilité; n'être pas interdit ou notoirement connu comme tenant une maison de prostitution ou de jeux de hasard; n'avoir pas été privé du droit de vote; n'avoir pas violé les prescriptions de la loi du recrutement de l'armée nationale; n'être pas, comme militaire ou marin en activité de service, soumis à une discipline hiérarchique et sévère qui ne s'accorderait pas avec la liberté du vote; n'avoir pas été destitué d'un office par décision judiciaire; n'avoir pas été convaincu de trahison ou de corruption électorale, d'outrage à la morale publique ou religieuse et aux bonnes mœurs ; d'attaque contre le principe de la propriété et des droits de la famille ; de vagabondage, d'usure, de vol, d'escroquerie, d'abus de confiance, d'attentat aux mœurs, de falsification de substances alimentaires ou médicamenteuses ; de vente ou débit de boissons falsifiées par des mixtions nuisibles à la santé ; de tromperie sur le titre des monnaies d'or ou d'argent, sur la qualité d'une pierre fausse vendue pour vraie, sur la nature de toutes marchandises, sur la quantité des choses vendues ; d'usage de faux poids ou fausses mesures ; de destruction d'actes publics ou de titres authentiques ; de détérioration de marchandises ou d'instruments servant à la fabrication ; de dévastation de récoltes ou d'arbres ; d'empoisonnement de bestiaux ou de tous autres faits criminels ou correctionnels plus graves.

Le plus important de tous les devoirs électoraux est celui d'exercer, sans subir aucune influence extérieure, le droit de voter ; les abstentions qui se sont déjà et depuis longtemps produites, là où existe le suffrage universel, témoignent, en toutes occasions, d'une insouciance poussée à ce point de faire croire qu'un pareil système serait contraire aux aspirations de tous ceux qui n'entreverraient pas des avantages personnels, directs et immédiats, à en user. Appliqué dans une telle condition de liberté d'abstention, un système électoral, élargi avec la pensée de réaliser un progrès, pourrait donner les résultats les plus opposés à la réalité des vœux généraux et persistants d'une nation qui, dès lors et du fait des indifférents, ne s'appartiendrait pas et se retrancherait dans une situation rétrograde ; aussi, il convient de se demander ce qui serait le mieux de porter au pouvoir législatif, à divers titres, des délégués, par le fait d'une minorité électorale mystifiante, autorisé par une loi en quelque sorte comdamnée par la généralité des nationaux soumis à ses prescriptions, ou par le fait d'une majorité imposante procédant d'un collège électoral sérieux mais légalement restreint. Reconnaissant qu'il n'est pas facile de remonter un courant général d'opinion se dessinant et se propageant dans plusieurs pays à la fois, je n'essaierai pas de répondre à cette question ; je considère que dans l'état présent des esprits il n'y a pas à discuter sur ce point. Le suffrage universel s'exerçant et se souhaitant à titre de progrès, je serais mal accueilli dans mes déductions si j'avais la témérité de proclamer les bons effets de sa restriction, mais je ne saurais être sérieusement contredit par aucun homme de bonne foi en disant que l'honnêteté électorale voudrait au moins que ce suffrage reçut une application absolue et que, par ce motif, il y eût lieu de rendre le vote obligatoire.

Dans les pays de suffrage plus ou moins universel, l'obligation, pour tous les électeurs, de voter a été plusieurs fois envisagée par les partis qui s'y disputent la direction des affaires publiques ; si elle n'a pas été décrétée, c'est que chaque parti, successivement dominant, a semblé interpréter contre lui-même le mécontentement que les abstentionnistes pourraient éprouver à être contraints de remplir leur devoir de voter, d'autant que la violence morale devrait être le résultat de la crainte d'une sanction efficace ; il s'est demandé si les électeurs, sortant de leur indifférence pour n'être pas exposés à des peines, voteraient bien pour les amis d'un pouvoir qui, sous la menace, les aurait forcés de se déplacer. Cette considération particulière et d'intérêt mesquin qui, à la longue, peut être la cause du renversement du parti s'en gaudissant, ne saurait prévaloir dans l'esprit des hommes d'Etat, vraiment dignes de ce nom, et des éligibles tenant à ne pas douter eux-mêmes de la valeur de leur élection.

Je suis donc amené à parler des procédés qui assureraient le vote général de tous les électeurs : ils consisteraient à frapper d'une amende, individuellement et pour chaque abstention, tous ceux qui, devant être inscrits, ne le seraient pas par leur volonté ou, l'étant réellement, n'iraient pas voter. Comme une amende générale, uniforme dans sa modicité, ne suffirait pas pour entraîner à l'urne électorale ceux qui aimeraient mieux la payer que de se déranger, cette amende s'accroîtrait en proportion des impôts à solder par ces derniers, jusqu'à concurrence d'un *maximum* déterminé et capable de triompher de leur mauvais vouloir. Toutes ces amendes, une fois recueillies pour une année, seraient distribuées par tête aux électeurs ayant voté et pour lesquels la perte d'une journée présenterait un déficit appréciable, sans tenir compte du fait que les bulletins de vote auraient été déposés des dimanches ou des jours de fêtes légales. Le votant qui dans l'année se serait abstenu une fois, même avec motif légitime, ne prendrait pas part à la répartition. Pour éviter les réclamations multipliées et les embarras des vérifications qu'elles pourraient entrainer, il n'y aurait de justification à faire d'une manière irréfragable, pour des impossibilités ou des empêchements graves, que pour être dispensé du paiement de l'amende proportionnelle.

Il y aurait un autre devoir corrélatif à celui de voter, savoir celui de ne pas voter si, par erreur ou par son fait, un individu avait été inscrit sur une liste électorale contrairement à une loi le déclarant incapable ou indigne pour une cause antérieure ou postérieure à cette inscription. Puis, il serait défendu, sous des peines sévères, à un électeur de voter sous le nom d'un autre ou deux fois sous le sien ; de priver un électeur de sa liberté le jour de l'élection ; d'outrager le bureau électoral ; de fabriquer, détruire, détourner ou employer des documents faux, changer des bulletins ou y substituer des noms ; de créer ou propager des fausses nouvelles ou des bruits calomnieux ; de faire ou accepter, directement ou indirectement, des offres, promesses, dons ou présents ; donner à boire, à manger, ou un divertissement à ses électeurs ; les exciter à l'ivresse la veille ou le jour du vote ; exercer des intimidations, violences ou menaces pour faire voter ou empêcher de voter pour un candidat, pour obtenir des abstentions ou pour interrompre, troubler ou annihiler l'opération électorale ; de soustraire, avec ou sans violence, l'urne soumise aux regards du bureau électoral et contenant les votes avant le dépouillement ; de se mêler à des attroupements ; de se livrer à des clameurs, des démonstrations menaçantes, de manière à porter atteinte au libre exercice du vote ; d'empêcher la circulation sous n'importe quel prétexte, à une distance d'au moins 500 mètres du siège électoral ; d'entrer, avec armes apparentes ou dissimulées, dans une salle de vote, même sans intention coupable, et à plus forte raison avec armes, si on faisait violemment irruption dans un collège électoral pour empêcher le vote.

A côté des devoirs qui incomberaient à tous les électeurs et à chacun d'eux, il y aurait ceux particuliers des électeurs et des agents mettant la main aux écrits préparatoires et au fonctionnement de l'appareil électoral, soit comme exerçant des fonctions durables, soit comme composant un bureau électoral de circonstance. Ces devoirs consisteraient à fournir, à première réquisition, aux candidats ou à leurs mandataires, la communication des listes électorales dont ils auraient le droit de faire prendre copie antérieurement à la quinzaine de l'élection, en trouvant ainsi une bonne occasion de les prévenir que les agents de l'autorité publique ou municipale se compromettraient en distribuant des bulletins de vote, professions de foi et circulaires de candidats ;

à délivrer eux-mêmes, dans les 24 heures du dépouillement, la déclaration certifiée du nombre des votants et du résultat du scrutin.

Les membres d'un bureau constitué ne pourraient plus l'abandonner ; refuser de signer les décisions de la majorité, d'admettre les protestations et recours formulés, d'en donner récépissé ou de consigner au procès-verbal les réclamations présentées de vive voix ou par écrit ; ils seraient, au contraire, plus strictement que personne tenus de ne pas susciter malicieusement des doutes sur l'identité de la personne de l'électeur ou sur ses droits en l'entravant dans leur exercice ; ne pas violer le secret du vote, changer ou altérer le bulletin de l'électeur ou le soustraire à la vue du public avant de le déposer dans l'urne ; ne pas commettre, dans le dépouillement du scrutin une erreur volontaire dans l'inscription des votants sur les listes ; ne pas appliquer ou enlever indûment des voix à un candidat.

Les fonctionnaires se rendraient coupables au premier chef si, entre la convocation des électeurs et le vote, ils prenaient l'initiative de mesures gouvernementales en matière de dénonciations, amendes, retards de comptes, biens communaux, forêts, alignements, contraventions rurales, magasins publics ou toute autre, relevant de l'administration ; il en serait de même pour les fonctionnaires, y compris les ministres qui, pendant la période électorale nommeraient, éloigneraient, transféreraient ou suspendraient des employés ou agents, auxiliaires d'une branche quelconque de l'administration de l'Etat, d'une province ou d'une commune ; qui se serviraient des moyens et agents officiels pour recommander ou déconseiller une candidature déterminée ; des récidivistes et des agents d'une police occulte pour pousser les électeurs à voter pour ou contre un candidat.

Les manœuvres électorales ne s'exerçant le plus ordinairement que dans les lieux où se débitent les boissons, un gouvernement, qui voudrait absolument les bannir de la pratique, serait très sage de faire fermer ces lieux la veille et le jour d'une élection, et de laisser les électeurs au moins une ou deux fois 24 heures à leurs réflexions sur le droit électoral.

Il serait facile de faire figurer tous ces principaux devoirs dans une loi pour arrêter les meneurs électoraux dans l'élan de leurs passions politiques, sous lesquelles couvent toujours leurs intérêts personnels ; mais, comme ces passions et ces intérêts pourraient être excités par les gouvernants eux-mêmes, qui tiendraient plus ou moins en leurs mains l'immunité de la répression, il y aurait lieu de préserver tous les électeurs de la folle ardeur qu'ils seraient susceptibles de monter au même funeste diapason et de mettre, à cet effet, en pratique les moyens qui seront indiqués plus loin.

XI. — *Pouvoir judiciaire.* — *Officiers sous sa surveillance*

L'indépendance de la magistrature, autrefois établie en France au xve siècle (21 octobre 1467), sous Louis XI, et qui s'étendait jusqu'au droit de faire des remontrances au monarque régnant et de refuser l'enregistrement des édits contraires aux intérêts du peuple, était protégée par l'hérédité et la vénalité des offices de judicature. Lorsque ces garanties disparurent, elles furent remplacées par l'inamovibilité, c'est-à-dire par l'assurance, pour les titulaires, de n'être dépossédés que par démission, forfaiture, mort ou expiration du temps par lequel elle peut être limitée. Ce caractère, donné par une loi à ces fonctions publiques, est indispensable pour être sûr de l'impartialité des juges. Ce n'est pas un *privilège*, puisque l'avantage de la situation est établi dans l'intérêt du bon droit à faire triompher en présence d'une contradiction entre justiciables, mais un pouvoir créé comme personnification de la *Justice* ou *Thémis* représentant la *Loi* et la *Paix*, c'est-à-dire le *pouvoir judiciaire*. Par conséquent, il ne pourrait jamais être légal de faire nommer les membres de ce pouvoir par un seul des deux autres.

La doctrine qui veut à outrance, et malgré ses dangers les plus évidents et les plus tristement expérimentés, l'application erronée de la règle de la division des pouvoirs en législatif, exécutif et judiciaire, n'accepte pas, pour la nomination des magistrats, d'autre moyen que le suffrage universel des électeurs, mais outre que l'amour de la justice doit l'emporter sans même admettre une exception où les électeurs pourraient, par le suffrage restreint, être des magistrats, des savants, des gradués, cette restriction donnerait moins de garantie que le moyen que je propose et qui consisterait à faire nommer les magistrats alternativement, moitié par le Conseil des ministres, présidé par le chef de l'Etat, un quart par une commission spéciale, et souvent renouvelée, de la Chambre basse, ayant à sa tête le président de cette Chambre, et l'autre quart par une commission spéciale, et souvent renouvelée, de la Chambre haute, ayant à sa tête le président de cette Chambre, de telle sorte même que chaque magistrat nommé par un pouvoir ne pût avancer que par le choix de l'autre. Cette manière serait même la seule entièrement justifiable, car faire constituer le pouvoir judiciaire par le même moyen que le pouvoir législatif, sans s'occuper du pouvoir exécutif, ce serait déjà opérer une ingérence excessive ou confusion, tandis qu'adopter le système du partage des nominations entre les pouvoirs exécutif et législatif, ce serait instituer, à l'instar de l'arbitrage privé, un arbitrage public et légal, alors que le pouvoir judiciaire ne doit être que cela pour tous ses justiciables.

Les qualités qu'il y aurait lieu d'exiger des candidats à la magistrature pour qu'ils fussent vraiment propres à rendre la justice seraient celles : d'être issus de parents honnêtes ; d'avoir satisfait à la loi du recrutement militaire ; d'être mariés et de bonnes vie et mœurs ; d'être âgés de 30 ans et plus, et pourvus au moins du grade de licencié en droit et surtout d'avoir fait un stage sérieux durant plusieurs années dans des études de notaires ou d'avoués ; ou d'être avocats ayant plaidé dans au moins trente affaires civiles. Dans de pareilles conditions, ils arriveraient avec des connaissances juridiques bien supérieures à celles des docteurs en droit pourvus de la seule théorie qui, mis en demeure de s'expliquer sur des dossiers, montrent ordinairement des incertitudes, des hésitations ou hérésies qui les dépriment à côté du savoir réel et solide du plus simple des praticiens. Ne semble-t-il pas naturel et nécessaire de préserver les magistrats des apparents défauts de capacité qui les font coter au-dessous de leur valeur réelle par les hommes d'affaires et finalement par le public, tous peu rassurés sur la bonne issue des litiges ? Ce moyen obligeant à travailler donnerait le meilleur résultat en éliminant les paresseux et les moins capables qui autrement viendraient volontiers s'asseoir dans le sanctuaire de la justice pour opiner du bonnet.

La magistrature se recommanderait de plus en plus à la confiance des justiciables, si chaque conseiller ou juge devait formuler par écrit son opinion, bien et dûment motivée, sur chacun des procès soumis à son jugement et si les diverses opinions, tenues secrètes dans les Chambres de conseil, devaient servir à faire classer, par des inspecteurs, les candidats à l'avancement. Ces prescriptions empêcheraient que la magistrature ne fût le refuge de ceux qui n'ont pas le talent nécessaire pour être avocats, et la volonté d'embrasser des carrières absorbantes et pénibles ; elles offriraient en outre les grands avantages de diminuer considérablement les intrigues, à exercer pour y entrer, puisque les candidats seraient moins nombreux et classés d'avance, et de plus les justiciables y trouveraient des garanties très sérieuses, parce que le pourvu de la véritable science du droit n'est d'aucun parti, si ce n'est de celui de la justice ; on n'aurait point non plus à s'apitoyer sur le sort et à regretter l'attitude hostile des légalement exclus, car, pour la plus grande partie d'entre eux, ils seraient certainement riches ou aisés et ne deviendraient point pour cela révolutionnaires ou nihilistes.

L'obligation d'être marié et d'être de bonnes vie et mœurs est également des plus correctes ; dans le monde un homme ne passe véritablement pour être sérieux et ne commande l'estime que quand il a pu trouver une femme partageant sa condition. Il est bien dit que par ci par là certains magistrats prennent volontiers un air majestueux qui sent plus ou moins la suffisance, compagne ordinaire de la médiocrité intellectuelle, mais dans la vie privée des célibataires, cette fierté factice descend trop souvent jusqu'à entretenir les plus viles et les plus compromettantes relations. Ce serait faire bon marché de la magistrature et des magistrats, que de ne pas sauvegarder le corps et chacun de ses membres par un moyen des plus vulgaires et des plus rassurants pour la moralité comme pour la justice.

Les magistrats des tribunaux de paix constituant la partie inférieure du pouvoir judiciaire et nommés comme leurs supérieurs, devraient être inamovibles pour être soustraits à l'influence des pouvoirs législatif et exécutif. Du moment que le recrutement s'en pourrait faire dans les meilleures conditions de capacité et d'honorabilité, cette indépendance ne prêterait pas l'occasion d'y faire de sérieuses objections, et se trouverait de plein droit acquise à la règle pour l'heureux maintien de ces juges dans l'impassible dignité judiciaire et pour se soustraire à la plus légère suspicion de leurs justiciables. On aurait des juges de paix aussi bons et aussi nombreux que nécessaire en leur attribuant le droit d'habiter assez loin de leurs prétoires ou mieux encore, en leur en faisant une obligation, pour les enlever des milieux où les animosités de partis y rendraient leur séjour des plus détestables et des plus fâcheux pour l'opinion à faire concevoir de la justice.

Les auxiliaires des magistrats seraient, outre les représentants du pouvoir exécutif, les huissiers, avoués et greffiers. Ce sont des officiers publics, ayant la propriété de leurs charges, fait qui constituerait une garantie pour les soins qu'ils devraient mettre à les exercer. Les premiers ont une position si dépendante et leur donnant si peu de crédit que ce serait à leur détriment que les réformes s'accompliraient. L'influence qu'ils exerceraient sur leurs clients ne conduirait pas toujours ces derniers à entamer des procès, sans avoir consulté des avoués de première instance. Aussi, ces avoués pourraient souvent être considérés comme les agents principaux, et les chevilles ouvrières des difficultés qui s'envenimeraient. Leur esprit processif s'expliquerait naturellement par leurs intérêts mis en jeu. Pour réellement et consciencieusement amoindrir le nombre des litiges, ce qui serait un grand bien tant au point de vue des frais à économiser qu'à celui d'une prompte solution et de l'harmonie sociale, il faudrait que ces avoués fussent intéressés à concilier les parties, ce qui serait souvent possible. Si, en fin de compte, ils devaient être payés pour une transaction un peu plus que pour écrire et suivre une procédure (*comme 1/5 par exemple*) dans toute son ampleur supposée, il serait permis de croire que les animosités belliqueuses prendraient facilement la tournure d'une composition amiable. Or, les parties et les avoués y gagneraient toujours, et ces derniers acquéreraient promptement le doux nom de conciliateurs. Les procès qui survivraient à leurs communs efforts présenteraient probablement de sérieuses difficultés à résoudre, qui seules ont le don de plaire aux avocats. Dans tous les cas, les avoués ne seraient pas les premiers à exciter contre la loi et l'équité, leurs clients, par les illusoires assurances du gain des procès. Une des conséquences d'une pareille législation, serait de diminuer les droits fiscaux à percevoir par un Etat sur les actes judiciaires ainsi virtuellement perdus pour les actes évités, mais il y gagnerait la confiance générale naissant, après avoir proclamé la gratuité de la justice, de son honnêteté à ne pas exiger, comme contribution indirecte, des sommes qu'autrement il recevrait en flagrante contravention à ce principe.

Il conviendrait en même temps d'obliger les plaideurs qui ne seraient pas de prime abord convoqués dans les ordres ou contributions et ceux qui multiplieraient à plaisir les oppositions et les procès comme pour désoler leurs créanciers et souvent augmenter leurs pertes, à fournir caution suffisante, pour assurer le paiement de tous frais frustratoires ou inutiles, devant demeurer à la charge des inconsidérés et de toutes indemnités à faire entrer vis-à-vis d'eux en même ligne de compte.

Les affaires litigieuses pouvant souvent prendre leur source dans l'acrimonie des parties et l'intérêt mutuel des avoués, revêtiraient, en s'élevant d'un ou deux degrés de juridiction, un certain caractère d'épuration qui ferait, des officiers publics, des aides précieux dans la bonne application des lois, ce qui ne devrait pas empêcher de les intéresser également à faire transiger leurs clients. Les greffiers, de leur côté, sont indispensables pour la conservation des archives judiciaires, et la délivrance des grosses des jugements et arrêts.

Les magistrats des tribunaux de commerce, en se recrutant parmi les notables commerçants, dont une moitié nommé par le préfet, et l'autre moitié par le conseil général, seraient également inamovibles pendant le temps pour lequel ils seraient investis. Cette institution exceptionnelle et constitutive de l'arbitrage légal entre commerçants, serait des plus nécessaires pour la prompte expédition des affaires ; elle donnerait toujours de bons résultats quand, à la tête de chaque tribunal, figureraient des hommes intelligents, moraux et honnêtes.

La plus importante des juridictions est celle qui est dévolue aux officiers publics appelés *notaires* et qui est dite *juridiction volontaire*. Les rapports quotidiens de ces notaires avec leurs clients ; les confidences qu'ils reçoivent sur leurs affaires et les circonstances qui amènent ces clients à leur en faire sur les choses les plus intimes, donnent à ces officiers publics une haute considération et une estime toute particulière. Des relations de confiance de la part du client, et de dévouement de la part du notaire qui s'établissent, il naît quelquefois un grand mal social quand une particularité de ce dévouement consiste à prêter pour peu de jours, à des hommes astucieux, obsesseurs plus ou moins insolvables, des fonds versés de confiance dans les quelques jours ou semaines précédant leur emploi projeté. L'abus d'un pareil procédé, mis en œuvre, en entraînerait naturellement un second, nécessité par le remplacement de l'argent perdu ou très exposé, et un notaire ainsi engagé dans l'engrenage finirait par faire de nombreuses dupes pour avoir voulu obliger des indignes, et n'avoir pas eu assez d'honnête fermeté pour résister à cette tentation, sous la crainte ou la menace d'une rupture, le privant d'une clientèle ou des honoraires d'une vente de biens saturés d'hypothèques. C'est à venir en aide aux notaires, appelés à subir de pareilles pressions et à manquer d'énergie pour y résister, qu'une loi devrait pourvoir ; elle atteindrait certainement ce but si elle obligeait deux des dignitaires de chaque chambre de discipline à se présenter ensemble, au moins six fois par an, chez chacun des notaires ; à vérifier leurs livres de caisse et de dépôts, pour en comparer les actifs à l'argent trouvé et compté, et à mettre sur ces livres le visa du résultat de leurs examens, pour ensuite faire un rapport officiel, écrit et signé, qui serait adressé à l'autorité publique ; les vérifiants devraient eux-mêmes être inspectés dans les mêmes conditions par deux autres dignitaires.

Pour réconforter les notaires pusillanimes, cette même loi dirait que tous auraient droit, vis-à-vis de leurs collègues recrutant ces clients matamores et menaçants, au partage des honoraires des actes par eux passés durant quelques années. Le partage, dans ce cas comme dans tous ceux où les clients feraient intervenir deux notaires, serait une condition des plus favorables aux intérêts des parties, à l'esprit de corps et à l'harmonie entre confrères ; il serait rare qu'en définitive, il ne produisit pas, pour un certain nombre d'années, le même résultat financier que s'il n'avait pas existé. Ce serait donc un tort très grave de la part de l'autorité publique de tolérer que ce partage n'eût pas lieu, car, en matière de ventes d'immeubles, notamment, le notaire qui serait assuré d'avoir les honoraires entiers, pourrait favoriser des acquéreurs par des préférences coupables, en même temps que ses collègues, dépouillés de la perspective du partage, pourraient éloigner leurs clients d'offrir des prix concurrents, en leur faisant entendre entr'autres considérations, qu'ils en seraient pour leurs démarches et ne seraient point les privilégiés ; en sorte que par ces deux faits concomitants, les vendeurs, seraient exposés, par la cupidité des notaires, n'admettant pas le partage volontaire, à perdre doublement. Aussi de toute manière et par beaucoup d'autres motifs, l'absence d'une loi obligeant au partage serait des plus funestes aux clients.

Une garantie des plus grandes pour la société, sans être absolument infaillible, devrait se tirer des qualités à exiger de tous les candidats à investir des offices publics. Or, du moment qu'il a été reconnu dans tous les temps qu'aucune dose de théorie, si grande qu'elle fût, ne pourrait remplacer la pratique il importerait de rendre aussi fructueuses que possible les études à faire pour illuminer ce travail habituel ; puis de fixer l'âge requis à 25 ans ; d'être de bonnes vie et mœurs. Si cette dernière obligation était imposée avant et durant l'exercice de la profession, et si une chambre de discipline était rendue responsable, dans une certaine mesure, (1) des scandales se produisant et se traduisant à la fin par une catastrophe financière, il serait croyable que ces officiers publics ne resteraient pas longtemps célibataires, ce qui, d'ordinaire, ne continue qu'au grand détriment de leur considération et de la réussite de leurs affaires ; si les précautions des chambres de discipline ne suffisaient pas, il vaudrait mieux classer le mariage au nombre des conditions à remplir plutôt que d'avoir à regretter les conséquences du moindre relâchement dans les exigences.

§ 2ᵉ. — Instruction pendant le quatrième septénaire

En excluant du 3ᵉ septénaire les enseignements du degré supérieur qui feraient des sujets précoces au détriment de leur développement physique et de la clairvoyante solidité de leur instruction, il est évident qu'ils sont naurellement reportés au suivant; c'est donc à partir de l'âge de 21 ans que les universités ou les facultés des lettres, des sciences, de théologie, de droit et de médecine, devraient soumettre les adolescents aux leçons propres à leur faire acquérir, sans efforts surhumains, les divers grades qu'elles confèrent ; cette même période offrirait des avantages considérables à la société et aux élèves se préparant pour entrer aux écoles supérieures où

---

(1) Pour stimuler le zèle des chambres de discipline, il suffirait de les exposer à subir une simple perte de 50 centimes pour cent francs du déficit individuel pour que la surveillance fût salutaire.

les lettres, les sciences et la théologie sont soumises à des études transcendantes si le maximum de l'âge requis, pris dans une de ses années, s'accordait avec le terme le plus ordinaire de la croissance naturelle des individus.

En médecine, il devient plus important que jamais de faire étudier et approfondir la toxicologie pour apprendre à connaître les effets des poisons, les accidents d'empoisonnement fortuit ou volontaire, les moyens propres à les combattre ; à éclairer la justice dans les cas d'empoisonnement criminel.

Les enseignements de l'économie politique et sociale, du droit naturel, des lois internationales, n'étant pas à la portée des trop jeunes intelligences, ne pourraient pas, avant un léger commencement de maturité juvénile, accuser leurs grands avantages et engendreraient auparavant un dégoût presque inévitable à ceux qui ne sauraient pas accorder ou expliquer la rigueur individuelle des principes émis avec la diversité des applications ; les connaissances acquises sur ces matières faisant le fond de discussions perpétuelles basées sur la contingence des affaires industrielles et commerciales, seraient, pour tout le monde et en tout ce qui concernerait le pour et le contre, de la plus grande utilité, mais surtout pour ceux qui brigueraient l'honneur de participer à la conduite des affaires publiques ou qui s'arrogeraient le droit de répandre et faire prévaloir dans leur pays des opinions saines et dépourvues de tout intérêt personnel ou politique. Les hautes études commerciales seraient également des plus fructueuses si elles avaient lieu dans l'âge où la raison se manifeste ; les adultes dont les aspirations seraient moins prétentieuses accroîtraient leur stock intellectuel en suivant des cours philotechniques, architectoniques, et tant d'autres à créer par un gouvernement attentif aux besoins de ses nationaux.

VII

5ᵉ SEPTÉNAIRE, DE 28 A 35 ANS

§ 1ᵉʳ. — Education pendant le cinquième septénaire

Eligibles à la députation; à des délégations inférieures.

L'éducation des éligibles des assemblées municipale, générale et législative, étant toujours dominée par des passions qui aveuglent et qui augmentent même en raison de l'ambition des candidats, n'est pas facile à faire ; les répressions dont il a été parlé comme s'adressant aux fraudes, corruptions et crimes des électeurs ordinaires seraient naturellement applicables aux électeurs candidats, mais ces derniers, dans le temps de la lutte électorale, seraient, malgré toute sévérité, des plus ardents en comptant davantage sur l'indulgence qui s'attacherait au succès. Ce sera leur rendre un véritable service ainsi qu'à la morale publique que de révéler plus loin un moyen qui serait de nature à tempérer l'intensité de la flamme et des dangers de leurs intrigues. La témérité est plus grande quand l'âge de l'éligibilité est abaissé, comme pour 0 Etats européens, à 25 ans ; elle diminue quand cet âge est de 30 ans comme pour les 25 autres ; cette variété dans le discernement de la valeur relative d'un jeune homme et du degré d'expérience par lui acquise exigerait certainement des distinctions. Qu'un candidat soit considéré comme capable de figurer à 25 ans aux délibérations d'un conseil municipal où ses intérêts seraient en jeu, cela se comprendrait ; qu'un éligible puisse être admis au même âge comme membre d'un conseil général, passe encore, mais permettre qu'un audacieux sans capacité, sans pratique des hommes et des choses, et par conséquent sans expérience, soit encouragé par une loi à manœuvrer, *per fas et nefas*, avant 30 ans, pour se faire ouvrir les portes d'un corps législatif, ce serait faire bon marché des plus grands intérêts d'une nation et méconnaitre la puissance des règles du bon sens. Il suffirait, pour s'en convaincre, de supposer une assemblée où une forte majorité de jeunes gens de 25 ans aurait fait irruption et de se demander comment elle s'y prendrait pour réaliser le bon ordre dans son sein et ne pas laisser croire, au simple examen, que ses travaux émanent d'une chambrée d'enfants ; n'a-t-on pas déjà vu, en certains Etats où des minorités jeunes et turbulentes se recrutent facilement, pourquoi les discussions s'enveniment, par quelle aberration les vieux se laissent influencer ou dominer et par suite de quelles circonstances les notions essentielles d'une sage politique y disparaissent ? D'ailleurs, ne faudrait-il pas élever le niveau de l'âge des éligibles si leur jeunesse et leur légèreté, fonctionnant par une majorité condensée et aveugle, devaient insensiblement perdre la nation ? C'est en poussant ainsi par hypothèse les choses à l'extrême qu'on jugerait des effets d'une mesure rêvée et imposée par de jeunes étourdis passionnés, intolérants, impatients de satisfaire leur ambition avant l'heure et hors de saison, et adoptée par des imprudents. En pareil cas, il serait d'autant plus scabreux de livrer une nation à l'impéritie, très excusable d'ailleurs, des jeunes délégués du peuple que tous les éligibles ne seraient pas assujettis à remplir des conditions de capacité et que, dans les plus grands Etats, les habiles se comptent parmi les aînés.

Cette question des conditions de capacité à imposer aux éligibles a souvent donné lieu à des réflexions qui ne manquent pas d'une certaine justesse. Dernièrement encore, on lisait ceci dans le journal français *Le Matin :* « Eh bien, pendant que nous nous montrons partout si exigeants et si difficiles, une seule profession reste accessible sans condition à tous les décavés et à tous les fruits secs de toutes les carrières : c'est celle de député ou de sénateur. On ne vous demande rien pour celle-là, si ce n'est d'avoir 25 ans ou 40 ans, selon le cas, et de n'avoir pas été privé par jugement de vos droits politiques… une fois élu, vous aurez la compétence universelle. Armée, marine, finances, politique extérieure. C'est une grâce d'état. »

Mais il n'en est pas moins vrai que sur 34 Etats de l'Europe, il n'en est qu'un qui ait encore voulu limiter, en ce point, les aptitudes d'éligibilité. Les autres ont considéré que, vu les épreuves à subir, les mailles électorales ne laisseraient guère passer des sujets qui n'eussent pas pour eux, soit un esprit naturel, droit et juste, appréciable dans des délibérations où les avis sont rarement unanimes ou même exprimés sans ambages; soit des connaissances scientifiques et littéraires accusées par des diplômes ou des lauriers de toutes les écoles étrangères aux affaires d'Etat; soit la faconde débordante d'un esprit cultivé quoique souvent elle soit loin d'être un gage de bon jugement, ainsi que tous les jours, on pourrait s'en convaincre. En sorte que la plupart des Etats, en fixant à 30 ans l'âge de l'éligibilité où l'ambition un peu rassise ne se manifeste guère chez les hommes condamnés par leur ignorance complète à croupir au milieu de leurs égaux, et en se fondant sur l'expérience, ont cru faire ce qui suffisait.

D'un autre côté les électeurs n'ont jamais pu considérer l'exercice d'un mandat collectif et temporaire, soumis à bien des vicissitudes, comme une profession; il est bien vrai que souvent beaucoup de mandataires s'y cramponnent, et font les efforts les plus blâmables et les plus compromettants, pour en emporter d'assaut le renouvellement et pour s'en faire une profession; que les gouvernants peu habitués à l'impartiabilité et peu rassurés sur la sagesse des bons effets de leur gestion et de leur politique, se font dans les élections, les suppôts de tous les membres du parti qui les a soutenus ; mais de tels agissements ne suffisent pas pour créer une profession et inféoder le mandat de représentant dans un homme ou dans une famille.

Les électeurs, dont les intérêts doivent avoir le pas sur ceux des candidats, ont été soupçonnés d'avoir le désir de compter sur le désintéressement personnel ou népotique, l'incorruptibilité, la régularité et le dévouement de ces derniers. Sachant que nombre de doctes et savants n'ont pas toujours l'esprit de circonspection dans la gérance de leurs propres affaires, les Etats n'ont voulu restreindre, pour la Chambre basse, la liberté du choix électoral, que par les indignités mentionnées pour les électeurs et pour certains cas supplémentaires, comme ceux de ne pas être étranger aux intérêts de la circonscription électorale ; pourvu d'un conseil judiciaire ; convaincu d'adultère ; accusé coutumax. C'est ainsi qu'avant les symptômes affligeants d'une décadence naissant et croissant avec l'immoralité et comptant sur la sagesse des électeurs, ils ont pu négliger temporairement la condition qui de toutes, serait la plus féconde en bons résultats, parce que, d'elle-même, elle serait préservatrice des écarts qui engendrent certaines des indignités admises. Je veux parler du célibat, emportant aujourd'hui, pour un trop grand nombre, la liberté de vivre en égoïste, en parasite de la société, sans souci des obligations et devoirs qu'elle entraîne aussi bien que de la dignité et de l'avenir de la patrie et sans se consacrer à la religion, à l'instruction, à la guerre ou à la marine, cas divers où le célibat pourrait être une véritable cause de sacrifice, de vertu, d'héroïsme.

Après les indignités viennent les incompatibilités. Le principe absolu, pondérateur et salutaire de la division des pouvoirs ne veut pas que les fonctionnaires gratuits ou salariés, relevant à un titre quelconque du pouvoir exécutif ou du pouvoir judiciaire, puissent être en même temps membres d'une Chambre basse ; la raison en est très simple, puisque ce fait opérererait une confusion entre deux délégations différentes ; le même intermédiaire serait de ce chef tenu de remplir à la fois deux mandats opposés ce qui ne cesserait pas de montrer de nouveau combien il est difficile et périlleux de servir deux maîtres dans la même circonstance ; puis cette confusion apporterait, comme cela est déjà arrivé dans certains Etats, des tiraillements continuels, une manière contingente de voir toutes choses de la part des fonctionnaires ambitieux, en regard des idées fixes et honnêtes de leurs égaux, calmes et modestes ; une cause permanente de corruption électorale et de bassesse. Le travail de l'ambition et de l'intrigue, provenant des avidités les plus diverses et des possibilités de réussite, devrait être contenu par la nécessité de se démettre et rendre libre au moins six mois avant l'élection. De même, il ne serait permis de pourvoir un député d'un emploi quelconque, qu'après six mois de cessation de son mandat ; agir autrement ce serait favoriser les démarches les plus fréquentes et les plus ennuyeuses pour les ministres, des choix souvent déplorables et les exercices de mandat les plus contraires aux intérêts des électeurs.

Non seulement on ne devrait pas opérer la confusion des pouvoirs par des compatibilités de complaisance et de faveur qui seraient autant de bâtons mis sans réflexion dans les roues du char de l'Etat, mais encore la seule perspective que deux fonctions exercées par la même personne entraineraient le cumul des appointements et des influences ferait très mal juger les règles posées par les législateurs. Si ces derniers se doutaient de ce qu'ils gagnent de haine et font perdre de solidité à l'Etat en faisant des lois, respirant la faveur et le bon plaisir, il n'en existerait de pareilles nulle part ; ils ne devraient pas compter sur la débonnaireté d'aucun des électeurs.

Par des raisons analogues et avec les mêmes garanties d'indépendance semestrielle avant l'élection, les entrepreneurs et administrateurs de travaux et services publics payés par l'Etat, les provinces ou les communes ainsi que leurs associés et cautions ; les propriétaires, concessionnaires, directeurs et administrateurs de banques, sociétés ou entreprises pour lesquels l'Etat aurait à faire des nominations, à payer ou recevoir des sommes ou des subventions, à exercer des surveillances particulières ne seraient pas éligibles ; de même les députés ne seraient, pendant les six mois de l'expiration du mandat, ni aptes à contracter avec l'Etat, ni habiles à être nommés à une fonction qui rentrerait, comme corollaire, dans les interdictions qui précèdent.

Parmi les Etats européens il en est plusieurs qui se sont déjà rapprochés de ce programme d'incomptabilité, mais aucun d'eux ne s'est guidé par le véritable principe ; ce qui a été fixé par la loi électorale ou constituante de chacun d'eux procède de l'arbitraire.

Ainsi, en Grèce, les fonctionnaires publics rétribués, et les maires ne peuvent être élus députés que s'ils donnent leur démission ou s'ils sont révoqués 40 jours au moins avant celui du vote ; les officiers peuvent être élus, mais ils sont mis en disponibilité sitôt qu'ils sont élus et même, après l'expiration de leur mandat, jusqu'à ce qu'ils soient appelés à un service actif ; tout député nommé à un emploi civil ou militaire, autre que celui de ministre, et salarié sur les fonds publics, cesse de faire partie de l'assemblée du jour de son acceptation.

En Portugal, le mandat législatif est incompatible avec toute autre fonction que celle de conseiller d'Etat ou de ministre. Les fonctionnaires élus sont provisoirement relevés de leurs charges pendant toute la durée de leur mandat.

En Turquie, l'instruction du gouvernement en date du 28 octobre 1876, qui remplace provisoirement la loi électorale et qui est complétée par un arrêté de janvier 1877, déclare que le mandat de député est incompatible avec les fonctions publiques, à l'exception de celle de ministre ; tout autre fonctionnaire élu doit opter entre ses fonctions et le mandat législatif.

La Belgique, les Pays-Bas, la Roumanie, la Grande-Bretagne, le Luxembourg, la Hongrie sont les Etats qui cherchent à étendre les incompatibilités ; la Serbie est celui qui donne dans l'excès sur ce point, en disant que les avocats, les fonctionnaires en retraite, et les gens assistés, sont inéligibles.

Les éligibles ne peuvent pas décemment accepter un mandat impératif, et se réduire ainsi à une subordination ballotante et dégradante ; la prétention des comités électoraux qui ne sont jamais que des minorités turbulentes étant de l'imposer, il conviendrait d'en arrêter la propension en invalidant, sans aucune indulgence, l'élection de celui qui y aurait adhéré d'avance par déclaration ou profession de foi ou qui ne s'affirmerait pas libre de tout engagement. Ce ne serait pas assez que de dire, comme la plupart des Etats européens :

Les membres de la Chambre ne sont liés par aucun mandat ou instruction spéciale, ou bien : *L'acceptation d'un mandat impératif est nulle, ou interdite.*

§ 2ᵉ. — Instruction pendant le cinquième septénaire.

Ainsi qu'il a été dit au § de l'éducation, les éligibles ne sont pas tenus de justifier d'un degré quelconque d'instruction pour être conseillers municipaux, conseillers généraux ou députés à une Chambre basse, mais il ne suit pas de là qu'ils puissent sans péril faire preuve d'ignorance vis-à-vis des électeurs ; en s'exposant à se voir adresser verbalement, ou par les journaux des questions souvent insidieuses sur la politique intérieure ou extérieure ; sur les matières religieuses, morales et sociales ; sur les intérêts industriels et commerciaux, il faut qu'ils ne se croient pas dépourvus d'un certain aplomb et de connaissances économiques ; sans être bardés de latin, de grec, de langues vivantes et étrangères, ou de sciences physiques et mathématiques, ils peuvent très bien avoir un degré de bon sens peu commun et convenir pour un emploi qui en demande beaucoup. D'ailleurs, il en doit être des députés comme des aspirants aux carrières où les titulaires n'ont pas toujours de prime abord la compétence nécessaire ; leur dignité veut que, pour ne pas rester au-dessous de la fonction, ils lisent, avec attention et intérêt, avant ou pendant la députation, les ouvrages s'occupant de certaines matières économiques et spéciales relevant de leurs aptitudes et qu'ils s'en saturent l'esprit pour se révéler à l'occasion.

VIII

6ᵉ SEPTÉNAIRE, DE 35 à 42 ANS

§ Iᵉʳ — Education pendant le sixième septénaire

I. — Eligibles à la Chambre haute

En cheminant avec méthode et lenteur me voilà appelé à parler des éligibles à la Chambre haute, car je n'admets point qu'un Etat, pour être durable, puisse s'en passer. L'expérience a démontré que le pouvoir judiciaire doit être impassible, et ne se mêler en aucune façon à l'activité politique du pouvoir législatif, non plus qu'à celle du pouvoir exécutif. L'effacement nécessaire de ce pouvoir nuirait absolument à la marche en équilibre des affaires de l'Etat si son char n'était pas soutenu par deux roues afin que, dans un conflit entre une Chambre unique, qui ne peut-être qu'une roue, et le pouvoir exécutif qui ne peut-être que le conducteur, il y eût une seconde roue ou troisième puissance pour décider entre eux dans le sens le plus raisonnablement politique, et remplacer en quelque sorte le pouvoir judiciaire dans une action départageante. Il serait d'autant plus imprudent ou même plus extravagant d'avoir une seule Chambre, qu'en réalité le peuple, dans la plénitude de sa souveraineté devrait élire les membres de la haute Chambre, et compter sur leur maturité et leur expérience pour arrêter l'ardeur inconsidérée de la Chambre basse ou celle du pouvoir exécutif. Ce fait de Chambre unique ne peut être qu'un privilège temporaire procédant de la nécessité appartenant à une assemblée souveraine appelée constituante, ou bien une aberration constitutive d'une Chambre passionnée et anarchique, dominant le pouvoir exécutif réduit à un fantôme, et dont les membres et les adhérents voudraient entretenir l'instabilité pour en faciliter l'accès successif à tous les plus violents anarchistes.

Un essai de ce genre a été fait en France par la convention nationale qui, dans sa trop longue durée d'un peu plus de trois années, a donné les plus funestes résultats. Aujourd'hui, dans 12 petits États européens, il y a une Chambre unique et cette Chambre est à côté d'un souverain qui tempère, par cette adjonction, son absolutisme légal, mais, après le mouvement qui s'est produit en faveur de la participation, de plus en plus large, des nations à leur propre gouvernement, il y a 22 grands États, où le pouvoir législatif est représenté par deux chambres et le pouvoir exécutif par un chef.

La nécessité d'avoir une chambre modératrice étant hors de doute pour tous les esprits qui voudraient le bien général d'une nation, il faut dire les qualités à exiger des membres de cette chambre. Il est d'abord indiscutable qu'ils devraient avoir toutes celles imposées aux candidats pour devenir membres de la chambre basse, et par conséquent celle d'être mariés ou veufs, qui a existé en France, pour faire partie du *Conseil des anciens.* L'expérience ne s'acquérant guère et peu à peu qu'à partir de l'âge de 30 ans par la pratique des affaires et par ceux-là seuls qui en ont eu de considérables à traiter, ou à discuter, ou à décider, à l'occasion des difficultés qu'elles présentent, bien évidemment les membres d'une chambre haute devraient avoir au moins 40 ans et ne pouvoir se recruter que dans des catégories de personnes capables d'y apporter le rassis, la prudence et le savoir faire. Dès l'instant que les idées démocratiques auraient pénétré dans l'Etat qui est mon objectif, et que le suffrage universel y jouerait un rôle prépondérant, il serait à peu près oiseux de penser que les masses, représentées par des meneurs, voulussent y admettre, sans protestations continuelles et dissolvantes, des princes par droit de naissance, des membres héréditaires ou nommés à terme ou à vie par le chef de l'Etat ; la haine sourde qu'elles ont pour les supériorités incontestables ne disparaîtrait pas même dans le cas où un pareil choix leur serait avantageux ; l'élection pouvant seule correspondre à leurs aspirations, il ne serait point sage de la repousser.

Les incompatibilités surgissant pour la chambre

haute seraient les mêmes que pour la chambre basse et par les mêmes motifs ; créer à ce sujet la moindre exception, ce serait faire un pas plus ou moins grand dans l'arbitraire et l'absolu, rompre une équipondérance indispensable des pouvoirs publics qui cantonnerait chacun d'eux dans ses droits et ses devoirs et tendrait à régulariser des mouvements nécessaires, à diminuer ou anéantir des frottements capables sans cela d'user promptement des engrenages ayant l'apparence de la bonté.

Sans contrevenir au principe de la séparation des pouvoirs, on pourrait laisser élire à la haute chambre les membres de l'autre, et *vice versâ*, sauf option dans un délai déterminé, mais par un tel abus de liberté on favoriserait une grande inégalité entre les candidats et de plus l'inconvenance de pouvoir par calcul, intérêt ou ambition, dédaigner une chambre pour l'autre ; d'où il faut conclure qu'il serait mieux de leur refuser cette faculté.

Je crois n'avoir pas besoin d'insister, à l'occasion des éligibles à une chambre haute, sur le danger permanent qu'un Etat, oubliant la rigoureuse nécessité de la séparation des pouvoirs pour s'attacher des ambitieux qui ne se livrent jamais entièrement, se créerait en laissant subsister des cumuls de fonctions et d'appointements.

Tout ce qui est dit plus haut du mandat impératif pour les éligibles à la chambre basse devrait s'étendre à ceux de la haute.

II. — *Pouvoir législatif*

Maintenant que dans ce 6ᵉ septénaire se trouveraient des membres appelés à constituer les assemblées délibérantes, il y aurait lieu de mettre en relief les devoirs que les élus individuellement et les chambres par leurs majorités et par leurs minorités ont à remplir.

La difficulté d'obtenir l'ordre et le silence des personnes, même parvenues à l'âge de maturité, ferait naître le besoin de former un bureau provisoire en attendant que les président, vice-présidents et secrétaires de chaque chambre fussent élus, comme dans un bon nombre de grands Etats européens, et non pas nommés par le pouvoir exécutif, comme dans quelques autres, par une habitude d'absolutisme et une énormité dans la confusion des pouvoirs publics. Dans presque tous ces mêmes Etats, ce sont les chambres qui procèdent elles-mêmes à la vérification de la régularité des pouvoirs des élus ; par principe et afin que l'aveuglement passionné des majorités ne pût pas exclure, sous prétexte d'irrégularité, des élus qui ne leur plairaient pas et qui seraient probablement des plus remarquables, elles n'auraient pas le droit d'invalider sans qu'il y eût usurpation ou attribution illégale de la puissance de juger ; leur rôle ne saurait raisonnablement consister qu'à faire le renvoi des dossiers au pouvoir judiciaire qui seul serait compétent pour décider justement. Ce serait imiter en partie, et avec progrès, la Grande-Bretagne, pays où les libertés publiques sont plus étendues que dans la plupart des Etats démocratiques et où les pétitions contre la validité des élections à la chambre des communes sont renvoyées à un juge de la cour de Westminster qui, après avoir publiquement entendu les témoignages et recueilli les preuves contradictoires, transmet à cette chambre sa décision motivée. Ce serait faire infiniment mieux qu'en Suède, où le pouvoir judiciaire confondu avec le pouvoir exécutif est seulement chargé de s'assurer si les pouvoirs sont rédigés en la forme prescrite et de faire un rapport sur l'élection de chaque élu à chaque chambre ayant seule attribution de compétence pour prononcer sur leur validité.

Chaque chambre adopterait un règlement qui armerait son président et même, en certains cas graves, l'assemblée contre les écarts d'une bonne discipline intérieure et fixerait la marche ordinaire de ses travaux pour n'avoir pas à la consulter sans cesse.

Les règles relatives aux immunités, indemnités, institutions, constitutions et attributions, devraient rentrer dans les pouvoirs d'une assemblée constituante fonctionnant sous la condition de l'inéligibilité de tous ses membres au corps législatif devant lui succéder, comme en France les constituants de 1789 l'ont honnêtement décrété, ou bien d'un corps législatif, en 2 chambres, agissant sous la même condition d'inéligibilité totale par imitation du désintéressement du grand législateur Solon qui, après avoir fait prêter aux Athéniens le serment d'observer ses sages et nouvelles lois, s'éloigna pour ne revenir en sa patrie qu'au bout de dix ans ; il paraîtrait en effet très singulier et même très absolutiste que les chambres s'attribuassent par usurpation des droits personnels à ce point de voter des lois favorables à la réélection de leurs membres, à l'exclusion de certains éligibles ; contraires aux intérêts de certaines catégories d'électeurs sous les plus dangereux prétextes ; ceux de changer à plaisir ces mêmes lois par eux faites à cause de leur inefficacité imprévue ; de se voter d'abord des indemnités, puis, par une pente naturelle, des traitements considérables, tandis que les membres d'une constituante ne pourraient jamais ni être tentés ni accusés d'agir par égoïsme, en remplissant leur devoir à ce point de se déclarer inéligibles surtout au moins six mois après sa dissolution. Dans certains Etats, des chambres se sont ingéniées à voter en fin de législature des indemnités de voyage et de séjour, des immunités, des lois électorales ; mais ce moyen serait un palliatif qui n'effacerait pas l'illégalité et devrait toujours être écarté si l'éniligibilité totale des constituants improvisés n'était pas prononcée.

Le danger le plus grand que les élus des deux chambres fissent courir à leurs mandants en y entrant consisterait à se laisser accaparer, sans réflexion et contre le vœu de ces derniers, par les gouvernants ou par des partis, groupes ou coteries, vis-à-vis desquels ils perdraient leur indépendance et seraient, au moins la plupart d'entre eux, promptement réduits à l'état de machine à voter. Le travail d'assemblage qui se produirait à ce sujet procéderait d'une funeste confusion des pouvoirs publics, c'est-à-dire de celle où les ministres seraient pris, contrairement au principe d'une sage division, dans l'une ou l'autre chambre, parce qu'alors chaque groupe, au lieu de s'occuper de ses devoirs législatifs, se donnerait pour mission soit de renverser le ministère pour le plaisir de le recomposer avec les hommes d'Etat se trouvant dans son sein, soit de dresser sans cesse sous les pas des gouvernants des embûches propres à démolir plus ou moins rapidement l'Etat lui-même, soit d'entretenir au milieu des populations des agitations factices avec les plus singulières intentions. En restant dans une réserve contemplative et temporaire, les élus ne s'exposeraient pas à des évolutions qui les feraient accuser de versatilité et les déprimeraient dans l'esprit des nationaux et des étrangers ; en se confinant dans les devoirs pour lesquels seuls ils auraient été choisis par la masse électorale qui ne rêve que stabililité, paix intérieure et extérieure, et satisfaction de besoins religieux, moraux et sociaux, ils seraient sûrs de faire bien apprécier leurs caractères et leurs travaux ; ils auraient à se bien persuader que le pouvoir législatif se personnifiant en un corps divisé en deux chambres, le devoir de chacune d'elles est de se renfermer strictement dans ses attributions ; l'une ne pourrait pas raisonnablement avoir prépondérance sur l'autre, puisque ce serait l'annihiler entièrement.

Parmi les conflits qui surgiraient de leurs résolutions différentes, celui qui se rapporterait au vote du budget annuel, indispensable au fonctionnement de tous les pouvoirs, serait, en définitive, vidé par le chef de l'Etat et par la sélection des votes particuliers consacrés par l'une ou par l'autre des chambres et qui lui paraîtrait la plus conforme à l'intérêt public, tandis que, dans les autres cas, l'unanimité des chambres et du pouvoir exécutif présenterait les meilleures garanties aux nationaux alors même que l'accord des deux chambres, dans des votes blâmant un ministère, devrait en entraîner virtuellement la chute.

Les chambres, une fois constituées, il serait extrêmement fâcheux que leurs membres ne pensassent ensuite qu'aux intérêts exclusifs de certaines catégories d'électeurs ou n'eussent d'égard qu'à des instructions ouvertement ou occultement impératives des comités électoraux ; il serait grandement contraire à l'intérêt général qu'ils eussent ainsi des préférences calculées et votassent en toutes circonstances machinalement contre les laïques ou contre les cléricaux, contre les riches ou contre les pauvres, contre les patrons ou contre les ouvriers. Les besoins généraux d'une nation sont en telles relations réciproques qu'on ne pourrait pas supprimer les riches et les patrons sans plonger dans le dénument absolu la plupart de ceux qui sont pauvres, comme aussi attaquer ou détruire la religion, qui soutient et relève l'homme, même celui qui la bafoue et manque ainsi de dignité laïque, sans s'apercevoir promptement qu'elle est nécessaire pour diriger les humains dans la moralité, pour les arrêter dans leurs convoitises coupables, dans leurs projets criminels ; leurs devoirs consisteraient à tirer de leur honnêteté et de leur bon sens, c'est-à-dire chacun de son propre fond, les décisions à prendre pour le bien général et à croire qu'individuellement les électeurs ou les comités seraient de très mauvais juges pour l'ensemble des services et des vues d'une grande nation ; rien ne serait plus fertile en conséquences funestes que de les voir rapporter tout à eux, à leurs parents, à leurs amis ou au petit nombre.

Mais on a discerné, dans tous les temps, que ce n'était pas précisément l'amour du prochain et l'esprit de désintéressement qui portaient à rechercher la position de membre d'une Assemblée politique. On ne trouve guère dans l'antiquité, parmi ceux qui qui ont participé aux délibérations prises sur les affaires publiques, que de rares individualités s'étant fait prier pour cela, et de nos jours le nombre des hommes, ayant l'intuiton d'un succès certain et refusant la candidature, serait aussi des plus minimes. Il n'est pas nécessaire de réfléchir longtemps pour être convaincu que le principal mobile des candidats qui se produiraient et se proclameraient les sollicités et violentés des électeurs, serait de profiter des avantages de la situation à conquérir, soit pour eux-mêmes par intérêt ou vanité, soit pour servir leurs parents ou amis, la masse électorale pouvant être la dernière de leurs préoccupations, au point de vue de ses besoins.

Pour être sûr que l'intérêt personnel ne dominerait pas outre mesure les élus et ne leur ferait prendre une attitude ni obséquieuse vis-à-vis du pouvoir exécutif, ni adulatrice auprès de leurs électeurs, correspondants ou comités dans lesquels se trouveraient souvent des ambitieux exigeants et insatiables, il serait indispensable de venir au secours de leur indépendance et même de tempérer leurs idées consistant généralement à se créer des positions durables et lucratives, comme, dirait-on, des professions électives permettant de se faire à la longue une clientèle de solliciteurs et d'obligés entièrement recrutée dans une nuance politique ; à profiter de l'influence acquise pour peser sur les ministres et leurs subordonnés à tous les degrés, pour obtenir des faveurs ou pour les menacer de leurs foudres oratoires, au besoin et en cas de refus ; à entretenir ostensiblement aux dépens de la sécurité de l'Etat ou du bien général, ou même à fomenter dans l'ombre des animosités de partis, quand au contraire et au nom de la majorité des électeurs le devoir de chaque membre d'un corps législatif, serait de prendre les intérêts des contribuables, de leur assurer la paix, d'adoucir tous les angles et de maintenir l'harmonie entre les pouvoirs publics.

Il ne pourrait être remédié à cet état des choses que par le moyen suivant qui, malgré sa simplicité, satisferait à une immensité de besoins et conjurerait les plus graves inconvénients : il consisterait à exiger, par la loi constitutionnelle, la nomination de deux candidats à chaque chambre pour un seul devant y rester, à faire prononcer la régularité de la double élection et ensuite à employer le tirage au sort pour connaître l'élu définitif. Un pareil procédé ferait disparaître des élections une partie discoureuse, captante et par trop généreuse de la personnalité des candidats, ainsi qu'une partie de la duperie des promesses trompeuses dont individuellement ils se serviraient afin d'en imposer aux électeurs pour, de la part de ces derniers, s'attacher aux qualités que ces éligibles devraient posséder ; la nécessité de réfléchir sur la possibilité d'être représenté par l'un ou par l'autre étant par elle-même destructive de l'espérance d'être sûrement récompensé de ses intrigues, porterait chacun à voter plutôt pour deux hommes capables et honnêtes que pour des courtisans. Un élu arrivant à une Chambre en une telle condition d'incertitude de réélection et avec les facultés de se faire remarquer dans le présent par des discussions sérieuses, des idées justes, des réflexions sages, des travaux importants et un bon sens politique des mieux caractérisés, ne manquerait pas de se faire classer, après une législature et un insuccès, parmi ceux dans lesquels les ministres et les hauts fonctionnaires, amovibles et non hiérarchisés, seraient choisis. En sorte que le procédé électoral des doubles élus qui aurait le mauvais côté de priver, par le hasard, les Chambres de certains grands orateurs ou hommes d'Etat, augmenterait pour ceux-ci la perspective et les chances de remplir des fonctions ministérielles qui, par une suite de la prudente division des pouvoirs, ne pourrait pas être exercées par les membres des assemblées basse et haute. Il est vrai qu'à ce compte, beaucoup d'élus de moindre valeur intellectuelle seraient au moins temporairement évincés sans pouvoir se bercer de la même espérance ; mais, outre que leurs qualités, plus ou moins ordinaires, de passionnés, turbulents, audacieux, les rendraient plus propres aux entreprises commerciales, aux polémiques journalistes, qu'à prêter un concours utile dans la placide gestion des affaires d'une nation, ils seraient invités, par un tel contretemps, à diriger plutôt leur ambition vers les places dépendant du pouvoir exécutif qui, n'étant pas le prix des assauts des membres du pouvoir législatif, s'obtiendraient alors par des études spéciales et des moyens pratiques des plus rassurants.

Par suite de l'application du système électoral plus haut énoncé, on ne serait pas exposé à voir se produire, avec scandale, la démission de certains élus en vue d'augmenter les chances de leurs réélections, en se fondant sur les énormités les plus fausses et même les plus invraisemblables ; on atténuerait aussi l'importance des inventions et des manœuvres de la dernière heure, sans compter qu'il y aurait beaucoup d'autres avantages parmi lesquels j'en signalerai plus loin quelques-uns.

Les ministres ne devant pas être pris dans les Chambres, puisque ce serait recruter les membres du pouvoir exécutif au sein du pouvoir législatif et opérer une confusion hybride qui aurait pour effet d'amener des tiraillements intérieurs et incessants, le bien qui résulterait de l'observance du principe de la séparation des pouvoirs serait des plus considérables ; les ministres ne cesseraient pas pour cela d'être à la merci des votes contemporains des deux Chambres, mais du moins leurs compétiteurs ne siégeraient pas dans ces Chambres ; ils ne seraient pas des antagonistes de tous les jours, les questionnant, les interpellant, les traquant, les acculant, les éreintant, les écrasant par une coalition et faisant tout cela souvent sans utilité et en quelque sorte pour amuser ou intéresser le public, pour le plaisir de les trouver en défaut et se donner le mérite d'une apparente sagacité, ce qui transformerait les Chambres en arènes où les passions se développeraient au lieu de se calmer par la sérénité d'hommes graves, de considérer la nécessité et les avantages des lois à rendre et des mesures qui en assureraient la bonne exécution.

En retour de la tranquillité qu'un ministère acquerrait ainsi, il serait tenu de ne pas laisser chômer les Chambres et de leur présenter des projets laborieusement et sainement étudiés ; ne pouvant pas avoir lui-même conscience de se soutenir et maintenir par l'audace dans le mensonge, par des subterfuges, par l'entraînement oratoire et d'être admis à se justifier après sa chute autrement que par des mémoires ou, en cas de poursuite, devant une Cour suprême, il comprendrait, dès son avénement, que le meilleur parti à prendre serait d'être sincère, de ne rien faire en dehors des règles administratives et d'être, au moins par intérêt, le plus scrupuleux observateur de toutes les lois.

Les membres d'un ministère pris hors des chambres seraient pour ces dernières autrement déférents que si le contraire se voyait ; ils n'oseraient pas accepter bénévolement des responsabilités qui pourraient devenir réelles et inquiétantes. Il y aurait, pour chaque ministre, plus de surveillance exercée à l'égard de ses subordonnés et par suite moins d'indifférence et de laisser aller de la part de ces derniers. Le remplacement d'un ministère serait d'ailleurs pour le nouveau une excellente occasion, et même un devoir de ne pas endosser les responsabilités antérieures et de signaler aux Chambres, pour s'en décharger, les fautes et irrégularités qui seraient découvertes dans les deux premiers mois du changement. Ces ministres seraient moins disposés à faire illégalement exercer des manœuvres électorales par leurs subordonnés, aux risques de les compromettre en abusant de leur perplexité.

III. — Conseil d'Etat

Il a été dit plus haut qu'un Conseil d'Etat ne pourrait régulièrement être chargé de la décision des difficultés à surgir entre les particuliers et les administrations publiques, et que la faculté de faire vider un conflit, en cette matière, par un tribunal supérieur, spécial et par trop évidemment créé pour suppléer à l'absolutisme personnel du pouvoir exécutif, serait radicalement suppressive du principe de la division des pouvoirs, mais il ne résulterait pas du retranchement d'une attribution judiciaire contraire au droit public, que ce conseil pût devenir une superfétation dans l'Etat. Loin de là ; délivré d'une charge le rendant suspect à ses justiciables, à cause de son caractère politique et de sa dépendance du pouvoir exécutif qui strictement ne pourrait pas usurper la moindre partie du pouvoir de décider en matière de justice, il se consacrerait entièrement et fructueusement à l'étude des améliorations sociales, des réformes à faire, des projets de lois qui en seraient la conséquence et aux enquêtes et rapports qui lui seraient demandés par le gouvernement ou par les Chambres ; il serait promptement animé de la passion de contribuer au bien général de la nation et se ferait alors remarquer par une grande impartialité ; cette dernière qualité lui pourrait d'ailleurs être inculquée par le moyen à employer pour la nomination de ses membres et qui devrait obliger le pouvoir exécutif à en nommer la moitié, et chaque

Chambre le quart, de telle sorte même que chaque membre nommé par un pouvoir ne pût avancer que par le choix de l'autre, comme aussi n'être révoqué que par le concours du pouvoir exécutif et d'une commission de l'une des Chambres.

§ 2º. — Instruction pendant le sixième septénaire.

Désormais, les rôles sont changés ; de 35 à 42 ans, les hommes peuvent être considérés comme n'ayant plus à faire leur instruction, ce qui ne veut pas dire qu'ils n'aient plus rien à apprendre, mais ils sont arrivés à l'âge où depuis de nombreuses années ils ont dû s'occuper de l'instruction de leurs enfants et apprécier, mieux que jamais, les leçons qui leur ont été prodiguées par leurs anciens maîtres. Les utiles réflexions qui se font sur un passé dans lequel on trouve alors des charmes portent naturellement à exiger des siens ce qu'on n'a pas voulu faire soi-même ; par suite d'un aveuglement fanatique, ceux qui, comme les ministres et les professeurs, ont dans leurs attributions l'instruction à tous les degrés et veulent y trouver un agent de politique, sont enclins à des exigences capables de compromettre, par la précocité des études et l'ampleur des programmes, la santé du corps et la sanité de l'esprit chez un trop grand nombre de sujets. Sous prétexte d'instruire et d'éclairer tous et chacun des membres d'une nation par l'effet d'un entraînement artificiel, on lui enlèverait son bon sens et on produirait son abâtardissement plus ou moins général. (1) Le devoir d'une Chambre haute, d'un Conseil d'Etat comme d'une Chambre basse, qui ont pu maintes fois juger des funestes conséquences de cette ardeur irréfléchie, serait donc de modérer le zèle ministériel ; ce devoir d'examen et de contrôle s'accroîtrait dans la plus grande proportion si l'instruction se donnait à l'exclusion de l'enseignement de la morale et de la religion, et dans un esprit contraire aux aspirations les plus certaines de la majorité d'une nation.

(1) Cette idée, que j'ai exprimée il y a déjà longtemps, est confirmée par M. Renan dans un discours par lui prononcé au banquet Celtique de Quimper : « Je ne suis pas homme de
« lettres, a-t-il dit, je suis un homme du peuple ; je suis l'abou-
« tissant de longues files obscures de paysans et de marins. Je
« jouis de leurs économies de pensée ; je suis reconnaissant à
« ces pauvres gens qui m'ont procuré, par leur sobriété intel-
« lectuelle, de si vives jouissances...

« Ce qu'il y a de meilleur en nous vient d'avant nous.

« Une race donne sa fleur quand elle émarge de l'oubli. Les
« brillantes éclosions intellectuelles sortent d'un vaste fonds
« d'inconscience, j'ai presqu'envie de dire de vastes réservoirs
« d'ignorance.

« Ne craignez pas que je vienne vous engager à cultiver
« l'ignorance ; c'est là une plante qui pousse très bien toute
« seule ; malgré l'instruction intégrale et obligatoire, il y en
« aura toujours assez. Mais je redouterais pour l'humanité le
« jour où la conscience aurait pénétré toutes ses couches. D'où
« viendrait le génie, qui est presque toujours le résultat d'un
« long sommeil antérieur ? »

IX

7ᵉ SEPTÉNAIRE, DE 42 A 49 ANS

§ 1ᵉʳ. — Education pendant le septième septénaire

I. — Assemblée constituante. — Chef de l'Etat

Il n'en est pas de l'éducation comme de l'instruction ; quand cette dernière finit d'être commandée ou utile à recevoir, la première qui lui a été de beaucoup antérieure, continue d'être nécessaire ; l'éducation après avoir prescrit et réglé tous les devoirs des humains dans toutes les positions qu'ils pourraient occuper comme citoyens, est encore pour chacun coercitive jusqu'à la mort dans l'accomplissement des devoirs qui lui sont imposés par la conscience qui est une cause seconde et par le créateur de cette conscience qui est le premier moteur de toutes les causes secondes.

L'expérience qui est la connaissance acquise par un long usage de la vie, le résultat consciencieux des réflexions faites sur ce qui a été vu, sur ce qui est arrivé de bien ou de mal, sur ce qui est la vérité des choses, ne commençant guère qu'à 30 ans, n'est point encore très grande à 49, mais cependant un homme, à cet âge, a déjà pu apprendre la révélation tardive de l'inconduite de ses fils ou filles ; éprouver la perte de ses père et mère, d'une ou de plusieurs femmes, d'un ou de plusieurs enfants ou petits-enfants, d'un ou de plusieurs amis sincères ; par conséquent, il a pu acquérir l'expérience des angoisses, des souffrances morales ; puis celle de la consolation (1) qu'en toute occurrence, la religion procure par l'espérance d'une vie future et meilleure, une satisfaction dont la conscience est avide ; il a pu, par sa position, recevoir les confidences les plus diverses ; encourager des esprits abattus ; réfléchir sur les funestes conséquences de l'inobservation de certaines lois morales ou positives ; prendre sur le vif les raisons qui demanderaient des réformes ; il a dû peser le pour et le contre de toutes les données des expérimentations faites par lui ou par d'autres ; il a pu toujours remplir ses devoirs moraux et civils ;

(1) Napoléon Ier disait, à l'occasion de la messe qui allait se dire pour lui à Ste-Hélène : « Dieu est partout visible dans l'univers. Bien aveugles ou bien faibles sont les yeux qui ne l'aperçoivent point. Pour moi, je le vois dans la nature entière ; je me sens sous sa main toute-puissante et je ne cherche pas à douter de son existence, car je n'en ai pas peur. Je crois qu'il est aussi indulgent qu'il est grand et je suis convaincu que revenu dans son vaste sein, nous y trouverons confirmés tous les pressentiments de la conscience humaine, et que là sera bien ou sera mal, ce que les esprits vraiment éclairés ont déclaré bien ou mal sur la terre. La religion est une partie de la destinée. Elle forme, avec le sol, les lois, les mœurs, ce tout sacré qu'on appelle la patrie et qu'il ne faut jamais discuter. »

c'est avec des hommes ressemblant à celui-ci qu'il faudrait composer une Assemblée constituante ; le plus sûr moyen pour les trouver serait de ne pas les accepter au-dessous de 48 ans. Avant cet âge on pourrait s'adresser inconsidérément à des hommes plus ou moins dissimulés que la santé du corps et l'immoralité du cœur et de l'esprit auraient pu rendre égoïstes, vicieux ; que des habitudes pernicieuses maintiendraient exclusifs, sectaires ; que les illusions et l'inexpérience feraient utopistes, que les impatiences porteraient à l'irréflexion.

Une Assemblée constituante, étant celle à qui le peuple a délégué le pouvoir absolu de faire la loi fondamentale d'un Etat, il est évident qu'il y a lieu de la nommer quand survient une révolution, quand des modifications sérieuses doivent être apportées à la Constitution existante ; la première Assemblée contemporaine d'un changement radical est dès lors souveraine et le plus pressant de ses devoirs est de voter la Constitution et de faire ensuite place à des assemblées limitées dans leurs attributions. Une Assemblée qui détiendrait ou usurperait le pouvoir exécutif n'aurait pas longtemps le degré de sagesse et de modération nécessaire pour prendre l'avis de la nation et pour constituer avec des hommes mûrs, qui travailleraient uniquement à l'usage des futurs législateurs et rentreraient après dans la vie privée. Elle aurait plutôt la tentation d'agir en souveraine, sans consulter le peuple dont elle présumerait seulement les intentions et ne se retirerait que pour mettre en exercice la loi constitutionnelle, dont elle aurait créé ou promulgué l'existence ; en alambiquant sans scrupule cette loi de manière à ce que la plupart des constituants revinssent sûrement comme législateurs dans l'une ou l'autre Chambre, on donnerait témérairement prétexte à la discussion perpétuelle de la Constitution et à la sape de ses bases.

Du moment que la source de l'autorité suprême et la source de l'exercice de cette autorité ne peuvent provenir que de Dieu, cause première, sous le nom de *souveraineté de droit divin*, ou des hommes, cause seconde, sous le nom de *souveraineté du peuple* ou *souveraineté nationale*, il est impossible d'admettre que des législateurs puissent se ménager une Constitution à l'image de leurs tendances sans appeler une Constituante, puisqu'en se proclamant d'autorité constituants, ils procèderaient tout bonnement de la souveraineté de droit divin, c'est-à-dire de la présomption d'un assentiment divin et indéfini.

Les Constitutions européennes sont très diverses ; les Etats qui en ont de favorables à la démocratie proclamant l'égalité devant les lois, la proportionnalité de la contribution aux charges de l'Etat, l'admissibilité de tous à tous les emplois civils et militaires, la liberté individuelle, religieuse, de conscience, d'élection, de presse et de discussion parlementaire, l'inviolabilité de la propriété et des droits de la famille ; le tout sous des exceptions relatives à la capacité, à la culpabilité de crimes et délits, à l'expropriation pour cause d'utilité publique et aux restrictions commandées par la moralité publique et le bien général.

Le principe salutaire de la division des pouvoirs qui s'est déduit, comme par intuition, de la nature des vues et intérêts publics et privés des membres d'une nation, existant dans un Etat démocratique, ne permettrait pas qu'on laissât de côté la souveraineté nationale et qu'un Chef suprême et électif fût nommé autrement que par le suffrage direct et universel des électeurs ; une Assemblée n'aurait ce devoir à remplir que par application de la souveraineté de droit divin, c'est-à-dire à reconnaître et appeler celui qui serait, sans aucun vote, le désiré de l'immense majorité d'un peuple. Par le même motif, le Chef de l'Etat ne pourrait pas être privé des droits relevant du pouvoir exécutif, puisqu'il devrait être l'auteur de tous les mouvements des rouages de l'Etat, et notamment des droits d'avoir part à l'initiative des lois ; de les faire voter, de les sanctionner et promulguer, d'en assurer et surveiller l'exécution ; de disposer de la force armée ; de nommer et révoquer les ministres ; de nommer à tous les emplois civils et militaires relevant de son pouvoir exécutif, sauf l'exception nécessaire et antérieurement faite pour les membres du Conseil d'Etat, à l'instar de ce qui doit se passer pour le pouvoir judiciaire; de présider aux solennités nationales ; d'accréditer des ambassadeurs et envoyés auprès des puissances étrangères ; de convoquer et proroger les Chambres et même les dissoudre ; de se reposer, pour toutes mesures prises et avec sécurité, sur le contre-seing d'un ministre, et, pour la politique générale, sur la solidarité d'un ministère ; de statuer en matière de grâces, conformément à l'avis de l'une de deux commissions spéciales dont une nommée dans chaque Chambre et renouvelée tous les six mois. L'intervention de ces deux commissions aurait pour but de tempérer l'aveugle clémence ou la pusillanimité ou la froide sévérité du Chef de l'Etat et de faire prudemment respecter les arrêts de la justice. Dans une telle occurence, les trois pouvoirs seraient ainsi et séparément appelés à statuer sur la criminalité des condamnés.

La Constitution devrait établir les règles relatives à la composition des Chambres haute et basse, à la durée des sessions et de la législature. Le désir d'arriver et de se maintenir le plus longtemps possible dans les Chambres, serait si vif chez tous les élus qu'il serait prudent de ne pas confier à un corps législatif les décisions qui pourraient se ressentir de l'opposition ou de la connexité des intérêts personnels, plus ou moins transparents ou avouables, de la totalité de ses membres avec l'intérêt général ; une des premières serait celle qui fixerait les règles électorales et les conditions des éligibilités ; en laissant une loi si importante à la dévotion des appelés à s'en servir et à en profiter on verrait s'y produire les changements les plus fréquents et les plus éhontés ; par suite cette loi ne devrait pas être modifiable à volonté par les futurs candidats au mépris des aspirations de la masse électorale et dans des conditions à soustraire un parti dominant aux conséquences d'un mauvais exercice du pouvoir législatif. Ce serait donc vouloir laisser se produire un grave abus que de ne pas recourir à une Constituante pour la rédaction de presque tous les articles fondamentaux de la loi électorale.

Les autres décisions à prendre par une Constituante, en matière intéressant personnellement les membres des deux Chambres, se rapporteraient aux indemnités et immunités parlementaires ; la bienséance voudrait, en effet, que cette haute Assemblée fut seule compétente pour dire si une indemnité devrait être allouée à chaque membre des deux Chambres et, en cas d'affirmative, pour la fixer ; il y aurait aussi pour elle à rendre légales les dispositions suivantes qui, dans certains grands pays européens, sont à peu près passées à l'état de formules communes, condensées ou équivalentes :

« Aucun membre de l'une des deux Chambres composant le corps législatif ne peut, à une époque quelconque, être recherché ou poursuivi pour ses opinions, pour ses votes ou pour des paroles prononcées dans l'exercice de ses fonctions, et ne peut être soumis à aucune autre responsabilité à ce sujet qu'à celle relevant du règlement de l'Assemblée à laquelle il appartient. Sans l'approbation de la Chambre dont il fait partie, aucun membre ne peut pendant la durée de la session, être poursuivi ou arrêté pour un acte puni par la loi à moins qu'il n'ait été saisi en flagrant délit ou le lendemain du jour où l'acte a été commis. A la demande d'une Chambre, toute procédure criminelle ou correctionnelle contre un de ses membres, ou toute arrestation préventive est suspendue pendant la durée de la session. »

« Les Chambres peuvent séparément accuser les ministres pour violation de l'acte constitutionnel, corruption, trahison, malversations contre l'Etat, ou pour toute autre cause préjudiciable aux intérêts publics, et les traduire devant la Cour de cassation qui seule a le droit de les juger, toutes Chambres réunies. Le chef de l'Etat ne peut faire grâce au ministre condamné par cette cour que sur la demande de l'une des deux Chambres. »

Plusieurs Etats ont adopté la compétence d'une haute Cour spéciale ; d'autres d'une Cour de cassation ; d'autres d'une haute Chambre formellement et temporairement convertie en cour de justice ou simplement désignée pour cet office. C'est en vertu du principe de la division des pouvoirs que j'ai admis la compétence d'une Cour de cassation ; une Chambre haute ne peut pas être érigée en cour de justice sans présenter la plus grave des confusions et sans être accusée d'indulgence ou de passion politique ; c'est un nouveau cas qui fait apprécier combien il serait raisonnable, en matière politique, de toujours procéder d'après le principe qui justifie mon option.

II. — *Pouvoir exécutif*

Le pouvoir exécutif ne pourrait pas être exercé par le pouvoir législatif ou par le pouvoir judiciaire, sans que l'équilibre des trois pouvoirs fut immédiatement rompu au profit de l'anarchie ou du despotisme ; il n'y aurait pas un gouvernement durable là où l'anarchie survenue conduirait infailliblement à la guerre civile qui enfanterait à son tour le despotisme, qui est l'abus du pouvoir souverain quel que soit celui qui possède ce pouvoir, Chef, Peuple ou Assemblée politique. Ce despotisme pourrait donc être républicain, monarchique, militaire ou ministériel. Cette extrêmeté regrettable devrait être un puissant modérateur pour tous ceux qui, aimant leur pays et même leurs personnes, voudraient repousser la tyrannie et admettraient l'une ou l'autre des trois formes principales de gouvernement : L'*aristocratie*, la *démocratie*, la *monarchie*, qui peuvent ensemble se combiner de diverses manières et donner naissance à un gouvernement constitutionnel, parlementaire et représentatif, ou rester dans une certaine pureté d'origine et constituer soit une monarchie absolue ; soit une république aristocratique dans laquelle le gouvernement serait entre les mains de la haute classe des citoyens ; soit une république oligarchique dans laquelle il se trouverait entre les mains du petit nombre ; soit une république démocratique dans laquelle la totalité ou la majorité de la nation participerait au gouvernement ; soit une république anarchique dans laquelle des groupes de démagogues, habitués à soulever les passions populaires, au mépris des intérêts les plus réels des masses, chercheraient à s'emparer par surprise ou par violence, du pouvoir souverain pour se le disputer sans vergogne et se le diviser afin de l'exercer plus ou moins précairement, et pour des profits éphémères, dans les conditions les plus terriblement sinistres, néfastes et cruelles.

Cette forme anarchique serait un des symptômes les plus certains que la vertu, principe énergique et saturant nécessaire des mauvais levains d'un gouvernement républicain, n'a pu le soustraire à la corruption dissolvante ; que la nation n'a plus de ressorts moraux ; qu'ils sont remplacés par des appétits divers ; que cette nation est à son déclin et peut envisager sa décadence, c'est-à-dire la perspective de sa ruine, plus ou moins prochaine, si elle ne sait pas prudemment revenir sur ses pas et entreprendre de guérir le mal démagogique et gangreneux qui la ronge.

La participation de la totalité ou de la majorité d'une nation à son gouvernement pourrait tout aussi bien exister dans la monarchie démocratique ou monarchie constitutionnelle, parlementaire et représentative qui implique la *liberté*, l'*égalité*, la *fraternité*, l'*absence de tout privilège* et l'*exercice de la souveraineté par le moyen du suffrage universel*, exprimé dans des comices électoraux, que sous la république démocratique qui n'exige pas autre chose.

Il a déjà été parlé plus haut de certaines libertés, en réservant pour ce septénaire la liberté physique consistant à pouvoir agir sans contrainte et sans obstacle en respectant les droits d'autrui, et la liberté civile voulant qu'on ne soit privé de la liberté de sa personne que selon les formes et dans les cas prévus par la loi ; c'est au mépris de cette dernière liberté que la servitude des faibles sous l'oppression des forts s'est établie et propagée pour être ensuite bannie de la majeure partie du monde et se trouver actuellement dans l'autre partie à l'état de décroissement progressif. Désormais, en Europe, comme par un retour des choses d'ici-bas, c'est l'abus de toutes les libertés qui tend à se produire.

L'égalité, la fraternité et l'absence de privilège sont des termes désignant des choses qui ont de grands rapports de connexité. Tous les hommes composant la famille humaine sont de fait mis en relations fraternelles comme ayant reçu de Dieu la même nature physique, les mêmes facultés de l'âme ; aussi le droit naturel et la morale demandent que tous les hommes aient les mêmes devoirs et les mêmes droits ; qu'ils soient égaux devant les lois, ce qui exclut évidemment tout privilège ; qu'ils se prêtent un mutuel concours pour élever leur nature au plus haut degré de perfection possible ; qu'ils éprouvent les uns pour les autres une affection fraternelle et s'entr'aident dans toutes les circonstances de la vie. La justice, la philosophie, l'intérêt personnel et l'expérience, enseignent qu'au physique et au moral, les hommes sont à certains égards solidaires les uns des autres. La religion ne cesse pas de leur prêcher l'amour du prochain comme dogme proclamé par l'ancien et le nouveau testament ; mais dès l'origine du monde, le principe de la fraternité a subi une sanglante exception qui s'est multipliée depuis avec le développement des passions humaines ; en sorte que la fraternité est une recommandation à double entente, devenue dérisoire à côté de celle de l'amour de son semblable. En regard de cette condition morale, la répartition fraternelle et égale des biens s'opérant dans les familles particulières, présente, dès les premières années qui la suivent, les inégalités les plus manifestes et les plus inévitables, résultant de la différence des buts poursuivis par les co-partageants, de leurs goûts et aptitudes, de leurs forces physiques et morales, des moyens divers par eux employés pour en jouir. Par conséquent l'inégalité de tous les hommes, dans leurs constitutions, rend impossible l'égalité des biens. La démonstration en est tous les jours trop bien faite dans les sphères particulières pour être sincèrement discutable dans la sphère générale. Il ne faut donc pas compter sur le principe d'une égalité matérielle pour améliorer le sort des humains, mais uniquement sur une éducation morale et une instruction bien comprise pour développer leurs facultés, et sur l'amour du travail et de l'économie pour les pousser à utiliser, dans un intérêt à la fois individuel et général, les moyens divers fournant à satisfaire les besoins généraux de la vie de tous.

Ce serait donc une erreur des plus funestes, en posant les bases d'une Constitution, que d'abolir la propriété individuelle et l'héritage ; de détruire la famille comme voudraient y procéder, sous de nombreux prétextes, les niveleurs qui offrent des systèmes de socialisme et de communisme pour créer sur la terre une félicité imaginaire, en repoussant les plus simples notions des droits et des devoirs et en constituant une dictature despotique, pour réaliser leurs chimères constitutionnelles en dehors des lois naturelles qui régissent nos passions et nos facultés.

Il est vraiment puéril de discuter sur la légitimité de la propriété des biens entre les mains de ceux qui les possèdent aujourd'hui, pour justifier l'attentat qu'on voudrait commettre contre eux par des usurpations plus ou moins inavouables, car la propriété est un droit primitif résultant de la nécessité de pourvoir par un ensemble de moyens, à notre développement physique et intellectuel ; sous le nom de *prime-occupation et d'appropriation*, cette nécessité a toujours commandé la transformation des objets pour satisfaire la plupart des besoins matériels de l'homme ; la loi a ensuite consacré le fondement rationnel de la propriété individuelle dans les conditions nécessaires à l'accomplissement de la destinée humaine.

La propriété individuelle est la principale cause

de l'activité des hommes et même celle sans laquelle bon nombre de paresseux mourraient de faim ; elle est la sauvegarde de la vie de famille et de la liberté personnelle ; son inégalité est un bien pour la société parce qu'elle permet aux élites courageuses et intelligentes de se faire remarquer dans l'assiduité aux travaux, dans les positions les plus diverses ; de diriger de grandes entreprises industrielles ou agricoles au profit de la généralité des citoyens.

Le droit d'héritage ou de succession a été reconnu, chez tous les peuples civilisés, comme étant une conséquence du droit de propriété et donnant une satisfaction des plus légitimes à l'amour inné des parents pour leurs enfants ; son abolition enlèverait aux parents le plus puissant stimulant du travail, en détruisant la famille qui est le premier élément d'un Etat, celui dont il a besoin pour assurer sa propre existence.

La famille particulière, dont la société générale doit être une image ressemblante, est une institution fondée sur le mariage ; celui-ci a pour but d'établir la communauté de la vie entière avec égalité morale entre les époux ; il crée pour ceux-ci le devoir de nourrir et élever leurs enfants, de faire leur éducation, et le droit d'en exiger obéissance et respect ; c'est par la manière dont ces droit et devoir sont mis en action, que l'Etat peut être bien ou mal servi, car la bonne éducation règle les mœurs aussi bien que l'esprit public. La suppression du mariage légal et de la famille placerait le pays adoptant un pareil système au plus bas échelon de la civilisation, et par suite il y aurait lieu de se demander si ses partisans ne seraient point fous ou pervers. Le tableau navrant de ce qui se passe partout pour les enfants trouvés et abandonnés, serait pourtant de nature à les dissuader de leurs projets subversifs de tout ordre social.

Le suffrage universel deviendrait moins personnel, moins aveugle, moins exploitable dans un intérêt souvent contraire à celui de la nation ; favoriserait les candidatures vraiment sollicitées par les électeurs et se prêterait moins aux manœuvres électorales, en soumettant ses élus à un tirage au sort, comme il a été demandé plus haut. Ce changement dans le résultat définitif d'une élection, en apportant un élément d'attente curieuse et de surprise dans l'exercice d'un droit, serait par lui-même épuratif des candidats, qui voudraient agir à coup sûr sans le moindre dévouement ou qui se fourreraient dans la mêlée des partis par pure gloriole et sans grand amour de remplir un devoir de conscience. Il offrirait le grand avantage de mettre temporairement en disponibilité quelques énergumènes politiques qui chercheraient plutôt à flatter les mauvaises passions du peuple pour se maintenir au pouvoir législatif, à entretenir dans son esprit les plus folles espérances, qu'à lui parler de ses devoirs et à le rendre heureux par leur accomplissement ; il est vrai qu'il en pourrait venir d'autres pareils à la place, mais l'avantage n'en serait par pour cela beaucoup diminué.

En présence des écueils existant du chef du démocratisme tournant au démagogisme et à l'anarchie et qui feraient courir de perpétuels dangers à une république démocratique, de même qu'à une monarchie démocratique, il y a lieu de dire les moyens préservatifs à employer pour les éviter. Déjà on a vu dans le cours de cet ouvrage que la confusion des pouvoirs législatif, exécutif et judiciaire était de nature à développer des appétits, à entretenir le bouillonnement des ambitions et des passions ; il est donc tout-à-fait indiqué qu'il faudrait en fixer absolument l'harmonie et par conséquent mettre à exécution toutes les prescriptions plus haut détaillées qui découlent du principe de leur sage et parfaite division. En méditant sur ce point capital, il serait facile de remarquer que les difficultés à surgir naîtraient précisément et continuellement de l'application de mesures légales contraires aux règles justes et invariables émanant de ce principe mais entièrement méconnues.

Une république démocratique ne se fondant guère qu'à la suite du renversement d'un trône et ne devant empêcher aucun citoyen à participer, par l'exercice d'un emploi, à la puissance exécutive ou à la puissance judiciaire, elle aurait à caser des fonctionnaires de son choix à la place de ceux qui voudraient être conservés ; en sorte que cette forme de gouvernement, ayant pour les fonctions à remplir plus de compétiteurs qu'il n'en faudrait, serait exposée à faire de très nombreux mécontents propres à s'enrôler dans les opposants. La fidélité des anciens fonctionnaires du gouvernement disparu ne les portant pas à démissionner, la république démocratique se croirait obligée, pour favoriser ses zélés, d'y suppléer par des révocations. Cette âpreté à s'abattre sur les fonctions publiques devrait être modérée de manière à en faire disparaître le goût trop prononcé dès l'adolescence, au lieu de le stimuler par de multiples procédés, ce qui ne pourrait guère être obtenu que par le moyen proposé plus loin à l'occasion du recrutement de l'armée.

Plus violent encore que celui des places, il existe dans notre temps, et chez un trop grand nombre, à différents degrés et dans de nombreux États, le désir de s'enrichir sans travailler et sans économiser ; enviant les positions légitimement acquises par le travail ou par héritage du travailleur, ou les confondant par la pensée avec celles qui seraient fortuitement survenues par des spéculations de toutes sortes et par des actes divers, beaucoup voudraient que leur futur passage aux affaires eût le don de changer en bien la précarité de leurs situations pécuniaires ; cette ambition de l'aisance ou même de la richesse se produisant au milieu d'une coupable inertie, et qui pourrait être la cause d'un succès de l'intelligence appliquée au travail, deviendrait un motif d'agitation perpétuelle si l'Etat n'en détruisait pas plusieurs germes par des moyens déjà signalés. Ce serait pour entretenir l'instabilité que les spéculateurs politiques pousseraient à constituer un Etat avec la confusion des pouvoirs pour principe, à ménager des conflits entre les Chambres et de celles-ci avec le pouvoir exécutif, à favoriser les abus de pouvoir et en général toutes les causes de révolution comme s'ils méditaient la destruction de l'Etat lui-même.

En de telles occurences de mécontents à faire et de difficultés à vaincre, les devoirs du Chef de l'Etat et de ses ministres ne feraient que grandir ; du moment qu'ils composeraient ensemble l'autorité chargée d'administrer le pays, ils auraient à s'en bien pénétrer et à se persuader qu'ils ne sont point à la tête du gouvernement d'une nation pour plaire à leurs administrés solliciteurs et susceptibles de se faire opposants ou détracteurs, mais pour prendre l'intérêt de tous et même celui de leur réputation.

Il serait bien entendu et porté à la Constitution que le Chef de l'Etat ne serait pas discuté dans sa personne puisqu'il aurait des ministres pour endosser solidairement la responsabilité de ses actes et de sa politique, sauf pour eux le droit d'en éviter les conséquences en se retirant, car autrement ils seraient censés n'avoir agi qu'avec son assentiment, ce qui ferait que devant la postérité, ce Chef serait incontestablement responsable même des actes qu'il n'aurait pas inspirés. Les résolutions prises en Conseil des ministres, sous la présidence du Chef de l'Etat, relèveraient en premier lieu, et pour la responsabilité personnelle, de celui au ministère duquel elles incomberaient pour leur exécution.

III. — *Ministre des affaires étrangères*

Un ministre des relations extérieures aurait dans ses attributions les rapports internationaux, les intérêts respectifs des Etats ; l'art qu'il devrait apporter dans toutes ses négociations consisterait à maintenir la paix, l'harmonie entre les puissances, à fixer par des traités, et sauf approbation des Chambres, les règles à suivre entre les populations appartenant à des nationalités différentes. Les agents diplomatiques qui seraient à ses ordres, sous des noms divers, devraient tenir d'une hiérarchie.

Les plus anciens agents, établis autrefois sous le nom de Consuls, avaient surtout pour mission de défendre les intérêts des négociants et marins de la nation qu'ils représentaient et d'exercer sur eux une juridiction ; cette institution remonte au XIIe siècle, tandis que c'est dans le suivant que l'usage d'ambassadeurs résidents, puis d'agents d'un ordre inférieur a pris naissance. L'existence actuelle d'ambassades qui comprennent ordinairement des ambassadeurs, des secrétaires, des attachés civils et militaires, ou de légations moins imposantes, dans des Etats à gouvernement parlementaire surtout, permet de savoir facilement ce qui s'y passe ou s'y trame afin d'éclairer en temps utile et à bon escient les Etats ainsi représentés. La généralisation de l'institution est devenue dès lors une source continuelle de bonnes relations et un puissant moyen d'entretenir la paix internationale qui, chez les modernes, est heureusement plus constante, plus durable que dans les temps anciens, si l'on se reporte à celui de l'empereur Auguste, avant lequel le temple de Janus n'avait été fermé que deux fois.

La guerre est un fléau si redoutable et tellement en dehors du souhait des masses travailleuses de toutes les nations, que les gouvernements agiraient contre eux-mêmes en la désirant ou en la rendant nécessaire, et en la déclarant même avec l'approbation des Chambres. La rapidité avec laquelle elle se ferait de nos jours, par des moyens expéditifs qui dépendent de la précision et de l'énorme portée des armes à feu, de la facilité des transports des troupes et engins par les chemins de fer et les navires à vapeur, de la vitesse des communications électriques, télégraphiques et téléphoniques, ne feraient que la rendre plus meurtrière qu'auparavant et par suite qu'en donner une horreur plus grande ; aussi, les amis de l'humanité, cherchent aujourd'hui, plus encore qu'autrefois, à en combattre le renouvellement.

Au siècle dernier, et à l'instar des amphyctionies des Grecs et des trèves de Dieu du Moyen-Age, l'abbé de saint Pierre conçut le projet d'assurer la paix perpétuelle par la création d'un tribunal suprême d'arbitres internationaux ; il fut suivi dans la même voie par plusieurs sociétés voulant également la paix universelle et permanente. *La société de la morale chrétienne,* fondée en France en 1821, avait en quelque sorte le même but ; après ces faits isolés, des manifestations imposantes ont eu lieu par les réunions successives du *Congrès de la Paix* dans plusieurs Etats, notamment à Londres, Paris, Bruxelles, d'où sont émanées plusieurs *sociétés des Amis de la Paix*, dont celle de Paris, fondée le 30 mai 1867.

L'arbitrage international des difficultés à surgir et à résoudre entre les Etats, semble entrer de plus en plus dans les mœurs et dans les usages de la politique, comme l'a assuré M. Frédéric Passy dans une très brillante conférence faite à l'assemblée générale annuelle de la *Société française des Amis de la Paix*, le 30 mars 1884 ; mais l'espérance qu'on peut en concevoir ne doit pas arrêter la divulgation d'un moyen regardé comme capable de la rendre plus grande.

Il n'a jamais échappé à personne que les plus directement intéressés dans la question de la guerre étrangère sont les soldats que les pouvoirs publics obligent à aller se faire tuer sans espoir d'une compensation quelconque, sans être animés d'un amour patriotique passant avant celui de leur conservation, et qui n'ont le plus ordinairement pour mobile que celui d'obéir tristement ; l'enthousiasme qui naît des excitations et de l'exemple des camarades et des chefs est toujours subordonné au passage sous les drapeaux d'un grand nombre d'années, à moins que ces soldats, condamnés à toujours végéter dans la même situation, ne soient naturellement batailleurs; l'esprit militaire et le goût de sacrifier sa vie n'existant point dans les masses, il n'y a lieu de réveiller leur courage et de les contraindre à marcher à la mort que si la patrie est réellement en danger ; ce serait un crime que de ne tenir aucun compte de leur caractère pacifique dans la manière de gouverner la nation et de ne pas leur assurer la paix ; il serait encore plus grand s'il était prémédité et perpétré par des causes qui en doubleraient l'exécration, comme celles se tirant, notamment, d'une fantaisie d'illustration ou de gloire, d'un agrandissement territorial qui ne serait pas justifié par l'avantage d'en détruire promptement la stérilité ; de la facilité pour le Chef, les ministres et les membres de la majorité gouvernementale dans chaque Chambre, de profiter des bonnes et mauvaises nouvelles du théâtre de la guerre pour des spéculations de Bourse, de réaliser par toutes sortes de moyens des espérances financières, de créer une diversion à des mesures illégales ou à la perspective d'une révolution ou d'un changement ministériel, de cultiver l'art de la guerre et de multiplier les avancements ; on diminuerait sensiblement les cas de guerre si on faisait disparaître, pour les ministres dépositaires, au-dessous du Chef de l'Etat, du pouvoir exécutif, l'intérêt qu'ils pourraient avoir à la faire naître. On s'explique peu au premier abord comment elle se déclarerait du chef d'un nombreux ensemble de personnes, mais à la réflexion, on voit qu'il suffirait qu'elle fût dans le désir de celui ou de ceux qui domineraient pour qu'elle devînt possible et presque inévitable, car les dominés sont rarement les plus intelligents, et les opposants ne sont jamais crus, même quand ils soutiennent la plus incontestable vérité ; on réussirait à amoindrir de beaucoup ces funestes causes si le fait, pour un ministère, d'avoir gouverné de manière à entraîner la guerre offensive ou défensive, devait virtuellement lui enlever ses pouvoirs et ses relations intimes avec le Chef de l'Etat sans qu'aucun de ses membres pût revenir aux affaires avant deux ans écoulés depuis la paix ; si en outre le nouveau ministère ne devait lui-même rester plus de six mois aux affaires qu'en récompense d'avoir fait cesser la guerre.

Si tous les Etats avaient la ferme volonté de diminuer les causes les plus fréquentes de la guerre, ils n'hésiteraient pas à consacrer individuellement et constitutionnellement cette règle de révocation légale et absolue ; ce serait donc à les y amener par la persuasion qu'il faudrait sérieusement agir ; j'entreverrais dans l'adoption de cette mesure moins d'obstacle que pour la création d'un tribunal suprême d'arbitres internationaux, et de plus un progrès et un devoir pour chaque nation, ceux de vouloir au moins faire mériter, par ses agents supérieurs, stratégistes en chambre faisant la guerre en pantoufles, la confiance des malheureux qui, à la grande douleur de leurs parents, à la ruine de la patrie et aux amers regrets des amis de l'humanité, seraient voués bénévolement à la mort.

Outre les traités à faire entre deux ou plusieurs Etats pour le rétablissement de la paix, il y aurait ceux pour la conclusion d'une alliance ou d'une médiation ; pour un partage, un échange ; une cession de territoire ; pour un règlement de frontières, l'extradition des malfaiteurs ou les intérêts commerciaux.

Dans l'antiquité, les criminels profitaient du droit d'asile qui était pour eux un lieu de refuge et de sûreté d'où il n'était pas permis de les arracher, et aussi du caractère religieux qu'avait alors l'hospitalité pour de proche en proche cheminer vers l'exil volontaire ; les tombeaux, les temples, les autels et les statues des dieux du paganisme les rendaient inviolables ; le même privilège leur fut accordé par Constantin dans les Églises et dans tout ce qui formait le domaine ecclésiastique, mais ce droit d'asile, assurant l'impunité aux plus grands criminels, on fut obligé de le restreindre progressivement, ce qui n'empêcha pas qu'en 1789, il restât à Paris deux lieux spéciaux (1) où il s'exerçait encore. Dans les temps modernes, la multiplicité des relations internationales a créé entre les Etats une solidarité morale qui a fini par donner naissance aux traités d'extradition pour les criminels de droit commun ; les violations des lois constitutionnelles et civiles sont partout devenues si ouvertement audacieuses et criminelles, sous l'influence de la facilité de se soustraire à la répression par une rapide excursion en pays étrangers, que l'extradition est en voie de

(1) Ces lieux étaient la Maison royale et l'Hôtel du Grand-Prieur de Malte (Temple).

s'étendre ; c'est même en matière de délits et crimes politiques qu'à partir de la fin du xiv⁰ siècle, l'extradition a été pratiquée, non pas en vertu d'un droit public, mais à titre de bons procédés entre souverains ou de traités internationaux.

Aujourd'hui qu'en politique il y a l'ergotage de l'intérêt personnel faisant échec à l'intérêt général, on recommande une grande réserve dans l'autorisation d'extrader et on discute sur la difficulté de clairement distinguer les délits ou les crimes en politiques ou de droit commun ; l'individualisme d'un Etat tranquille disposant à souhaiter le malheur d'un bouleversement chez son voisin, les gouvernants ne sont pas naturellement portés à arrêter les mouvements révolutionnaires par la suppression du droit international d'asile, mais la violence de l'esprit subversif des temps de décadence et la force des choses feront tôt ou tard admettre une solution générale. En attendant qu'une meilleure soit trouvée, et dès lors que le but avouable ne doit pas être d'innocenter un délinquant ou un criminel quelconque, mais d'empêcher l'abus d'une condamnation passionnée, pourquoi ce criminel, protégé par un Etat voisin, ne serait-il pas arrêté chez lui et poursuivi devant une juridiction internationale qui saurait, dans l'application de la peine, faire la distinction embarrassant les hommes politiques et le condamner ou relaxer avec l'impassibilité de la justice, sans le rendre, acquitté, à la nation dont il aurait enfreint les lois ?

Les traités commerciaux, de leur côté, ont acquis une importance capitale parce que, dans ce qu'ils peuvent contenir, ils sont tiraillés en sens contraires par le système du libre échange et par celui de la protection ; le libre échange se fonde d'une part sur ce principe que : « *La propriété est la base de toute société et l'échange, le lien de toute société* » ; ce qui n'exclut pas absolument la protection, et d'autre part, sur cette déclaration de Turgot : « *La liberté du commerce ou des échanges est un corollaire du droit de propriété* », dont le résumé, fait dans la maxime célèbre : « *Laissez faire, laissez passer* », emporte une résolution absolue. Il serait pourtant possible que le changement des conditions économiques du monde entier opéré par le percement des isthmes de Suez et de Panama, par l'emploi de la vapeur ou de l'électricité comme moteur puissant, vint singulièrement mettre en défaut l'inflexibilité apparente de cette doctrine. Sur ce point je n'ai pas à reprendre ici une discussion qui se trouve plus haut, aux pages 147 et suivantes ; je veux seulement affirmer la nécessité pour une nation d'exiger impérieusement et par sa constitution l'approbation, par les Pouvoirs exécutif et législatif, de tous les traités à faire avec des puissances étrangères ; le danger d'en confier l'examen à des hommes à systèmes préconçus qui n'auraient pas toute l'indépendance et surtout toutes les excellentes qualités et les indispensables connaissances pratiques pour en peser impartialement toutes les conséquences ; le péril qu'il y aurait à engager la nation au-delà de la durée d'une législature et sans demander pour les traités de commerce, l'approbation de la législature expirante, et à quelque mois d'intervalle, celle de la législature naissante et dont la décision serait exécutable un an après.

IV. — *Ministre de la guerre.*

Un des principaux devoirs d'un ministre de la guerre serait de tenir l'armée de terre sur un pied capable de faire respecter la nation qu'elle serait appelée à défendre en pourvoyant son personnel d'une instruction suffisante, d'une bonne discipline militaire, et en maintenant son matériel abondant et à la hauteur de tous les progrès et de toutes les prévisions les plus pessimistes.

Les devoirs d'éducation que les soldats auraient à remplir sous les ordres de leurs chefs seraient très importants, mais ceux qui devraient les diriger hors des casernes le seraient encore davantage; la société serait en droit d'exiger d'un ministre, chef de l'armée où quelques individualités galeuses pourraient gâter tout l'ensemble, que les chefs sous ses ordres servissent de bons exemples et ne négligeassent pas d'assurer la bonne tenue et la moralité de tous leurs inférieurs. Si les militaires étaient souvent passés à la visite et sévèrement punis pour s'être exposés à attraper des maladies vénériennes, l'armée, au lieu d'être un foyer de perversité, deviendrait une école de moralité ; une telle amélioration serait encore plus réelle si on y entretenait l'esprit religieux, qui est inspirateur des plus grands sacrifices et prépare si parfaitement à la discipline et à l'héroïsme.

A mesure que le temps à rester sous les drapeaux durant la paix et embrassant tous les valides d'une nation s'amoindrirait à la faveur du nombre, il serait encore plus nécessaire de compter sur un dévouement relevant de la foi divine se confondant souvent avec le patriotisme et l'amour de la gloire, autrement les combattants seraient indifférents aux succès, se battraient mollement et se laisseraient aller prisonniers, comme pour faire pièce à leurs chefs, du moment que le devoir de la conscience ne les toucherait pas et se remplacerait par le calcul de la conservation.

Cette dernière et apparente espièglerie se généraliserait si les sous-officiers commettaient des injustices envers leurs soldats ; les officiers, des sévérités quinteuses ou irréfléchies envers leurs inférieurs ; si les officiers supérieurs et les officiers généraux ne faisaient pas, règlementairement et après coup, écouter dans leurs doléances, par des inspecteurs de complexion abordable et douce, tous les militaires punis, afin de tenir en bride des inférieurs mal élevés, capricieux, brutaux et injustes, qui dégoûteraient de l'état les sous-officiers et les soldats. Si l'esprit religieux existait dans l'armée, il y aurait des consolations pour ceux qui, étant de bons sujets, seraient atteints par des punitions iniques, mais pour ceux qui ne trouveraient pas des compensations dans l'espérance d'être agréables à l'Eternel, en prenant ces faits comme des croix méritoires, la haine s'emparerait de leurs cœurs indignement blessés et ne ferait que grandir et se perpétuer. En traitant les soldats de brutes et pis encore, en jurant à tout propos et par des mots grossiers contre des malheureux ahuris dès la première invective, les chefs se persuaderaient qu'ils sont sans intelligence et que cette manière de s'y prendre va leur en donner, tandis que la douceur seule pourrait leur extirper la crainte de mal faire et leur donner l'assurance qu'il faudrait avoir pour réfléchir et bien exécuter des mouvements et des manœuvres. L'habitude de surmener et tourmenter la troupe devrait rendre impropre à exercer un commandement où le sang-froid et la patience seraient toujours les premières qualités à posséder.

Un Etat voulant réellement avoir une armée où les sous-officiers acquerraient et inculqueraient l'esprit militaire et de corps, au lieu d'exciter sourdement à la dissolution, ne pourrait pas repousser les vœux de ces derniers d'être, comme les officiers, propriétaires de leurs grades, afin de n'être pas exposés à l'humiliation d'être cassés sans scrupule et souvent pour des faits pardonnables.

Pour avoir une bonne armée, il importe de dire comment il conviendrait de la recruter ; le moyen qui m'a toujours paru le plus sage, consisterait à inoculer aux enfants l'amour des exercices militaires, non pas à l'âge de la force à dépenser pour les familles, mais à celui où les manœuvres auraient le quadruple but de les occuper pendant les récréations, de les habituer au travail, d'assouplir leurs caractères et de profiter de l'admirable talent d'imitation inhérent à l'age de 10 à 15 ans ; en pareil cas, la pratique des évolutions militaires aurait pour effet de mieux régulariser les mouvements, de mieux préparer à la discipline, de faire naître ou développer de véritables vocations et de ménager à l'avenir des bras pour la culture et l'industrie, des talents pour les professions libérales. Ce moyen serait parfaitement appliqué par des *sous-officiers* rétribués et logés comme les instituteurs communaux et fonctionnant alternativement dans plusieurs communes. Il permettrait de réduire à peu d'années la durée du service en temps de paix et cependant d'avoir des hommes exubérants d'entrain et d'activité, et des sous-officiers se consacrant définitivement à l'état militaire et prêts, en cas de nécessité, à partir pour la guerre. Les devoirs de ces instituteurs militaires pourraient comprendre, sur l'ardeur et la tenue des enfants et les succès obtenus, de fréquents rapports destinés à être soumis à des supérieurs ; tout le monde gagnerait à la mise à profit de cette idée fort simple.

Il est admis par les hommes du métier, comme par un grand nombre d'hommes d'élite, que pour avoir une armée solide, elle devrait être composée en majeure partie de *vieux soldats* rompus aux exercices et à la discipline (1), animés de l'esprit batailleur et toujours désireux de se mesurer avec l'ennemi ; influencée par des *sous-officiers* habiles et possédés du même esprit ; dirigée par des officiers intelligents et courageux ; commandée par des officiers supérieurs d'un mérite réellement pratique et mis en mouvement par un général prévoyant et capable d'inspirer à tous ses subordonnés la plus entière confiance. La question des *sous-officiers* serait réso-

(1) Cette pensée a été exprimée en 1835 à la tribune française par le maréchal Bugeaud : « On a cru, disait-il, qu'il suffisât d'apprendre à un soldat à faire l'exercice pour en faire un bon soldat ; ceci est une erreur. L'exercice est la moindre chose dans l'éducation d'un soldat ; on n'est soldat que quand on n'a plus la maladie du pays ; quand le drapeau du régiment est considéré comme le clocher du village ; quand on aime son drapeau ; quand on est prêt à mettre le sabre à la main toutes les fois que l'honneur du numéro est attaqué ; quand on a confiance dans ses chefs, dans son voisin de droite et de gauche ; quand on les aime ; quand on a mangé longtemps la soupe ensemble, selon l'expression de l'Empereur. Voilà, messieurs, ce qui fait le véritable soldat ! »

« Pourquoi la loi de recrutement exige-t-elle sept ans de service ? parce qu'elle a pensé qu'il fallait sept ans pour faire un bon soldat. Un homme devient soldat dans les trois premières années, mais il ne le deviendra jamais s'il a l'idée qu'il ne restera que trois ans sous les drapeaux. »

A l'époque où le maréchal Bugeaud parlait ainsi, les conditions de la guerre n'étaient pas celles d'aujourd'hui, puisqu'actuellement une armée comprend tout l'élément valide d'une nation, mais la portée et la justesse de ses paroles ne sont point atténuées par le changement survenu ; il est au contraire devenu plus nécessaire que jamais d'avoir une armée permanente légèrement belliqueuse, des sous-officiers rompus au métier, aimant le soldat et capables d'encadrer convenablement des masses toujours prêtes à fuir, si elles ne sont ardemment excitées au patriotisme.

lue par la création dont il vient d'être parlé et par l'admission du rengagement avec haute paye et propriété du grade ; celle des *vieux soldats* pourrait l'être en satisfaisant à la fois à trois autres des plus importants besoins sociaux de l'époque actuelle, savoir : celui de pouvoir favoriser les mariages par une réduction du temps du service militaire au profit des mariés ; celui de recruter un grand nombre d'anciens militaires qui, ne pouvant réussir, par le fait de leurs facultés, inclinations ou caractères, à trouver des places et de l'ouvrage, sont exposés à se jeter dans la politique d'aventure et de révolution ; à créer et fomenter des grèves et des émeutes ; à s'enrôler pour le vol ou d'autres crimes ; à caresser les idées socialistes et collectivistes, chères à tous les fainéants, et à devenir un danger permanent, alors que le fait de les recueillir à propos serait une sauvegarde pour eux et pour la société, en les admettant à remplacer des hommes ayant passé au moins un an sous les drapeaux, à la condition d'y rester le *double* du temps à faire personnellement par les remplacés ; enfin, celui de tempérer l'ambition désordonnée et trop générale des fonctions et emplois civils, autres que ceux relevant des enseignements, où les titulaires seraient dispensés de servir en temps de guerre pour ne pas entraver la marche des affaires publiques, par la facilité d'acquérir le droit d'être préférés à tous autres pour y être nommés d'après leurs aptitudes en passant au moins cinq ans sous les drapeaux.

Les avantages de faire, avec de futurs vagabonds, des militaires braves et honnêtes sont exposés dans ma brochure : *Idées pratiques sur l'organisation de l'armée et moyens à employer pour avoir, toujours et en assez grand nombre, des sous-officiers instruits et des vieux soldats*, publiée en 1882, où se trouvent les passages suivants :

« Nous revenons au remplacement parce qu'il s'accorde avec la *liberté de s'entr'aider, de louer temporairement ses services*, ce qui, dans la société, est la condition la plus générale et même la plus enviée si l'on admet, comme M. Henry Maret. député, dans un récent discours, que les ministres ne sont eux-mêmes que des commis ; qu'il n'exclut pas le devoir de défendre la patrie si la guerre survient et que nous regarderions comme un comble d'aberration d'esprit de décider qu'on ne peut pas tolérer le remplacement, *même par amour pour la patrie et pour avoir une solide armée ;* mais alors on serait entraîné à reconnaître que la *servilité*, dans ses degrés multiples, est plus grande quand elle s'exerce dans les maisons privées et dans les établissements publics, et qu'il y aurait ainsi lieu de l'y abolir, comme on a fait pour *l'ancien esclavage* ou *servilisme perpétuel et forcé,* ce qui serait une nouvelle étape dans *l'individualisme*, destructeur par théorie, comparable au *nihilisme*, destructeur par pratique. »

« Ce qui nous apparaît très clairement en ceci, c'est qu'il y a, dans l'esprit d'un trop grand nombre de personnes, au sujet de cette manière de servir pour autrui, une prétendue blessure faite au droit d'égalité ; une prévention invétérée, doublée de pensées jalouses et envieuses, qui les font erronément crier, mais leurs clameurs, à l'encontre de la liberté du remplacement au service militaire, ne sont pas plus raisonnables, ni par conséquent plus acceptables, que celles qui tendraient à la suppression du droit d'avoir des serviteurs, des employés, des commis, des ouvriers, des apprentis, travaillant pour des maîtres ou sous des directions quelconques. »

« C'est, à notre sens, par les arguments les plus concluants, choisis au milieu de beaucoup de considérations décisives et intentionnellement négligées comme surérogatoires, que nous appuyons le passage sous les drapeaux, pendant cinq ans, des aspirants aux fonctions et emplois rétribués. Il devrait y avoir en effet, d'autant moins de scrupule à les soumettre à cette épreuve, qu'il serait plus facile de leur ménager et assurer deux heures par jour pendant lesquelles il leur serait donné des leçons, à l'instar de ce qui se fait aujourd'hui dans les casernes pour ceux qui ne savent ni lire ni écrire. En les maintenant dans des villes où le droit, les pratiques administratives et les enseignements les plus variés s'adaptant à leurs connaissances acquises leur seraient inculqués pendant ces cinq années, ils deviendraient des sujets d'autant mieux instruits que la discipline les empêcherait de s'y dérober comme nos étudiants libres.

Destinés à remplir des places et fonctions publiques, ils se pourvoieraient d'un savoir que n'ont point généralement les occupants actuels. Une mesure prise ainsi pour entraîner les obligations réciproques des enseignants et des disciples, favoriserait surtout les jeunes militaires nés sans fortune, mais avec les facultés intellectuelles indispensables pour sortir de l'ornière de leurs conditions ordinaires. Aussi, il est supposable qu'ils voudraient, à l'envi et en grand nombre, profiter du droit de faire cette sorte de surnumérariat quinquennal approprié, par catégorie de visées particulières, à leur degré d'instruction. Cette incorporation d'une durée exceptionnelle ne pourrait pas être considérée comme de nature à froisser les intérêts ni même les susceptibilités de personne et notamment de ceux admissibles à se créer ainsi un privilège pour l'avenir. Il ne faut pas oublier de dire que les fonctionnaires, en grande majorité, sont assurés de ne pas aller se faire blesser ou tuer à la guerre, et que c'est bien le moins qu'aspirants, ils servent cinq ans dans l'état militaire pour racheter la faveur de n'y être point plus tard exposés, puisque cette faveur s'impose par nécessité administrative. C'est quelque chose d'acquérir 15 ans de sécurité ; de pouvoir alors demander, comme par esprit de corps, la guerre à outrance et de faire ainsi chorus avec ceux qui n'ont pas à craindre d'en souffrir, par un heureux passage de 5 ans sous les drapeaux. Enfin, l'instruction qui serait ainsi distribuée aux jeunes aspirants par des professeurs savants et sagaces, permettrait de les classer suivant un ordre de mérite et de les utiliser ensuite chacun dans la fonction où il pourrait rendre les meilleurs services. »

En recommandant la forme de recrutement proposée, au point de vue si capital de l'économie politique, il me semble qu'elle répondrait aux divers besoins d'une nation en progrès vers la décadence et qui, par cela même, se livrerait volontiers à des utopies démagogiques, égalitaires, caractéristiques d'une pareille tendance sans croire aux déceptions et aux désastres qui seraient les conséquences de leur réalisation.

De ce qu'il est désiré plus haut que les futurs soldats apprennent, dès l'enfance, les exercices militaires, il n'est pas dans ma pensée de laisser créer pour le désordre des bataillons scolaires et par conséquent, je n'admettrais point que des armes fussent à leur disposition en dehors des leçons et qu'ils ne dépendissent pas exclusivement du ministre de la guerre, tant par leurs officiers et sous-officiers que s'il s'agissait d'en faire la revue publique et d'en autoriser le défilé.

V. — *Ministre de la marine*

La marine militaire et la marine marchande, ainsi que les colonies où l'on ne va que par des moyens maritimes, devraient relever du seul ministère dit de la marine, car il serait illogique de ne pas comprendre ces divers services dans une même administration supérieure. Le plus sûr moyen d'empêcher des conflits possibles entre un ministre de la marine et l'un de ses collègues de la guerre et du commerce, serait certainement de ne pas mettre dans les attributions de ces derniers, une part quelconque de ce qui se rapporterait à l'administration des colonies ou de la marine marchande. Il est bien vrai qu'il y a le commerce maritime et le colonial, que la guerre peut avoir pour but de fonder des colonies et d'en défendre la possession, mais dans ces divers cas, le ministre de la marine est le mieux en position de protéger la marine marchande et les colonies contre les agressions les plus fréquentes ; ce serait donc par l'importance de la flotte d'une nation que son commerce maritime et colonial serait ou non florissant. Depuis que, par la découverte de l'Amérique, la marine marchande a pris un grand développement, la marine militaire a dû s'accroître partout, suivant une certaine progression, afin de se piquer d'activité et de se montrer sur tous les points du globe pour empêcher que les écumeurs de mers pussent rendre la navigation périlleuse ou impossible. C'est par la diversité des intérêts de chaque nation, par l'ensemble des marines de toutes les puissances civilisées se protégeant l'une l'autre et par le croisement de leurs missions, que la sécurité des mers a été acquise et qu'elle pourra se conserver. Nul ne saurait donc raisonnablement contester la corrélation des colonies avec la marine militaire ou marchande ; par suite, il serait singulier de les comprendre dans un autre ministère, à moins de les assimiler au continent métropolitain, ce qui ne ferait encore que créer des difficultés.

La première condition à envisager pratiquement dans le choix des colonies à établir et à conserver, devrait être la salubrité. Ce serait vouloir sacrifier inhumainement la santé et la vie des hommes destinés à les garder et à les utiliser et exposer la patrie elle-même à souffrir des relations y entretenues que l'on avoir de malsaines. Le mérite qu'il y aurait à les mettre à peu près en état salubre, dans un intérêt universel, ne saurait légitimer une indifférence funeste pour les sujets non acclimatés qui seraient obligés de les habiter aux risques d'y trouver la mort. La seconde condition devrait se puiser dans la fertilité du sol et dans les avantages de la proximité, ou des services à rendre à la marine dans les diverses parties du globe, par des ports, des stations propices, des mouillages excellents, des relâches ; par des chargements de denrées à importer ou des exportations à y faire. Les colonies trop étendues et trop difficiles à défendre avec une poignée de soldats ou de marins, au lieu de présenter des profits, pourraient entraîner de lourdes charges pour la métropole. En ouvrant des horizons nouveaux pour un Etat maritime, la possession de nombreuses colonies créerait, en certains cas et pour certains produits similaires, des concurrences qui, en vue d'un juste équilibre, seraient réglementées du chef de la différence des prix de revient en regard des impôts et salaires élevés qui sont le propre des pays avancés.

Les marins de toutes les nations et à tous les degrés de la hiérarchie, étant exposés aux continuels dangers de perdre la vie, sentent plus vivement que les militaires, le besoin et la satisfaction de croire en Dieu et de compter sur sa miséricorde. Le commandement exercé par les chefs est plus doux ; il s'émet et s'exécute avec plus de tranquillité d'esprit ; par conséquent c'est dans des conditions extrêmement atténuées, que les prescriptions applicables aux soldats et officiers militaires de tous grades, conviendraient aux matelots et à tous les marins leurs supérieurs.

VI. — *Ministre de l'intérieur*

La paix extérieure devant être assurée par les ministres des affaires étrangères, de la guerre et de la marine, ce serait au ministre de l'intérieur qu'incomberait le devoir de maintenir le calme dans toutes les parties formant l'agglomération d'un Etat. La difficulté de cette tâche augmenterait en proportion de l'esprit démocratique de la nation et du degré de liberté qui lui serait donné par les Pouvoirs législatif et exécutif. Si cette liberté dégénérait en licence et devenait incompatible avec le besoin général et permanent d'un pays d'être gouverné, dans l'intérêt de l'ordre, de la sûreté et de la moralité par le pouvoir exécutif sous le contrôle du pouvoir législatif et sous la perspective d'une juste condamnation de coupable par le pouvoir judiciaire, il y aurait naturellement lieu de réagir par l'emploi de la force publique contre l'anarchie qui tendrait à s'établir avec toutes ses horreurs. Avant de constituer un fait accompli par absence de chef ou d'autorité ou par l'existence d'un gouvernement inconsistant et révolutionnaire, lui-même à la veille d'être remplacé par son successeur ordinaire et passager le despotisme, et même de très longues années auparavant, l'anarchie morale préparerait un tel résultat. Cet état dissolutif de tout gouvernement, comme de toute société, se montrerait des manières les plus variées et exigerait, pour être conjuré, la mise en œuvre des répressions les plus énergiques et les plus propres à sauver l'ordre social. Un ministre de l'intérieur qui ne ferait pas partie de l'une des Chambres et qui n'aurait pas alors à se ménager servilement les bonnes grâces des électeurs du suffrage universel capable autrement de le tenir en grande perplexité, serait certainement sur ce point toujours à la hauteur de sa mission.

Cette anarchie morale, dont je viens de parler, se produirait si les lois n'étaient exécutées qu'à l'égard des opposants à punir ou à concilier comme par force au gouvernement établi ; si l'immoralité se manifestait en tous lieux publics par des paroles, écrits, représentations théâtrales, images ou actions obscènes ou pornographiques sans qu'il y eût des poursuites judiciaires ; si pour chaque journal les articles les plus controuvés, les plus injurieux, les plus apologétiques ou incitatifs des crimes, les plus offensants pour la pudeur et l'honnêteté, n'étaient ni poursuivis, ni contredits dans le numéro suivant de la même feuille ; si les officiers préposés à la sûreté publique, mal soutenus par leurs supérieurs et toujours en crainte d'une désapprobation, agissaient avec mollesse dans la recherche des crimes anarchiques ; si les assassins inspiraient plus d'intérêts que leurs victimes ; si les commutations, grâces et amnisties favorisaient des criminels endurcis et faisaient croire à des complicités puissantes. (1)

Toutes les poursuites de crimes, délits ou contraventions en matière d'ordre, de sûreté et de mora-

---

(1) On voit dans Montesquieu, *grandeur et décadence des Romains, ch. XIII* que ce malaise social ne serait pas nouveau. « Tous les gens, dit-il, qui avaient eu des projets ambitieux avaient travaillé à mettre une espèce d'anarchie dans la République ; Pompée, Crassus et César y réussirent à merveille. Ils établirent une impunité de tous les crimes publics ; tout ce qui pouvait arrêter la corruption des mœurs, tout ce qui pouvait faire une bonne police ils l'abolirent : et, comme les bons législateurs cherchent à rendre leurs concitoyens meilleurs, ceux-ci travaillèrent à les rendre pires ; ils introduisirent donc la coutume de corrompre le peuple à prix d'argent, et quand on était accusé de brigues, on corrompait aussi les juges ; ils firent troubler les élections par toutes sortes de violences ; et quand on était mis en justice, on intimidait encore les juges. »

« Ces premiers hommes de la République cherchaient à dégoûter le peuple de son pouvoir, et à devenir nécessaires, en rendant extrêmes les inconvénients du gouvernement républicain : mais lorsqu'Auguste fut une fois le maître, la politique le fit travailler à rétablir l'ordre, pour faire sentir le bonheur du gouvernement d'un seul. »

lité, devraient relever du ministère de l'intérieur ainsi que beaucoup d'autres affaires administratives signalées plus loin. Comme il comprendrait naturellement les administrations provinciales et communales, ce serait ce département ministériel qui aurait à surveiller toutes les élections quoique les opérations de scrutin dussent relever des bureaux et membres des conseils municipaux. Le devoir du ministre serait de s'intéresser activement, non pas à la nomination d'un candidat plutôt qu'à celle d'un autre, non pas à une pression coupable, mais à la sincérité des élections, cette sincérité étant de tous les moyens le plus sûr pour conserver au gouvernement établi la confiance qu'il se serait efforcé de mériter. Il lui serait d'autant plus facile d'être impartial qu'il serait personnellement plus indifférent sur le résultat, le principe de ne pas faire partie de l'une des Chambres et celui de ne pouvoir survivre comme ministre aux élections ou acquérir une autre fonction par son passage aux affaires devant, sur ce point, être préservatifs des écarts ministériels. Le jour où un ministre d'intérieur ne pourrait plus se passionner pour des intérêts à venir, autres que des satisfactions d'amour-propre ou de devoir accompli, il n'aurait plus qu'à se faire remarquer dans l'exercice de sa fonction, c'est-à-dire par une bonne administration.

VII. — Ministre de l'agriculture et de l'industrie

Les industries agricole et manufacturière ont ensemble de telles affinités qu'un ministère les engloberait sans qu'il en résultât une véritable injustice pour l'une ou pour l'autre de ces branches de l'activité laborieuse et productive de la nation; il n'en serait point de même pour leur réunion avec la branche du commerce qui a des intérêts distincts et souvent des plus opposés à ceux de ces industries. C'est ce qui a été démontré à l'occasion du libre échange. Il faudrait donc qu'il y eût un ministre de l'agriculture et de l'industrie et que, sous sa haute bienveillance, tous leurs intérêts fussent officiellement défendus par des exploitants industriels et agricoles et pourvus de connaissances générales et pratiques, au moins à l'égal des avantages qui pourraient être équitablement accordés au commerce; cette pondération nécessaire, faite tant afin d'assurer l'activité manufacturière et agricole que pour maintenir à un prix modéré les choses les plus indispensables à la vie des nationaux, devrait être le souci constant du ministre et des Chambres. Elle se ferait et se renouvellerait dans de bonnes conditions s'ils avaient des statistiques annuelles, exactes et universelles de tous les produits agricoles et manufacturés, de tous les salaires, de tous les prix de revient, et de toutes les dépenses des travailleurs ordonnés ; probablement alors il deviendrait inutile de discuter avec passion sur un principe qui ne peut pas être absolu dans des cas relatifs, et ne saurait avec raison être appliqué sans ménagement.

VIII. — *Ministre du commerce*

Des commerces intérieur et extérieur, ce dernier à lui seul est capable d'absorber la plus grande et la meilleure partie de l'attention du ministre qui les aurait dans ses attributions. La question d'économie politique qui dominerait en ce ministère et qui en étendrait ou restreindrait l'importance, obligerait à des études sérieuses en opposition à celles incombant au ministre de l'agriculture et de l'industrie. Par la division entre ce dernier ministère, d'une part, et le ministère du commerce, d'autre part, il serait permis d'espérer que les Chambres seraient contradictoirement et officiellement éclairées et que leurs décisions seraient plus empreintes d'esprit d'équité, de sage équilibre que de flatterie philanthropique.

Le ministre du commerce, comme son collègue de l'agriculture et de l'industrie, aurait à faire chaque année de profondes études spéculatives de la plus haute portée et desquelles pourrait découler la prospérité ou la ruine de la nation. Sur ce point il en serait d'un pays producteur comme d'un individu producteur ; ce dernier serait promptement appauvri de manière à ne plus continuer son industrie agricole ou manufacturière et à ne plus employer d'ouvriers par une concurrence qui amoindrirait de beaucoup au-dessous du prix de revient, la valeur de ses produits ; de même, tous les producteurs de la nation subiraient un sort pareil si, du fait du libre échange, leurs produits étaient démesurément avilis. Une telle corrélation pourrait bien ne pas toucher les consciences des commerçants qui, de ce chef, s'enrichiraient individuellement et se retireraient après avoir réduit peu à peu les producteurs à ne plus rien produire et les ouvriers consommateurs, mis ainsi sans ouvrage, à ne plus rien avoir pour acheter de quoi consommer. Bien évidemment un pareil résultat ne se manifesterait pas du soir au matin, mais après de longues années d'expérimentation de théorie, de changements imprévus dans les conditions économiques du monde, dans l'abondance des produits exotiques, dans les circonstances de trafic et de transport qui en faciliteraient l'importation.

Dans tous les cas le ministre du commerce et les Chambres ne pourraient pas rester indifférents à la perspective d'un appauvrissement général qui enlèverait le bien-être aux ouvriers rangés, qui plongerait les autres dans la misère ; ils seraient invinciblement conduits à ne pas approuver l'égoïsme sans bornes des commerçants et à se rendre compte des effets d'une liberté qui se présente avec des dangers et des avantages comme une arme à deux tranchants.

IX. — *Ministre des travaux publics*

Par cela même que les travaux publics favoriseraient à la fois et principalement les ministères du commerce et des industries, il y aurait lieu d'en faire un ministère particulier pour ménager équitablement des intérêts qui pourraient se disputer des préférences ou des priorités d'exécution. Le ministre des travaux publics qui devrait être un spécialiste, comme ceux de la marine et de la guerre, aurait pour mission de faire étudier les projets de ports, digues, canaux, chemins de fer et de tous autres travaux dans les conditions les plus propres à ne pas préparer des déceptions. Produire des devis erronés ce serait déjà tomber dans des fautes très graves ; le faire sciemment ce serait se rendre astucieusement coupable. L'exécution de tous les travaux à faire par les ordres du ministre et sous sa haute surveillance n'offrirait une suffisante garantie que si elle entraînait elle-même dans une certaine mesure sa responsabilité, sauf à s'en décharger sur ses subordonnés et les exécutants. Il serait fort imprudent pour un Etat de donner par avance et sur ce point, un brevet d'impunité.

X. — *Ministère des finances*

Le ministère le plus chargé de services divers, et un des plus importants, comme ayant des rapports intimes avec tous les autres, serait celui des finances. Le ministre qui présiderait à cette administration exercerait une influence considérable sur les budgets respectifs des autres ministères par la nécessité où il serait d'en peser le *quantum* et de les encadrer dans le budget général qu'il aurait à présenter. Un travail de cette nature, pour être sérieux, devrait en même temps faire contrepoids aux exigences budgétaires surélevées des grandes administrations de l'Etat, en respectant les droits qui assureraient le fonctionnement régulier de chacune d'elles. Les recettes et les dépenses une fois discutées et arrêtées par prévision et par les pouvoirs publics, il ne devrait pas être permis d'en laisser altérer l'économie et le résultat par des votes successifs d'impôts ou de crédits extraordinaires. Le seul moyen de maintenir l'intégrité du budget et de ne pas laisser jongler avec des articles additionnels de débits et de crédits et d'assurer sa présentation et son vote dans un temps déterminé par la constitution, consisterait à grever, par ce même acte fondamental, d'une quote part individuelle et supplémentaire, dans les nouveaux impôts et crédits, les ministres et tous ceux qui les auraient votés.

L'importance de ce ministère ne serait pas politique, car le contraire se tirerait en quelque sorte de ces mots célèbres : « Faites-moi de la bonne politique et je vous ferai de bonnes finances. » Aussi il n'y aurait pas le moindre conflit entre les nombreuses directions dont il pourrait se composer ; il comprendrait notamment les postes et les télégraphes qui ne sauraient raisonnablement justifier l'existence d'un ministère *ad hoc* car ce serait créer à plaisir un ministère à la place d'une direction générale, sans avoir pour motif la politique ou le choc possible des opinions ou des intérêts.

XI. — *Ministère de l'instruction publique*

Le ministère de l'instruction publique serait un de ceux où le chef devrait apporter l'impartialité plutôt que la passion politique ; en prenant parti pour une méthode ou pour un mode d'enseignement ; en rendant l'instruction obligatoire et en ne laissant pas aux pères et mères le droit absolu de diriger leurs enfants comme ils l'entendraient, il ferait l'acte le plus attentatoire à la liberté et le plus propre à s'aliéner les enfants et les parents ; en la prescrivant laïque alors que les parents seraient plus intéressés à voir enseigner la morale et la religion à leurs enfants qu'à leur laisser supposer que, de par le ministre, il n'y aurait plus de morale nécessaire ni de divinité au fond de la conscience, instinctivement habituée à en redouter le jugement, il risquerait de se rendre odieux dans le présent et dans l'avenir. Faire des professeurs paraissant être dépourvus de croyances religieuses et de scrupules moraux et les imposer aux familles, ce serait presque aussi mal et aussi impolitique que de décréter l'immoralité obligatoire et d'élever les nouvelles générations dans le développement de leurs passions et instincts naturels, en repoussant ainsi les premières et les meilleures causes d'une véritable civilisation.

XII. — *Ministère des cultes*

Ce qui est dit dans la période précédente démontre par lui-même l'incompatibilité pouvant exister entre le ministère de l'instruction publique et celui des cultes ; elle s'étendrait également au ministère de l'intérieur s'il n'avait pas l'énergie de se faire le partisan de la moralité publique ; le bons sens de croire la religion capable d'être un puissant moyen de préservation sociale, et la force d'appliquer des mesures qui tendraient à améliorer l'état social de la nation. Les seuls ministères qui pussent raisonnablement s'annexer les cultes seraient celui des relations extérieures et celui des industries agricoles et manufacturières comme pouvant n'être pas trop chargés de subdivisions administratives, mais il serait préférable que les cultes fussent dévolus à un ministère particulier. A bien considérer les choses, il lui écherrait une tâche des plus lourdes s'il avait réellement la vocation du rôle qu'il aurait à remplir. La société étant malade de scepticisme, de passion athéistique, et les efforts des anarchistes et nihilistes des nuances les plus diverses, s'attachant à généraliser ces maladies par contagion épidémique, il y aurait à réagir et à faire aimer la religion pour la bonne tenue qu'elle inculque aux garçons et aux filles ; pour la persévérance qu'elle met à les sauvegarder de tous les pièges tendus à leur naïveté ; pour les avantages qui les font apprécier dans les professions par eux remplies ; pour les profits qui découlent en faveur de l'Etat de leurs constantes économies et de leurs bons exemples ; pour les consolations et les satisfactions qu'elle procure à tous ceux qui, confiants en elle, tombent dans la misère ou la tristesse.

Le grand grief des démolisseurs contre la religion, c'est qu'elle blâme ouvertement, préventivement et avec une suprême autorité qui a toujours son écho dans les consciences, les criminels, les meneurs qui veulent notamment dépouiller, par de prétendus moyens politiques et sociaux, les travailleurs possédant les fruits de leurs économies et privations, ou de celles de leurs parents, d'abord à leur profit, puis à celui éventuel de leurs dupes ou adhérents, fainéants ou ouvriers se livrant par insouciance aux dilapidations et plaisirs des insensés. Elle leur devient insupportable par l'infatigable constance qu'elle met à étaler sous les yeux de tous les infracteurs de la loi divine, les châtiments qu'ils s'exposent à encourir, et les remords cruels et persistants qui se doublent par la crainte d'avoir à les subir, comme aussi à empêcher, à l'égard des croyances religieuses, l'oubli qui serait de nature à amoindrir les regrets de culpabilité par étourdissement moral, à l'instar de l'ivresse qui soulage les douleurs par la prostration physique.

Si le ministre des cultes était le premier à faire

bon marché de la décence, de la vérité, de l'honnêteté, de la morale et de la vertu qui s'englobent dans la seule idée religieuse ; s'il ne faisait pas enseigner aux enfants tout ce qui ressort de la foi divine, ce serait à désespérer de la nation puisqu'il ne reconnaîtrait pas le seul frein qui puisse retenir dans le devoir. Il viserait également à détruire la nation si, dans son esprit, la tolérance ne consistait plus à laisser pratiquer les cultes fondés sur les croyances capables de rendre ses administrés des plus gouvernables ; à faire jouir les fidèles de la liberté de conscience ; les prêtres de la plus entière sécurité ; à en favoriser le recrutement, à les pourvoir des subsides nécessaires ; son esprit de destruction nihiliste serait encore bien plus grand et bien plus compromettant s'il taquinait les prêtres, les religieux, les congréganistes en en chassant ou violentant quelques-uns ; en supprimant, en partie ou en totalité, leurs allocations annuellement justifiées par l'aveu indéniable et justement irrévocable d'un perpétuel accomplissement d'équité ; s'il bafouait de mauvaise foi les croyances les plus consolantes pour y substituer des idées fanfaronnes et sinistres réprouvées même par des consciences assez larges ; s'il amenait ainsi la guerre civile (1) par une impar-

---

(1) Montesquieu, *grandeur et décadence des Romains ch. XIII* donne, pour une nation particulière, le motif de la longueur des guerres civiles religieuses : « Nous avons eu en France deux sortes de guerres civiles : les unes avaient pour prétexte la religion ; et elles ont duré par ce que le motif subsistait après la victoire : les autres n'avaient pas précisément

donnable légèreté et une attitude des plus politiquement coupables.

Un ministre des cultes serait bien naïf et bien pervers s'il ne comprenait pas que l'absence de moralité et de foi religieuse serait dissolutive des liens sociaux ; qu'elle favoriserait les concubinages ou une promiscuité corrompue ; qu'elle aurait pour effet de supprimer le mariage et la famille, d'étouffer la conviction présomptive et générale de paternité du mari. La loi civile en conservant la paternité putative ne donnerait au mari que le droit exclusif de regarder les enfants comme siens sans assurer à ces êtres, aujourd'hui si aimés, le bonheur dont ils pourraient jouir.

Les phrases cabalistiques : *Ecrasons l'infâme ; l'Eglise libre dans l'Etat libre ; le cléricalisme, voilà l'ennemi*, et d'autres encore, ayant été lancées dans le monde afin d'occuper et de flatter les anarchistes, les nihilistes ; pour être facilement retenues dans leur brièveté diabolique ; pour être propagées par la malveillance, interprétées au-delà même de leur portée, et tendant toutes à faire supprimer les budgets des cultes et à abandonner les prêtres et pasteurs de la religion à la générosité des fidèles, le ministre des cultes serait appelé à étudier et à peser les conséquences d'une telle résolution, aussi grave qu'impolitiquement conçue et à les redouter pour le bien général.

de motifs, mais étaient excitées par la légèreté ou l'ambition de quelques grands et elles étaient d'abord étouffées. »

L'irréligion des dissolus étant un des caractères propres à la décadence morale d'une nation et un des symptômes les plus alarmants de l'état mental de ceux qui, par la négation même d'un Etre suprême, font de vains efforts pour en chasser l'idée de leur esprit, il serait impossible à ce ministre de ne pas entrevoir le désordre général qui naîtrait d'un fait par lequel la meilleure base de l'Etat social serait renversée et la scission des intérêts spirituels et temporels proclamée ; il verrait certainement qu'attaquer la religion dans ses fondements qui sont dans toutes les consciences pures et dans ses ressources trop souvent spoliées et converties par les Etats en allocations annuelles et injustement supprimables, ce serait démolir, du même coup, les piliers de l'ordre civil. Pour qu'il en fût autrement il faudrait que la mesure fut souhaitée par le clergé, que les pratiques sacerdotales n'eussent pas à en souffrir et que les fidèles crussent honnêtes de les faire contribuer à toutes les charges publiques excepté à celles qui les intéresseraient le plus vivement et de les obliger ainsi à s'imposer exclusivement.

XIII. — Il ne doit pas y avoir de ministère de la justice

Je ne vois plus à fonder d'autre ministère, car il n'y aurait absolument aucune bonne raison pour gratifier de ce titre ce qui devrait être une direction générale. Un gouvernement qui se laisserait entraîner par des ambitieux et des flatteurs à créer des ministères injustifiables, serait dès lors convaincu de favoritisme et de défaillance au préjudice des intérêts de l'Etat et ajouterait niaisement une cause sérieuse d'attaques et de discussions incessantes à toutes les autres fautes dont il se serait déjà rendu coupable. On pourrait notamment classer, parmi les ministres de cour ou de faveur, un ministre d'Etat; un ministre sans portefeuille; un ministre des beaux-arts; un ministre d'une colonie quelconque.

Je n'ai point encore parlé de ce qu'on nomme, en plusieurs pays, le ministère de la justice; le motif en est que dans un Etat où existerait la prudente division des pouvoirs publics, il serait absurde qu'il y en eût un; car, le pouvoir judiciaire est précisément une des trois parties de cette division. Faire diriger par un ministre le pouvoir judiciaire, ce serait donc aussi ridicule et mauvais que d'avoir un ministre de la Chambre basse et un ministre de la Chambre haute à la place des présidents appelés par l'élection à les faire normalement fonctionner. Il pourrait y avoir un grand-maître de la justice au-dessus du premier président de la Cour suprême et choisi par le moyen employé pour la nomination des juges, mais ce grand-maître ne saurait, sans qu'on mît au néant les règles du droit public, faire partie du conseil des ministres, être le collègue de ceux-ci et délibérer avec eux et le chef de l'Etat, comme s'il dépendait du pouvoir exécutif.

Dans un Etat où un pareil ministre de la justice ferait abusivement partie du conseil présidé par le chef de l'Etat ou par un autre ministre ou par lui-même, il y aurait confusion des pouvoirs et par suite toutes les injustices et tous les nombreux dénis de justice qui pourraient être inspirés par les passions d'un gouvernement temporaire, instable, anarchique ou despotique auraient des chances pour être obtenus d'une administration judiciaire, subalterne et méticuleuse, alors même que ses membres seraient inamovibles (1). L'existence de ce ministère accuserait une irrégularité excessivement blâmable et enrayerait probablement la nomination des juges par le moyen sus-indiqué.

Pourtant ce serait une résolution bien impolitique pour des hommes d'Etat que d'avoir l'air de marcher sur des épines, de douter de l'avenir, en appréhendant l'impartialité de la justice ; en appliquant des mesures violentes ; en voyant des adversaires ou des ennemis chez tous ceux qui ne seraient pas rampants ; en les attaquant et poursuivant injustement sans penser qu'en cela faisant ils s'aliéneraient souvent un bon nombre de leurs amis parmi ceux qui ont en partage le sentiment de la justice et de la modération. On expliquerait bien une telle attitude

---

(1) M. Barbier, procureur général de la Cour de cassation de France, installant son premier président, a demandé, pour la magistrature et en les termes suivants, une situation qui implique la division des pouvoirs : « Ce que veut le pays, c'est une magistrature qui soit en dehors des luttes politiques, une magistrature qui ne représente aucun parti, qui, soumise aux lois constitutionnelles et respectueuse des pouvoirs légalement établis, administre impartialement la justice. »

par la velléité, pour un gouvernement démagogique, de donner quelque satisfaction à une multitude de réclamations haineuses, mais ce ne serait pas là une raison admissible. Gouverner ce n'est pas obéir, surtout à des injonctions précises et menaçantes qui ne partent jamais que de la minorité et un gouvernement qui se déclarerait incapable d'une sage résistance proclamerait lui-même l'inanité de ses procédés, l'impuissance ou la maladresse de ses résolutions.

Les officiers exerçant le ministère public étant les avocats du pouvoir exécutif près les tribunaux, ne devraient pas dépendre du Pouvoir judiciaire; ils seraient amovibles quoiqu'il fut bon de respecter les manières de requérir des procureurs et avocats généraux. Dans tous les cas, il importerait que les affaires criminelles ou délictueuses pussent être évoquées par le Pouvoir judiciaire si les officiers administratifs ou des parquets en laissaient dormir partialement de graves et scandaleuses ; ces officiers ne pourraient être nommés dans la magistrature qu'après au moins six mois de démission, le contraire devant causer d'incessantes intrigues et constituer des intrusions funestes.

§ 2e. — Instruction pendant le septième septénaire.

Un des plus grands besoins d'une nation, au point de vue du calme général, étant de détruire, autant que possible, le favoritisme, il serait indispensable que tous les employés, surtout les plus élevés en hiérarchie, de tous les ministères, fussent recrutés après des études spéciales, des concours et des examens d'aptitude, et le passage sous les drapeaux d'un temps déterminé. Rien ne serait plus contraire à l'incorporation politique des ardents et turbulents, paresseux dans la jeunesse, que de fixer des limites au-dessous de 30 ans. Ces hautes administrations n'auraient qu'à gagner en appelant aux examens et concours les jeunes gens qui auparavant n'auraient pas choisi de carrière, ce qui permettrait d'être plus exigeant du chef de l'intelligence naturelle et de la pratique des affaires; elles risqueraient moins d'accueillir des hommes tirant leur valeur de la mémoire et manquant de jugement.

Il ne faudrait pas exposer la haute bureaucratie, influençant les résolutions ministérielles et mettant en mouvement la machine gouvernementale, à la sévérité des critiques qui la présenterait comme indomptable. Ce danger serait amoindri si le choix et la hiérarchie faisaient seuls arriver les hommes supérieurs aux plus hautes positions.

Des écoles spéciales pour chaque ministère devraient être établies suivant tous les progrès des connaissances scientifiques capables d'être utilisées dans la pratique des affaires.

Tous les ministères, ainsi que les Pouvoirs législatif et judiciaire, comportaient l'exposé d'une quantité d'autres devoirs et besoins; mais pour des motifs particuliers, l'étude en a été ajournée.

X

8ᵉ SEPTÉNAIRE ET SUIVANTS, DE 49 ANS AUX TEMPS RECULÉS

Education pendant cette fin de la vie

C'est dans cette période que se font les réflexions, que se produisent les regrets et les remords ; tous les humains qui n'ont pas été travailleurs, moraux et économes, qui n'ont pas voulu s'imposer des privations sérieuses, qui n'ont pas fait servir leur intelligence à les diriger dans des conditions propres à assurer leur sort, font de tristes retours intellectuels sur un passé détestable ; ils voudraient pouvoir recommencer la vie pour la mieux employer, mais il serait très supposable qu'ayant une fois manqué d'énergie, ils en manqueraient encore ; ils seraient donc déraisonnables de se repaître à ce point d'une idée fausse et de ne pas s'accuser eux-mêmes ; le seul parti à prendre serait d'adoucir l'amertume de leurs dernières années par une contrition parfaite. La religion a privilège de calmer les douleurs physiques et morales ressenties par tous ceux qui souffrent sans aucunement faire de récriminations.

C'est parce que je suis avec humilité convaincu, comme MM. Jules Simon, Baudrillart, Leroy-Beaulieu, Renouard, Le Play, Fougerousse, Siegfried, Léon Faucher, de Tocqueville, de Courcelle-Seneuil, et tant d'autres savants et économistes, que la morale religieuse est capable de prévenir le malheur de la pauvreté et de la misère, d'améliorer le sort de ceux qui en seraient atteints, que je l'ai prise pour base du travail : *La Question du Paupérisme.* Cette circonstance m'oblige à renvoyer à cet ouvrage et me dispense d'entrer ici dans des détails qui, même en les modifiant dans la forme, seraient une superfétation.

XI

RÉSUMÉ ET CONCLUSION

Les divers septénaires de la durée d'une génération humaine étant ainsi parcourus et venant après un résumé de civilisation générale, il ne me reste plus qu'à reprendre à grands traits les faits qui paraissent bons à mettre plus en relief et à prendre une conclusion.

La civilisation naissant, s'accusant, s'arrêtant, puis progressant au travers les siècles, il était dès lors naturel de ne la constater qu'après de prodigieuses et longues années à compter de l'origine des humains ; les premiers écrits sur ce point ont été consignés dans la Bible ou les cinq livres de Moïse. A partir de l'époque où écrivit ce secrétaire des commandements divins, cet incomparable législateur, les peuples qui se rendirent témoignage de connaître le bien et le mal, qui eurent la perception claire de la création du premier homme et de la première femme par l'œuvre surnaturelle d'un Dieu unique et tout puissant, qui eurent l'affirmation historique de l'existence de ce créateur, tant par l'intuition constante d'une conscience éclairée que par les révélations successives et leur tradition de bouche en bouche, de siècle en siècle, au moyen de la multiple et perpétuelle réponse faite à une simple et inévitable question d'enfant et plus tard par des écrits irréfragables, ne durent pas se méprendre sur les adorations à rendre à ce Tout-Puissant ; s'ils ont erré dans leurs pratiques religieuses et leurs aspirations, comme il appert des états successifs des diverses civilisations antiques et de celles actuelles, c'est qu'ils ont été détournés de leurs dispositions naturelles, trompés soit à dessein, soit de bonne foi, sur les préceptes à observer par ceux-là même qui, s'improvisant souverains en matière temporelle et sacerdotale, ne les ont pas dirigés dans la voie du salut éternel et, par ce fait même, dans celle d'un bonheur relatif et terrestre.

De l'inobservance des lois divines, il est naturellement résulté une fréquente insolence à l'égard de Dieu, allant jusqu'à nier son existence et à feindre la croyance que le premier homme et la première femme ont été des produits spontanés de la matière et par lesquels il n'y aurait besoin d'aucune reconnaissance adoratrice ; un manque habituel d'obéissance aux lois humaines et aux autorités établies se traduisant par des crimes, des délits, ou d'autres faits moins graves ; une indépendance exclusive de toute charité à l'égard du prochain, se manifestant par des injures; une licence effrénée à l'égard de tout le monde, tournant à l'immoralité en toutes choses, sans que, dans les plus nombreux cas, les tribunaux aient même été appelés à en connaître.

En une telle occurence de désorganisation morale et sociale, l'autorité temporelle et l'autorité spirituelle ne pourraient empêcher la décadence d'une nation ou son annexe à un Etat moins décrépit ou à un autre moins anarchique, qu'en s'entendant assez tôt pour faire des efforts communs et préservatifs; en assurant le respect de la liberté de conscience, la tolérance des cultes reconnus, la liberté et la publicité de leurs cérémonies, un loyal budget des cultes et la sage exécution d'un concordat et en conciliant politiquement la démocratie et l'aristocratie par une imitation de Solon donnant à la Grèce un mélange de constitution qui produisit ce résultat.

De nos jours, une pareille constitution pourrait reconnaître le gouvernement d'un Chef seul compatible avec une sage liberté, en regard de l'incompatibilité de cette même liberté avec la domination successive de partis divers, gouvernement représenté par des ministres, surveillé et influencé par deux Chambres se recrutant dans toutes les conditions sociales, par le moyen du suffrage universel (1) direct

---

(1) L'idée du suffrage universel est très ancienne. La Constitution du 5 fructidor an III, celle du 22 frimaire an VIII et les décrets des 5, 11 et 23 fructidor an III, 23 et 24 frimaire an VIII, qui le firent pratiquer n'ont pas eu le mérite de son invention. Lorsqu'il fût, de nouveau, décrété le 5 mars 1848, M. Ledru-

et obligatoire, de la manière qui a été exposée. Mais, du moment que les idées d'irréligion, d'insubordination, d'indépendance et de licence auraient pénétré dans les masses, un gouvernement parlementaire n'acquerrait véritablement un degré suffisant de calme et de durée que si son chef était investi d'une entière stabilité. En se contentant d'un président temporaire ou viager, on laisserait subsister les convoitises des ambitieux qui, visant à la suprême dignité, seraient peu scrupuleux sur les moyens à employer pour y parvenir, de même que celles des intrigants moins prétentieux qui chercheraient à s'en faire les satellites pour avoir part à l'exploitatation, non pas de l'homme par l'homme, qui est une de leurs rengaines ou banalités démodées, mais de la nation et de ses finances. Un Chef qui pourrait croire à l'élévation perpétuelle de sa race; qui, dans le but d'y concourir, aurait intérêt à ménager ses concitoyens jusque dans leurs susceptibilités; à les mieux aimer qu'un chef temporaire; à donner satisfaction à leurs croyances religieuses; à leur présenter de bons exemples; à faire vivre tous les commerces, toutes les industries agricoles et manufacturières qui occupent et nourrissent les travailleurs; à modérer les charges des temps de paix, et à rendre extrêmement court et lointain le temps des guerres inévitables, n'aurait pas besoin d'accumuler en pensant

---

Rollin ne fit qu'adopter le système dont M. de Genonde demandait l'application et s'approprier une combinaison de scrutin souhaitée par les légitimistes.

exclusivement à lui et aux siens et réussirait dès lors bien mieux à assurer le bien-être de tous, la moralité générale, la prospérité et la sécurité publiques. L'obstacle qui pourrait entraver la conciliation de la démocratie et de l'aristocratie, contrairement à l'avantage de tous, proviendrait de la ruse que ces mêmes ambitieux, à tous les degrés, mettraient à limiter le nombre de leurs concurrents par l'exclusion d'un ou de plusieurs partis, et à entretenir, dans cette intention, des animosités plus factices que réelles, sans avoir l'air de se douter que la démocratie appelée à se substituer à l'aristocratie par l'émulation et les résultats de ses études et de ses travaux intelligents, devrait, par ce motif, les déjouer plutôt que les approuver.

Il est vrai qu'il existe, en certains pays civilisés, une morgue aristocratique de naissance, de position ou de fortune des plus opposées aux véritables intérêts de ceux-là mêmes qui en adoptent le genre, mais c'est un tort de croire que cette fierté, plus grande chez les femmes incapables de se montrer à la hauteur d'un esprit brillant ou sensé, ou craignant de laisser soupçonner une origine obscure, que chez les hommes dans cette même condition, et qui tend à disparaître lentement par l'éclosion de l'aristocratie d'éducation et d'instruction, puisse tenir à la forme du gouvernement d'un Etat, tandis que si jamais elle disparaissait, ce serait par l'effet de l'humilité enseignée par la religion ; d'autant mieux que, de très longue date, l'Eglise romaine a été infatigable à poursuivre la réalisation d'un tel projet et à ne jamais désespérer de faire, sur ce point, d'importantes conversions.

Le monarque à appeler devrait naturellement être celui qui serait le chef héréditaire de mâle en mâle et par ordre de primogéniture, de la famille la plus anciennement et la plus persévéramment nationale, la plus nombreuse, la plus recommandable par sa moralité et son esprit sensé, la plus renommée par l'éclat de ses œuvres de paix; la plus antique comme ayant alors des droits moins discutables soit dans le pays soit à l'étranger et pouvant y jouir de la plus grande influence en toutes éventualités possibles; la plus susceptible d'avoir des amitiés sincères et de solides alliances.

Si les trois pouvoirs publics étaient représentés et fonctionnaient comme je l'ai indiqué, il y aurait un vrai gouvernement. Le chef de l'Etat personnifierait le pouvoir exécutif, mais pour la permanence du fait et de l'idée d'une sécurité parfaite et durable, les actes de ce pouvoir ne seraient pas soumis, sous son nom, à la discussion des partis; comme dans la plupart des constitutions, il y aurait la fiction : « *Le chef règne et ne gouverne pas* », ce qui l'obligerait à avoir des ministres seuls responsables; il serait légalement inviolable et impassible dans sa haute situation et par conséquent déchargé de toutes les imprévoyances, de toutes les inepties, de tous les mensonges, de tous les viols de principes légaux et constitutionnels, de toutes les déloyautés dont ces derniers pourraient se rendre coupables, mais honnêtement il serait responsable s'il ne s'en séparait pas dans les cas graves et ne se faisait pas l'écho des Chambres.

L'organisation proposée faciliterait la mise en pratique d'une seule politique féconde, c'est-à-dire celle qui voudrait l'union, la sincérité, la paix, la liberté, la justice, le bien général, et non pas celle d'asservir, de diviser, de violenter, de spolier! Elle aurait pour effet, sinon de faire disparaître, au moins d'atténuer le nombre des ultras de tous les régimes et de n'importe quel pays où elle serait appliquée, qui font de la politique fantaisiste sans tenir compte de l'esprit général d'une nation et la traduisent par la caresse des utopies les plus contraires aux intérêts de leurs partisans. Les idées n'étant pas dominées par l'ardeur de l'intérêt personnel qui se case dans des individualités opposées, soupçonneuses, contrariantes, avides, il se ferait tout naturellement une fusion qui ne verrait que l'intérêt général et qui saurait alors agir de manière à le sauvegarder. L'État ne serait ni à la merci d'un parti, ni à la convoitise périodique de tous; les ambitieux admissibles à régulièrement arriver par leur talent à la gestion des affaires publiques, à s'unir dans une grande majorité patriotique, où l'exclusivisme calculé n'aurait plus de raison d'être, ne pourraient pas placer dans la différence de deux formes gouvernementales l'antagonisme de deux principes mis en lutte et abusivement regardés comme divisant le monde, alors que cette division n'existerait en réalité qu'entre ceux qui se disputeraient les mandats, les places, les emplois, l'autorité, toutes choses considérées par un grand nombre d'hommes calmes et sensés comme un avantage et un prestige pour quelques-uns, un droit de compétition causant le malheur ou l'envie pour tous les incapables de les briguer ou de les obtenir. Le chef du pouvoir exécutif étant le centre de tous les mouvements de l'organisme politique de l'Etat, le char dont il serait le conducteur aurait alors dans les Chambres deux roues montées dans les meilleures conditions.

Les trois pouvoirs étant organisés comme il a été dit, le chef de l'Etat, le ministère et les Chambres seraient obligés de s'observer ; ils ne pourraient pas se liguer contre les intérêts de la nation par des servilités réciproques, des témérités incroyables, des confiances mutuelles, aveugles et compromettantes ; ils n'oseraient pas la déprimer par l'emploi de moyens vexatoires ; par des abus procédant de la haine, de l'esprit de secte ou de parti ; la ruiner par les orgies sanglantes des guerres inutiles ; par des entreprises insensées de travaux publics visant à escompter un long avenir, en allant beaucoup trop vite comme si l'espace fuyait, mais nullement commandées par l'intérêt général qui est de le dévorer le moins possible avec une grande lenteur, dans le vide du présent.

Ils s'habitueraient à considérer qu'il n'y a pas un pays qui soit, en majorité, pour les guerres étrangères ou civiles, les aventures ruineuses, les folles dépenses, les querelles et les intrigues de partis ; qu'au contraire la majorité est partout pour la tolérance envers toutes les opinions et croyances ; pour l'ordre dans la rue et dans les têtes ; pour l'économie dans les finances ; pour la moralité générale et publique.

L'exercice des trois pouvoirs, suivant leur sage division, disciplinerait par lui-même leurs membres ainsi cantonnés dans leurs attributions ; aucun d'eux ne ferait des œuvres de vengeance par l'emploi de l'oppression, de la violence, de l'injustice, mais des œuvres d'hommes graves par l'application de la liberté, de la tolérance, de la justice, de la modération. Il n'y aurait pas entre eux antagonisme ou absorption, puisqu'ils seraient expurgés de toutes confusions, de toutes influences hétéroclites.

Le pouvoir judiciaire, pourvu de l'intégrité de *son droit à tout juger*, ne serait pas débordé par la quantité des affaires contentieuses, sa justice impassible devant forcément rendre les adversaires et les partis plus circonspects et moins entreprenants.

Les pouvoirs militants, légiférant après de constants et mûrs examens, en tenant compte de l'expérience, des coutumes et des traditions, ne tomberaient pas dans des errreurs économiques capables de nuire à leurs nationaux ; ils ne contesteraient pas à plaisir, aux pères de famille, la liberté d'éducation et d'instruction ; aux chrétiens, la liberté de croire ; aux hommes religieux, celle de vivre dans leurs maisons ; ils prendraient des mesures pour ne pas laisser briser, par les ouvriers aveuglés par des théories trompeuses, l'instrument capable de les faire vivre en les amenant à se rendre un compte exact des nécessités de l'industrie ; à pondérer leurs dépenses ; à calculer les avantages de l'économie ; à comprendre le danger de leur haine contre le capital, qui seul assure leur existence ; à ne pas tuer, en un mot, la poule aux œufs d'or par des exigences de salaires excessifs.

Ils n'auraient pas l'audace de pousser à la guerre par des voies tortueuses ; de sacrifier des milliers de citoyens pacifiques dans des buts odieux ; ils n'iraient pas gaiement au devant de la guerre civile en la fomentant par des abus inouïs, des persécutions, des spoliations ; par refus ou destruction d'un concordat religieux. Ils ne chercheraient pas naïvement et violemment à faire capituler à merci le clergé, mais à se le concilier ; ils ne se croiraient pas obligés de substituer l'exploitation des libertés à la sage épuration de tout ce qui en serait la funeste licence.

Ils ne manqueraient pas de mettre les impôts en rapport direct avec les avantages devant en découler ; de les modérer dans des conditions à pouvoir être livrés en échange de la prospérité dérivant des travaux d'utilité générale ; de ne pas altérer ces précieuses ressources pour conserver la possibilité d'avoir recours à des augmentations extraordinaires dans les cas de nécessité absolue.

Les Chambres, étant soumises au renouvellement

éventuel, ne se permettraient pas de soutenir des ministres inconsidérément audacieux ; de voter des subsides sur de simples allégations ; de marchander des renforts ; de graduer des envois de troupes immédiatement et en totalité indispensables, pour ménager des susceptibilités électorales ; d'exposer des armées à des insalubrités de colonies en perspective ; à des manques de vivres, d'équipements et de munitions ; patronner des fautes énormes ; il ne se produirait pas dans ces Chambres des incohérences, des contradictions hors d'à-propos, des palinodies, des prétentions égoïstes, des défaillances calculées, mais un esprit politique de cohésion qui donnerait les meilleurs résultats. On n'y verrait pas voter par procuration ou sans en avoir pour soi-même le droit. On serait tout bonnement invité à faire gouverner plutôt par le sens commun que par des moyens relevant de l'excentricité.

Les membres des Chambres, n'étant pas sans cesse occupés à préparer et débiter des discours-programmes pour des réélections éloignées et devenues incertaines, se préoccuperaient réellement de leurs devoirs législatifs ; agissant en toute sécurité de conscience et de tolérance ils ne seraient pas subitement troublés par des incidents ennuyeux, par des craintes exagérées sur le changement possible d'un régime instable, fût-il condamné par ses fautes, ses tendances ou ses dilapidations. N'ayant plus qu'une demi-chance de se montrer utilement serviles envers leurs électeurs, ils répugneraient à se rendre ridicules en se montrant adulateurs et ils se contenteraient d'être obligeants.

Le pouvoir exécutif n'emploierait ni l'équivoque ni la ruse ; il cesserait d'être pour les véritablement capables une cible à percer, avec préméditation et en vue d'une récompense, pour devenir une attraction ; il ne douterait pas du bon sens de la nation en contrariant inutilement ses intentions ; il regarderait comme un honneur de ne pas être juge dans sa propre cause et de repousser le périlleux usage de cette astucieuse transformation de l'absolutisme ; se disant libéral et honnête, il ne voudrait pas d'un pareil privilège dans la crainte de manquer au plus important de ses devoirs ; il n'oserait pas prendre plaisir à taquiner les pauvres, les militaires, les marins, en les privant des soins des personnes les plus capables de les leur prodiguer pendant leur mauvaise santé et en supprimant, par des obstacles ridicules, dangereux à imiter, les consolations qui leur viendraient des satisfactions religieuses. Il ne proposerait pas aux Chambres, ou n'y soutiendrait pas la désorganisation de l'armée par la réduction immodérée du temps de service et les autres conditions d'un système militaire compromettant la sécurité nationale, dans le but de gagner, à l'occasion d'élections plus ou moins prochaines, les votes des parents des futurs conscrits.

Le gouvernement, allégé de l'exclusivisme, ne s'aliénerait pas les esprits religieux par des persécutions ; les libéraux, par des intolérances, oppressions ou violences ; les esprits sages et dévoués par le développement des plus funestes passions. N'étant pas absorbé par la tyrannie des intérêts cultivés par des intrigants privilégiés, il rechercherait mieux les moyens pratiques d'améliorer le sort des classes nécessiteuses ; il parviendrait à diminuer les haines et envies que suscitent les privilèges et à faire comprendre aux ouvriers que le travail est le plus puissant moyen pour faire circuler l'argent de main en main et pour assurer à chaque famille la part qui doit la loger, la vêtir, la faire vivre et lui permettre d'économiser, en vue de l'avenir, fût-ce au prix de certaines privations ; il réussirait à les convaincre que la banque ou le crédit n'est pas l'âme de la circulation monétaire, mais que cette âme gît dans le salaire d'un travail continu engendrant l'activité industrielle et causant, par sa généralisation, la prospérité des familles et des nations. Dans cet esprit, le gouvernement s'efforcerait d'exalter l'honneur attaché au travail manuel et de flétrir la fainéantise ; il ne saurait être réduit, en ce cas de saine parité de vue politique civile et religieuse, à décider à contre bon sens.

Le suffrage universel, en portant ses préférences sur des candidats à tirer au sort, signalerait mieux ses tendances et ne se personnifierait pas dans une seule influence, dans une seule ardeur intrigante, dans l'homme d'une coterie, dans le renouvellement du mandat des hommes blasés à son exercice. Les électeurs ne subissant pas une pression unique même du chef d'un comité électoral, les élections seraient plus explicatives du vœu des masses ; les éligibles obtiendraient facilement les voix de la moitié et plus de tous les inscrits, la loi et la bonne foi ne pouvant pas admettre le ridicule des majorités relatives et menteuses, et devant cesser d'ériger les minorités en despotisme légal. La perspective de n'avoir pas toujours les mêmes élus, par des causes permanentes d'influence, de fortune, d'intrigue, disposerait à compter sur des améliorations souhaitées ou à espérer la cessation des dilapidations longtemps et tristement continuées.

Le tirage au sort aurait pour effet, comme je l'ai déjà dit, d'éliminer des hommes de valeur intellectuelle, mais il aurait également celui de débarrasser, à intervalles, les rouages gouvernementaux de certains intrigants, sectaires, utopistes, originaux, brouillons et bavards insupportables s'imposant par l'audace, dont il ne serait pas facile de trouver des doublures, tandis qu'on découvrirait sans peine des hommes sensés et recommandables qui se laisseraient porter, qui seraient même recherchés comme compères par les ambitieux se jalousant et ne pouvant s'entendre ensemble, et qui, sous un régime exclusif d'éventualité, ne voudraient pas lutter contre ces derniers ; à cette faveur les électeurs courraient la chance d'avoir de plus dignes représentants.

Le suffrage universel étant constitutif du pouvoir législatif, les inconvénients de sa mobilité seraient tempérés par la stabilité du Chef du pouvoir exécutif et une certaine consistance de direction dans la politique étrangère qui ne serait pas favorable à la nation si elle était susceptible de se produire dans un provisoire perpétuel. Les conférences qui s'y rapporteraient prendraient un air de généralité, du moment que les personnalités à y faire seraient des plus inopportunes et que l'éloquence de chaque candidat pourrait être déçue par le triomphe éventuel de son concurrent.

Les intrigants devant se soumettre aux chances du sort ou cultiver le fonctionnarisme en passant par ses filières, parmi eux, les laborieux et les intelligents chercheraient à s'y faire distinguer par leurs travaux, la capacité étant alors prise pour règle au lieu de rester l'exception ; ils deviendraient des adhérents zélés au lieu de se faire agresseurs par calcul ; ne pouvant pas flatter utilement les électeurs du suffrage universel, ils n'induiraient pas en erreur et en révolte, les classes laborieuses ; ils ne provoqueraient pas les manifestations inutiles des prétendus travailleurs; ils feraient comprendre aux véritables ouvriers que le gouvernement n'est pas maître du travail ; qu'il n'a pas la puissance de faire naître ou faire cesser les crises industrielles ; qu'il n'a que le devoir de prudemment administrer et de faire voter des lois favorables aux intérêts de la nation et dont la promulgation est toujours contemporaine de l'ordre moral et de la sécurité sociale. L'éventualité du sort aurait pour effet de détruire, pour la plupart des ambitieux, l'intérêt qu'ils auraient à rester révolutionnaires parce que leurs chances de réussite par un tel moyen diminueraient beaucoup ; de même que le renversement des ministres ne leur présenterait aucun profit.

Les meneurs politiques qui demanderaient des changements censément pour les autres ou pour la généralité en ne pensant qu'à eux et en activant une révolution les devant porter au pinacle et laisser leurs naïfs partisans toujours au même point, seraient d'autant plus coupables dans leurs agissements qu'ils arriveraient probablement mieux et plus vite par des moyens différents. La maladie des places, emplois et positions à conquérir qui est la cause des ambitions injustifiables et des entreprises révolutionnaires, rongeant partout les riches et les pauvres, serait guérie tant par l'éventualité s'attachant au sort des protecteurs éligibles que par le procédé héroïque consistant à faire passer les aspirants un temps requis sous les drapeaux pour au moins s'assurer que les suppôts de l'Etat ne se recruteraient pas parmi les poltrons.

L'exclusivisme politique des candidats aux mandats, places et emplois publics pratiqué pour se débarrasser des compétiteurs ne pouvant guère s'exercer sous l'organisation proposée, la forme du gouvernement deviendrait pour eux indifférente comme ne servant pas de prétexte pour les obtenir et conserver, et par ce motif ne serait pas mise doctrinalemnnt au-dessus de la volonté d'une majorité nationale. Le privilège pour les ambitieux d'avoir un gouvernement à eux et sous n'importe quel nom, et de repousser leurs concurrents en les renvoyant à l'époque de la distribution des faveurs par un autre, étant la cause des divisions entre les candidats aux mandats, places et emplois publics par suite de la multiplication de leur nombre et de l'impossibilité de les satisfaire tous, s'amoindrirait aussi par la nécessité des noviciats, des surnumérariats, des épreuves et des concours.

Les turbulents réussiraient moins à s'emparer de l'esprit des ouvriers intelligents et à les détourner de la félicité d'accumuler, de constituer utilement et faire fructifier un capital ; ces derniers n'auraient aucunement besoin pour cela de souhaiter l'intervention de l'Etat dans leurs affaires contrairement à ce que proposent ceux qui voient, dans ce fait irréalisable, un perpétuel lévier de désordre et de révolution.

Du fait de l'adoption du régime constitutionnel proposé on banirait une bonne dose d'égoïsme, de favoritisme, d'électoralisme, de courtisannerie, de concussionnisme et de calcularisme de toutes sortes pour exalter le travail, la vertu, le savoir-faire et le savoir-vivre. La nation serait parfaitement gouvernée par la marche régulière des institutions parlementaires, celles-ci devant être absolument dans le principe de la division des pouvoirs.

On ne viserait pas à pratiquer double jeu en matière politique et religieuse ; on ne rejetterait pas les avantages du spiritualisme et de la morale chrétienne ; on ne chercherait pas à remplacer la vertu par l'avidité ou l'ambition ; à dévorer l'Etat au lieu de le servir ; à ramener par faux calcul le genre humain aux mœurs corrompues des païens ; à développer les principes subversifs de l'ordre social.

A la place de l'esprit de division, de coterie ou de secte qui ne saurait jamais rien produire de bon et de durable, surgirait l'esprit de conciliation et de cohésion sous une succession de Chefs d'Etat y ayant intérêt et favorisant cette excellente idée, ce qui serait l'imitation d'une politique ancienne et non pas l'invention d'une politique maladive, l'exercice d'une sage liberté et non pas une odieuse application de l'exclusivisme ou de la proscription. Les pratiques morales cesseraient d'être considérées par certains esprits comme en désaccord avec les lois démocratiques, parce qu'on serait amené à un réel souci des pauvres et à s'occuper des vrais travailleurs ; ces derniers ne seraient pas indignement exploités par les prétendus philanthropes. On n'aurait pas de prétexte pour attaquer la magistrature, pour décrier le mariage, pour tolérer ou préconiser l'inconduite ; on ne verrait pas les élus menacer les ministres de révéler ce qui leur aurait été confié sur des irrégularités compromettantes ; de leur côté les agents et employés de l'Etat, à tous les degrés, ne devant pas compter sur l'impunité, ne se permettraient pas de mettre leurs contradicteurs au régime des coups de canne ou des coups de langue, ou dans des visites de politesse officielle, de faire des allusions blessantes sur des visiteurs présents ou absents, les règles à observer en pareil cas devant être, toutes et partout, de bienséance et non de liberté dans les moindres injures, ce qui serait de singuliers moyens de conciliation gouvernementale. Le langage des élus entre eux ne consisterait pas à se dire des insultes grossières. La pondération des pouvoirs n'oscillerait pas entre les insurrections et les coups d'Etat. On n'abuserait pas de l'attribution parlementaire pour voter des impôts et les dilapider ; pour faire des lois de combat à la place des lois de progrès. On ne verrait pas un Etat, une province ou une commune refuser d'accepter un legs avantageux fait à un établissement public quelconque par esprit de persécution. Les agitations des Chambres et du suffrage universel, les intrigues et les complots deviendraient moins vifs en ne tournant pas indéfiniment à l'intérêt individuel. Les minorités, quoique comprenant souvent tout ce qu'il y aurait de plus remuant dans le monde électoral, ne feraient pas au Chef de l'Etat des adresses tendant à la révocation des cabinets ministériels qui auraient la majorité dans les deux Chambres; on ne soutiendrait pas, par abus d'esprit politique, les criminels avec l'espérance de faire croire niaisement que la bonne justice pût dépendre de l'infimité des magistrats; on n'exploiterait pas si audacieusement l'envie, dont les humains paresseux sont par trop tourmentés, par le dédain affecté et calculé des paroles et écrits laudatifs, des marques et signes distinctifs s'adressant à l'éclat des actions, travaux et honorables services, en y substituant des grossièretés capables de correspondre à un but funeste et sournois d'égalité dans l'avilissement.

La politique, en cessant pour cause d'inassouvissement facile, d'être une œuvre de passion désordonnée, un levier, un point d'appui, ou un marchepied pour acquérir une position; un but ou un moyen pour s'enrichir; en ne permettant pas le trafic des influences, la cumulation des places et traitements, l'existence des sinécures, l'ingérence dans les spéculations financières, la vénalité de ses suppôts, s'épurerait au grand profit de la nation; elle détournerait moins les hommes, capables en tous genres de chefs-d'œuvre, de leurs vocations naturelles pour en faire de très médiocres hommes d'Etat; elle accaparerait moins également ceux qui n'auraient pas la ferme volonté de se mettre en évidence, par l'ambition de s'y adonner avec la perspective, soit de développer leurs aptitudes, soit d'étaler leurs utopies. Du moment qu'il y aurait atténuation dans la recherche de la popularité, dans les préoccupations électorales; qu'il n'y aurait aucun intérêt pour les membres des Chambres à renverser les ministres pour les remplacer; qu'il y en aurait moins à crier contre la direction des affaires publiques pour les mettre en défaut, la politique intérieure serait peu troublée et la politique extérieure peu entravée dans le fonctionnement d'un système qui ne serait pas sans cesse attaquable pour faits d'incohérence, d'abus égoïstes ou de mobilité des opinions des hommes. L'intolérance politique disparaîtrait par l'application uniforme des lois et par exclusion d'arbitraire en assurant la justice en cette manière comme en toute autre.

Le travail d'une combinaison ministérielle destinée à remplacer un précédent ministère n'offrirait pas les tiraillements de l'intérêt personnel ou de groupes ; l'intérêt de parti lui-même s'effacerait souvent devant un réel amour de la patrie en souffrance ou en péril, du moment que la manière de voir de chacun ne serait pas journellement imposée ou contre-carrée par des meneurs parlant plus ou moins sincèrement ou même plus ou moins sainement ou prudemment. La personne chargée de former un ministère, étant plus libre dans ses choix et devant naturellement s'adresser aux plus capables, trouverait très facilement des collègues, puisqu'il s'ouvrirait pour elle un champ plus vaste qui, dès lors, ne la riverait pas à tenir compte des intrigues, des considérations de personnes, des unions d'éléments politiques hétérogènes, des perspectives électorales ; elle ne serait pas aiguillonnée par les folles espérances qu'une manne de fonds secrets et une rosée de faveurs seraient de nature à faire naître ni par une suite de funestes compromissions, puisqu'elle n'aurait pas à accorder des hommes et des choses plus ou moins inconciliables ; de leur côté, les incapables, sérieux ou ridicules, chercheraient moins à entrer dans une combinaison où ils ne pourraient réaliser, sans profit appréciable pour eux ou les leurs, qu'une politique de tergiversation, d'imprévoyance ou d'aventure devant tourner à leur honte.

En somme, les conflits permanents de haines, d'envies, d'ambitions, d'intérêts personnels existant dans un Etat à confusion de pouvoirs politiques, se développant à la faveur de l'instruction généralisée et de l'extension du vote électoral entre les candidats, puis entre les électeurs, étant moins excités par les audacieux sous le régime présenté et préconisé, diminueraient considérablement, et ne conduiraient pas fatalement à l'instabilité de cet Etat, à sa désorganisation, à la perversion des citoyens, à l'insécurité des commerces et industries, à des crises de toutes natures. L'emploi du moyen nouvellement émis pour l'endiguement de ces conflits, par l'éligibilité éventuelle et par la scrupuleuse application de la division des pouvoirs publics, constituerait la plus importante des améliorations sociales. Il faut cependant considérer qu'en certains pays à passions ardentes où les candidats et leurs partisans seraient en rivalité folle et assez impudents pour s'injurier et en venir aux coups, il pourrait devenir nécessaire d'accentuer l'éventualité et même de l'appliquer à toutes les élections, car il serait sûr que ce procédé doublé des autres réformes demandées et s'imposant d'elles-mêmes, apporterait beaucoup de calme dans les esprits et ferait rentrer les hommes dans la placidité et le sang-froid avec lesquels toutes les élections devraient raisonnablement se faire.

Ne voulant pas donner de plus longs détails sur les avantageuses conséquences du système de gouvernement proposé et tel qu'il s'est pu déduire de l'état des esprits, des sentiments, des aspirations et des besoins d'un pays supposé parvenu au degré actuel de la civilisation européenne, je me contente de répéter, en terminant, qu'il se distinguerait, pour le plus grand et le plus général intérêt de la nation, par sa stabilité, la sécurité par lui offerte, la régularité de son fonctionnement, la prospérité en découlant ; enfin, par la mise à exécution d'une politique honnête, morale et sensée.

FIN

TABLE DES MATIÈRES

		Pages
I.	Aperçu de civilisation	1
	§ Ier. Civilisation égyptienne	10
	2e. — assyrienne	13
	3e. — indienne	15
	4e. — chinoise	19
	5e. — phénicienne	22
	6e. Réflexions générales sur les civilisations résumées	23
	7e. Civilisation grecque	24
	8e. — romaine	29
	9e. — chrétienne	34
II.	Division de l'ouvrage en septénaires	57
III.	1er Septénaire	60
	§ 1er. Education de la naissance à 7 ans	60
	Sages-femmes. — Gratuité	60
	Médecins-praticiens. — Gratuité	62
	Charlatans	64
	§ 2e. Instruction de la naissance à 7 ans	70
IV.	2e Septénaire	72
	§ 1er. Education de 7 à 14 ans	72
	Intervention des ministres de la religion	75
	Médecins érigés en confesseurs	81
	Gymnastique	82
	Chirurgiens. — Rebouteurs	83
	§ 2e. Instruction de 7 à 14 ans	85
	Religieuse. — Laïque	
	Ecoles diverses	92

V.	3e SEPTÉNAIRE			97
	§ 1er. Education de 14 à 21 ans.			97
	§ 2e. Instruction de 14 à 21 ans			105
VI.	4e SEPTÉNAIRE			108
	§ 1er Education de 21 à 28 ans			108
		I.	Garçons et Filles.	108
		II.	Ouvriers	131
		III.	Industriels, commerçants, agriculteurs.	141
		IV.	Pauvres et riches.	158
		V.	Grands et petits écrivains. — Liberté de la presse	166
		VI.	Ministre de culte religieux. — Religieuses	179
		VII.	Médecins, chirurgiens, officiers de santé, pharmaciens, vétérinaires.	191
		VIII.	Fonctionnaires.	198
		IX.	Conseils élus.	209
		X.	Electeurs. ...., ...	216
		XI.	Pouvoir judiciaire, officiers publics sous sa surveillance	225
	§ 2e. Instruction de 21 à 28 ans			235
VII.	5e SEPTÉNAIRE.			248
	§ 1er. Education de 28 à 35 ans			238
	Eligibles à la députation et à des délégations inférieures			238
	§ 2e. Instruction de 28 à 35 ans. ., ...			246
VIII.	6e SEPTÉNAIRE			248
	§ 1er. Education de 35 à 42 ans.			248
		I.	Eligibles à la Chambre haute.	248
		II.	Pouvoir législatif.	252
		III.	Conseil d'Etat.	263
	§ 2e. Instruction de 35 à 42 ans			261
IX.	7e SEPTÉNAIRE.			266
	§ 1er. Education de 35 à 42 ans.			266
		I.	Assemblée constituante. — Chef d'Etat.	266
		II.	Pouvoir exécutif.	274
		III.	Ministre des affaires é'rangères	284
		IV.	Ministre de la guerre.	292
		V.	Ministre de la marine.	301
		VI.	Ministre de l'intérieur.	301

		VII. Ministre de l'agriculture et du l'industrie.	308
		VIII. Ministre du commerce	309
		IX. Ministre des travaux publics	311
		X. Ministre des finances.	311
		XI. Ministre de l'instruction publique . .	313
		XII. Ministre des cultes.	314
		XIII. Il ne doit pas y avoir de ministre de la justice	318
	§ 2e. Instrtction pendant le septième septénaire. .		321
X.	8e Septénaire et suivants		323
	Education pendant la fin de la vie.		323
XI.	Résumé et Conclusion.		325

FIN DE LA TABLE DES MATIÈRES

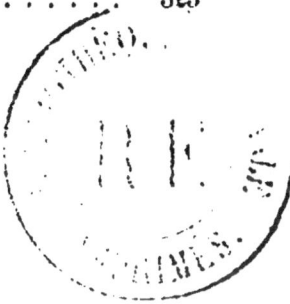

Parthenay. — Imp. Emile Seguy.

www.ingramcontent.com/pod-product-compliance
Lightning Source LLC
Chambersburg PA
CBHW070849170426
43202CB00012B/2005